国家社会科学基金年度项目成果"审美视野中的转义修辞研究"(13BZW007)

江苏高校"青蓝工程"资助

谭善明 ◎ 著

审美视野中的
转义修辞研究

中国社会科学出版社

图书在版编目(CIP)数据

审美视野中的转义修辞研究 / 谭善明著 . —北京：中国社会科学出版社，2018.8（2019.6 重印）

ISBN 978-7-5203-2454-0

Ⅰ.①审… Ⅱ.①谭… Ⅲ.①修辞-审美-研究 Ⅳ.①H05

中国版本图书馆 CIP 数据核字（2018）第 091041 号

出 版 人	赵剑英
责任编辑	任　明
责任校对	郝阳洋
责任印制	李寡寡

出　　版	中国社会科学出版社
社　　址	北京鼓楼西大街甲 158 号
邮　　编	100720
网　　址	http://www.csspw.cn
发 行 部	010-84083685
门 市 部	010-84029450
经　　销	新华书店及其他书店

印刷装订	北京君升印刷有限公司
版　　次	2018 年 8 月第 1 版
印　　次	2019 年 6 月第 2 次印刷

开　　本	710×1000　1/16
印　　张	18
插　　页	2
字　　数	256 千字
定　　价	85.00 元

凡购买中国社会科学出版社图书，如有质量问题请与本社营销中心联系调换
电话：010-84083683
版权所有　侵权必究

序

前些时候谭善明来看我，带来了《审美视野中的转义修辞研究》的打印稿，让我写序。这是他完成的第二个国家社科基金项目，基础是当年的博士论文。我写序是责无旁贷的事。

善明让他的师兄弟们最为钦羡的，是毕业十年中拿到并完成了两个国家社科基金项目。前一个项目五年前结项后以著作《审美与意识形态的变奏》的形式出版。那本书的内容主要是"二十世纪西方修辞观念研究"，对于尼采以来包括罗兰·巴特、福柯、德里达和耶鲁学派等人的修辞观进行了详细的梳理和解读，揭示了转义作为这一修辞观核心内容的理论来源与发展过程。这部分内容他在写博士论文时就有积累，不过当时限于精力，没有深入。毕业工作以后，他以这个课题申请了国家社科基金，还作为博士后研究课题，扎实地研究了一番。通过这一研究，他看到了转义修辞在哲学领域广阔的话语空间，增添了进一步研究与阐述转义问题的勇气和底气，就有了眼前这第二本书。前一本书对现代修辞学"史"的梳理，显然为后一本书关于转义修辞"论"的展开打下了坚实的基础，这从本书的字里行间不难看出。

对于转义修辞的研究，西方学者众说纷纭，探索与创新较多；我国学界对于西方现代修辞学的研究目前还处于比较零散的起步阶段，语言学中转义研究的路径总体还比较传统，文论界则将转义修辞看作认知模式和思维模式从哲学层面上加以研究，至于综合性的研究就更少了。善明这本书把握西方学界研究新动向，从美学角度对转义修辞作整体性、综合性的研究，显然具有开拓性和创新性。

传统的修辞观是将修辞视为语言表达中增强话语效果的手段与技巧，认为修辞既是话语活动积极的推动者，同时又可能成为意义呈现的障碍。在语言表达的本义之外由于修辞手段的运用而产生了转义。这种转义丰富了本义的表达，同时又受限于本义的制约。尼采等西方学者对修辞特别是转义观念进行了颠覆性的研究与阐释，按照他们的看法，一切语言表达都是修辞，修辞的主要手段是转义，一切词语都是转义，从这个意义上说，转义就是本义，不再受制于原本就不存在的本义，从而实现了语言乃至人的自由。善明大体接受了这种观念，并以此为基础展开了自己的思考。

　　书中对转义修辞本源的揭示是富有启发性的。传统修辞观只是从语言表达的需求来解释修辞的动因，而尼采等人所说的一切语言都是转义，强调的是言语活动本身就是以某种特定的感觉来指称事物，始终在隐喻和换喻两极之间穿梭往来，成为人们在审美冲动支配下的生命活动。这种从人的审美与艺术创造角度出发的解释，大大深化了对修辞的起源、性质与观念的认识。人们在感知和认知事物并付诸语言时，往往自觉或不自觉地尽量采用新鲜独特的词语或表达方式，以此作为体现自己创造能力并从中获得乐趣的一种途径与追求。这种现象中外古今皆然，文学创作中尤为明显，尼采等人将其与张扬人的生命自由联系在一起加以揭示，确有振聋发聩的效应。细想起来，杜甫说的"语不惊人死不休"，或许正表现了这种追求的执着，而不只是古人所说的写作态度上的求工、求新。

　　书中从辞格和文本建构两个层面分析了转义修辞活动的内在机制，考察了转义修辞形象塑造和话语生成过程中的审美机制与审美效果。作者指出，首先，转义修辞的审美效果首先是通过修辞格创造话语形象来实现的，修辞格通过转义与本义的对比、转义对本义的超越等差异来产生审美效果，而不是通常所说的"相似性"。其次，这种审美效果还通过文本建构来实现，转义修辞在话语活动中以制造审美偏离来参与文学文本的建构。这样，就有力地说明了转义修辞在使言说者和接受者都获得艺术创造或欣赏的审美愉悦的同时，也促进了语言和话语实践的发展。

本书最为精彩之处或许还在于从话语说服力方面分析了转义修辞如何以审美的方式参与认知的解构与建构。正如作者所说，转义修辞成为一把双刃剑，既有助于对事物的表现和揭示，又必然对事物有所隐藏和遮蔽。那么，如何看待与把握转义与认知的关系，对于话语研究或实践来说，就都是无法回避的问题。书中对此作了深入分析，指出任何话语包括文学话语，都充满着审美和认知的较量，但本身又是审美与认知的统一，转义修辞以审美的形式为特定的认知开辟道路。这样，修辞特别是转义修辞，就不但成为人们审美创造的一种活动，也成为人们丰富和完善认知的一种途径。

书中对于转义修辞的这些分析，符合审美活动的一般特点，也契合修辞活动的实际情况，体现了转义修辞的正确方向，给人耳目一新之感，无论是对于从理论上认识修辞的变革还是从话语实践上提高修辞的艺术，都是极富启发意义的。

尼采等西方学者谈修辞更多是从哲学层面上展开，所涉及的话语现象也往往来自一些特殊的领域，文学话语是他们分析较多的对象。本书的写作与这些学者特别是福柯的研究多少有点相像，哲学意味浓厚，举例也多是文学方面的。文学审美创造的目的指向及其虚构性的特质，造成了文学话语本身形象性较强，修辞活动积极活跃，转义在其中的运用更加自由、灵活，其审美效应也往往在一般话语活动之上。文学审美中的认知作用原本就存在，用解构和重构的观点来解释文学中的转义，就比较容易说明转义修辞中审美与认知的关系。这大概也是人们青睐文学话语的原因吧。本书重在对文学例证特别是中国文学例证的分析，确实也起到了这种作用。

不过，人们的语言交流是广泛的、普遍的，各类话语的功能与特点存在区别，在一般话语实践中，转义修辞的运用与功能以及本义与转义的关系似乎也应与文学话语有所差异，如何由文学这一特殊推展到一般，似乎还可以做一番探究。另外，书中所说的转义修辞主要体现在形象性较强的修辞格上；在此以外，以结构原理为主的修辞方式如排比、省略、倒装等，也是言说者体现自己审美观念的艺术创造，虽然其中也会有转义的成分，但似乎不占主要地位。两类修辞方式的审美特点与效果也应有不同，如能加以适当分析，相信不论是对于全面认识修辞在审美与认知两方面的作用还是转义的突出作用都会有所裨益。转义修辞涉及的理论问题很多也很复杂，善明有信心与计划继续研究下去，上面提到的这些问题以及一些更为疑难的问题，相信他会在下一步的研究中，给出更明晰的解答。

　　善明最近在微信上发了一番感慨："我常常觉得好笑，一个不善言辞的人怎么就走上了修辞学研究的道路，十七年了，而且越来越不想说话了……"不善言辞确是他的特点，与此相联系的另一方面则是耽于沉思，他的思维既是沉静的又是活跃的，难怪在同事中有"柏拉图"的雅号。他说的十七年，是从读硕士算起的，难得他从那时开始就锲而不舍地在修辞学这片园地上辛勤地耕耘并收获着，我在为他高兴的同时也期待着他有更新的成就！

胡有清

2017 年 8 月

目 录

导论 ………………………………………………………… （1）
第一章 转义问题在修辞学中的凸显 ………………………… （7）
 第一节 古典修辞学：话语实践中的审美追求 …………… （7）
  一 话语实践中形成并发展起来的修辞学 ……………… （7）
  二 古典修辞学中的审美追求与转义表达 ……………… （20）
 第二节 修辞学在书面语中的发展：审美的悖论 ………… （34）
  一 从话语实践到书面语中的运用 ……………………… （34）
  二 修辞学与美学的联系 ………………………………… （38）
  三 对修辞学的审美批判 ………………………………… （42）
  四 修辞学的衰落 ………………………………………… （44）
 第三节 现代修辞学：转义修辞观 ………………………… （45）
  一 转义修辞观对形而上学真理观的挑战 ……………… （45）
  二 转义修辞的语言学基础 ……………………………… （49）
  三 转义修辞观的确立 …………………………………… （53）

第二章 转义修辞的哲学基础：基于柏拉图对话的
   文本考察 …………………………………………… （62）
 第一节 修辞学与哲学之争 ………………………………… （62）
  一 人是万物的尺度 ……………………………………… （63）
  二 双重逻各斯 …………………………………………… （69）
 第二节 《斐德若篇》中的修辞学、转义与灵魂提升 …… （75）
  一 对逻各斯的爱欲 ……………………………………… （76）
  二 灵魂和真理的"转义" ……………………………… （80）

三　何为修辞术 …………………………………………（87）
　　四　修辞术与灵魂提升 …………………………………（96）
第三节　柏拉图"哲学修辞"中的转义 ……………………（101）

第三章　转义修辞话语形象论 ……………………………（107）
第一节　修辞格概述 …………………………………………（107）
　　一　修辞格的广义与狭义 ………………………………（109）
　　二　修辞格审美效果的产生 ……………………………（112）
第二节　转义和本义在修辞格中的美学意义 ………………（115）
　　一　转义的不可替代性 …………………………………（115）
　　二　本义的虚拟性 ………………………………………（121）
第三节　修辞格中转义对本义的超越 ………………………（123）
　　一　隐喻与强喻 …………………………………………（124）
　　二　寓言与象征 …………………………………………（136）
　　三　反讽 …………………………………………………（146）

第四章　转义修辞生成论 …………………………………（156）
第一节　审美偏离 ……………………………………………（156）
　　一　陌生化的审美偏离：形式对认知的超越 …………（157）
　　二　三个层面的审美偏离 ………………………………（165）
　　三　审美偏离的自反式循环运动 ………………………（169）
第二节　叙事修辞 ……………………………………………（174）
　　一　叙事语法中的"本义—转义"关系 ………………（174）
　　二　叙事语法基础上的叙事修辞 ………………………（182）
　　三　叙事修辞中转义的可能性 …………………………（186）

第五章　转义修辞认知论 …………………………………（198）
第一节　转义修辞中审美与认知关系概述 …………………（198）
　　一　审美与认知的错位 …………………………………（199）
　　二　转义修辞参与认知 …………………………………（205）
　　三　审美与认知的变奏 …………………………………（208）
第二节　意见和可能性在话语中的审美建构 ………………（210）

一　强论证在意见中的说服作用 ………………………（210）
　二　意见与真理的对立 …………………………………（213）
　三　可能性的审美建构作用 ……………………………（217）
　四　从意见和可能性到转义 ……………………………（224）
第三节　转义修辞的审美建构与解构作用 …………………（225）
　一　以转义修辞的方式认识世界 ………………………（226）
　二　以转义修辞的方式构造观念 ………………………（231）
　三　回归审美冲动 ………………………………………（234）

附论　两条道路的汇合：论柏拉图和尼采的哲学修辞 ………（240）
　一　哲学修辞的上升之路：从言说对象来看 …………（241）
　二　哲学修辞的下降之路：从言说内容来看 …………（247）
　三　柏拉图和尼采的哲学修辞路径 ……………………（255）

参考文献 …………………………………………………………（259）
后记 ………………………………………………………………（275）

导　　论

　　修辞学涉及人类话语活动的诸领域，虽然其知识基础源于语言学，但修辞学的理论和实践广泛存在于文学、哲学、历史学、社会学等学科之中，"如何言说"同"言说什么"的问题相交织，共同促成了诸学科话语体系的生成之流。但人们对修辞学的通常理解停留在技巧层面，将修辞视为语言正常表达的辅助以及增强话语效果的"雕虫小技"，这是将话语形式与话语指向剥离的结果，更是由于那种对于本体或中心的执着追求所致。在这一意义上，修辞既是话语活动积极的推动者，同时又被视为意义呈现乃至意义抵达的障碍。这样，人们就设定了语言表达要实现的"本义"，以及为了实现这一目标而采取的修辞手段即"转义"（亚里士多德已经在《诗学》和《修辞学》中区分了语言的正常表达和隐喻表达）。这一分离既为转义行为提供了充足的空间，又设定了转义的限度。

　　转义是在话语行动中发挥作用的，这一点从"转义"一词本身的意义及其变化中可以发现。转义（tropic）一词派生于"tropikos""tropos"，在古希腊文中的意思是"旋转"，在古希腊通用语中的意思是"途径"或"方式"。它通过"tropus"进入现代印欧语系。在古拉丁语中，"tropus"意思是"隐喻"或"修辞格"，在晚期拉丁语中，尤其是在用于音乐理论时，意思是"调子"或"拍子"。所有这些意思后来都沉积在早期英语的转义（trope）一词中。[①] 转义在最初

[①] ［美］海登·怀特：《话语的转义——文化批评文集》，董立河译，大象出版社、北京出版社2011年版，导言第2页。

就是指语言中有别于正常表达的修辞格,用一种新的表达替代正常表达,词语的意义因而发生了转移、替代和偏离。那么人们为什么要离开正常表达而追求转义表达?这一方面是因为语言自身的缘故,另一方面则是源于人的诗性冲动,正如尼采所说,修辞学的转义出于"艺术和乐趣"①。但与修辞学乐趣相关的是人相对性的感性体验,转义因而就成为一把双刃剑,在进行表达时既对事物有所表现和揭示,同时又必然有所隐藏和遮蔽,它在对世界进行审美化表述的时候,似乎远离了真和善的目的。

在西方传统修辞学中,转义的美学价值是可疑的,无论是在知识层面还是道德层面,对本义和中心的偏离都是充满诱惑而又极其危险的,除非转义修辞只是语言表达的工具。20世纪的现代修辞观念则认为,从语言表达本身来说,转义是不可避免的,本义从来只是一种理想化的预设,只要有言说就会发生转义,因此修辞未必是精心设计的言说方式,而是话语本身的存在方式,人们一旦用语言进行思考和言说,即刻就进入转义修辞活动之中。于是,转义修辞被视为语言的正常表达法,这就从根本上颠覆了传统语言观,也为话语研究开拓了全新的视野。这就是通过对转义修辞展开审美研究以分析话语的生成特性,以流动的目光对人类历史上所产生的各种话语进行重新审视,于是就发现了那些有关创造和虚构的文学话语、有关真理和谎言的哲学话语以及有关存在和超越的美学话语。从尼采开始,西方思想家们通过复兴古希腊的修辞观念建构了现代性的文化景观,以突破形而上学的困境重新探索人类的生存境域,这种修辞观念就是转义修辞观。这一观念强调,正是转义修辞使语言充满了活力,转义修辞提供了审美的言说方式,使话语生成以具有差异性和新奇感的形式保持着审美冲动;转义修辞中发生的不只是话语形式的变化,同时也是认知内容重构的过程,这正体现了人们在理解世界、认识世界时的审美需求:

---

① [德]弗里德里希·尼采:《古修辞学描述》(外一种),屠友祥译,上海人民出版社2001年版,第46页。

改变了我们的话语，就是改变了我们眼中的世界。

西方学术界对转义修辞的研究主要集中在三个方面：第一是转义修辞的概念史，考察它在语言学、哲学、文学等领域的历史状况，以托多罗夫的《象征理论》为代表；第二是考察某些转义手段在话语中的建构作用，以利科的《活的隐喻》为代表；第三是将转义修辞确立为文学、哲学、历史学等人文学科的共同基础，并以此实现对话语体系的解构和重建，以怀特的《元史学：19世纪欧洲的历史想象》、德曼的《阅读的寓言》为代表。国内修辞学界大多关心的是诸种转义手段在语言活动中的修辞效果，而文论界的修辞研究更多是从文本阐释层面关注转义问题。如前所述，审美是转义修辞活动的根本动力，目前的研究对转义修辞的审美特性重视不够，因此，本书将从审美角度进行，深入阐述转义修辞是如何以制造差异和偏离的方式在话语的审美层面进行运作的，这种审美过程又是如何更深层地通过话语影响或改变了人们对世界的感受和认识的，以及话语又是如何以审美的方式突破意识形态的围困、使人们始终保持着求新求真意志的。

这一审美角度的研究涉及转义修辞的两个方面，即话语的运作及其说服力：从话语运作方面考察转义修辞形象塑造和话语生成过程中的审美冲动与审美效果；从话语说服力方面分析转义修辞是如何以审美的方式参与认知建构和解构的。在修辞学的历史上，话语运作与说服力被分离开来，然后限制修辞本身的说服能力，而从外在赋予其某种真或善的标准，这导致修辞学越来越脱离话语实践，成为语言使用纯粹的"技"而非"艺"。因此，必须将转义修辞看作是话语运作与说服力的统一，这同时也是审美与认知的统一，这样才能真正揭示其美学意义和实践价值。通过对转义修辞的形象、生成、内容等方面的分析，本研究强调转义修辞建构—解构的双重游戏是话语审美意蕴产生的形式源泉，同时也是"艺术真实"和"现实真实"的缔造者；强调转义修辞是对本义或中心的超越，这一过程有某种规律性，但更多的是任意性，而任意性的话语要想得到人们的认同，又必须借助审美的力量使自己显出现实性。转义修辞通过审美环节影响甚至确立人的认知,又通过审美环节消解固化的意识观念并重建认知,在审美与认知的相互作用中,话语始终保持着生命活力,这正是怀特所言——"转义是话语的灵魂"①。

主要内容包括以下几个方面。第一,探讨转义修辞问题是如何在美学史中被凸显出来的。首先论述修辞学在话语实践和美学理论史中的重大意义和悖论:修辞学在话语实践中兴起,并提供人们参与实践活动的主要方式,但是却被指责为对真理和道德的反叛,其审美效果被视为迷惑和欺骗;虽然它曾经有助于美学的形成,却因为话语中的目的性又被排斥在纯粹的美学之外。当20世纪形而上学遭受质疑以后,修辞学才得以复兴,修辞在话语活动中的审美价值才得以被认真对待,人们逐渐认识到话语是在"转义修辞"中进行改造和更新的,这一过程伴随着强烈的审美愉悦并影响了人的观念世界。转义于是成为现代修辞美学的核心内容。

第二,转义修辞的哲学基础。探讨转义修辞问题无法回避古希腊的智术师和他们的对手柏拉图,尼采也正是通过声援智术师去达到颠倒柏拉图的目的。智术师们强调修辞活动的感受性和相对性,而柏拉图则通过将修辞学与辩证法相结合,以善为目标迫使修辞学走上一条真理之路。前者奠定了修辞学在话语活动中最重要的属性,即生成性,而柏拉图则看到了修辞活动的美学危机,即过分形式化导致修辞学实践意义和伦理意义的缺失,因此修辞活动必须要与真理追求相符合。柏拉图并不是修辞学的敌人,他通过对修辞学进行哲学改造而使其被保留在追求智慧和灵魂提升的恰当环节上。结合《斐德若篇》等文本的细致解读可以发现,柏拉图在对话中强调了爱智者的灵魂在"美"的转义修辞中朝向"美的本体"或真理,这是我们从柏拉图的哲学修辞中发现的重要启示。

第三,转义修辞话语形象论,分析修辞格是如何通过转义与本义

---

① [美]海登·怀特:《话语的转义——文化批评文集》,董立河译,大象出版社、北京出版社2011年版,导言第3页。

的对比、转义对本义的超越而产生审美效果的。首先，从审美角度出发将修辞格理解为通过两种话语形象的对比而产生审美效果的语言表达法。修辞格的本义是虚拟的，转义是日常表达法所不能替换的，任何试图返回或寻找修辞格中心和零度的努力只具有抽象的语义价值，而实际上忽视了话语的感性力量。其次，结合文学文本，指出中心和零度并不是修辞格审美效果的关键所在，人们主要从转义的角度对话语形象进行审美观照。转义的审美超越性还在于，本义并不是转义的源头，也不是相似性，更不是同一性将修辞格的转义和本义维系起来，而是差异性使得转义不至于被本义湮没，这保障了修辞格在话语形象上的独特性。

第四，转义修辞生成论，以文学文本为焦点考察转义修辞是如何在话语活动中不断推陈出新的。首先从陌生化理论出发，研究转义修辞如何通过审美偏离过程来对前在的话语体系进行改造。文本的审美偏离需要为转义修辞提供施展破旧立新力量的舞台，可以说，文学要想突破认知过程的审美无意识，就需要转义带有说服能力的修辞变革。但是，这种偏离却被人们认为是结构的产物，即所有的转义手段已经存在于一个系统中，是系统本身在不停地推选主导的表达手段。要想揭示转义的生成性就必须打破这种观点。其次，从文本的叙事语法入手，考察叙事修辞是否真的来源于语法，文学文本的组织是否有一定可还原的规律性。结构主义叙事理论正是一种典型的语法分析，它将修辞完全当成了附属物。但是叙事的过程本身就是一个转义修辞的过程，并且在读者或他人意识被引入文本分析以后，一种超越文本自身的说服能力重又进入修辞学，转义才有可能不参照一个坚固的本义系统，而是根据语境的需要，在活生生的语言环境中进行话语制造。

第五，转义修辞认知论，从审美与认知相结合的角度分析转义修辞是如何借助审美形式使自己成为强论证，以确保说服能力的。从突出修辞认识论与真理认识论的对立开始，阐明转义在话语中改变认知的巨大力量；然后分析真理与转义的关系，强调真理是一种被普遍接受的强论证的修辞话语,具体分析任意性的转义如何以审美的方式成为真理;指出转义修辞从事着建构—解构的双重游戏,它在推翻一种话语的同时,不知不觉地又树立起另一种话语,正是这种更替游戏展现出转义修辞强大的审美冲动;最后指出,一种有意识的转义修辞认识论只有在审美活动中才能确立,因为艺术宣布以谎言来取代谎言,并许诺以此带来审美愉悦,任何话语包括文学艺术话语,都充满着审美和认知的较量。转义修辞虽然以审美形式反对认知内容,但它本身却是审美与认知的统一,它以审美的形式为特定的认知开辟道路。

转义修辞表现为一种特殊的审美活动,它以审美的方式参与人类情感体验、知识体系和认知观念的建构。转义修辞是话语的灵魂,转义行为的发生是语言活动的必然事件,它保障了语言的丰富性和生动性,也保障了人类话语实践的顺利进行。

第一章

转义问题在修辞学中的凸显

本章所要考察的是转义问题在修辞学中被突出的过程。首先应该认识到修辞学与话语实践和美学的联系，因为话语修辞正是话语运作与说服力的结合，是实践与审美的统一，而这种统一最终在转义中体现出来。

第一节 古典修辞学：话语实践中的审美追求

一 话语实践中形成并发展起来的修辞学

一种对修辞学很狭隘的见解今天仍广为存在着，那就是将修辞看作是咬文嚼字、雕琢词句的技巧，这意味着修辞学难登大雅之堂。这不仅是修辞学在中国的不幸遭遇，从中世纪以后，西方修辞学也经历了一段艰难的岁月，它作为语言上的美化和装饰，作为一种在偏离中产生审美愉悦的技巧，受到理性主义的不断讨伐。语词层面的润饰和雕琢诚然是修辞学的重要部分，但"如何言说"和"言说什么"并不是截然分开的，尤其是在人类具体的话语实践过程中，修辞活动也同时就是审美活动、伦理活动或政治活动。孔子讲"言之无文，行之不远"，海德格尔说"语言是存在的家园"，从这个意义上看，修辞学是一门关乎"行动"和"栖居"的学问。修辞学在话语实践中的重要性从古希腊该词的诞生起就已经表现出来。

"修辞学"（ρητορική）一词来源于古希腊语。在关于希腊早期修辞实践的"标准描述"中，人们认为修辞学理论的出现是在公元前5世纪,西西里人科拉克斯和提西阿斯写出的《修辞的技艺》一书中"发明"的。① 从词源上看,"rhetoric"来源于希腊语中的"rheo",是谈话、谈论、议论的意思,由此派生出"rhetoreuo",即当众发表演说,这样的演说人叫"rhetor",这门技艺就叫"rhetorike"(ρητορικη),英语为"rhetoric",即修辞学。② 法庭论辩和集会演说是修辞学发挥作用的主要方面,这些场合需要用精心组织和修饰的语言进行说服或引导,以打动影响听众的心灵。从《荷马史诗》中我们就可以看到,能在公共场合滔滔不绝地发表演说是一个将领或政治人物的基本能力。以论辩、说服为目的的演讲在荷马的史诗、希腊悲剧等早期文学里已经随处可见,而在此之前,雅典城邦很早便有祭祀"演说女神"的习俗。③ 公元前8世纪城邦制实行以后,演说就成为公民大会和议事会上的重要政治活动。由于城邦政制的需要,演说和辩论越来越受到重视,于是就逐渐出现了逻各斯或修辞技艺运用的理论思考。特别是到了雅典民主政治时期,伴随着智术师的出现,修辞活动达到了顶峰。修辞学作为一门学问在这个过程中酝酿并最终产生。

一般认为修辞学的创始人是西西里人科拉克斯和提西阿斯。这一说法最早是由亚里士多德提出的。他在现已失传的《修辞术汇编》中宣称此二人是最早的修辞学者,在《论智术师辩驳》中提到提西阿斯追随佚名的修辞学创始人,在《修辞学》中又提到科拉克斯写过修辞术课本教人如何论辩,他举的例子是科拉克斯教被告如何摆脱罪责,不管被告是弱者还是强者,他都有办法在论辩中获胜。④ 这正

---

① 根据美国学者夏帕的介绍,这一"标准描述"来自肯尼迪(George A. Kennedy)1980年出版的《古往今来的古典修辞学与基督教及世俗传统》(*Classical Rhetoric and Its Christian and Secular Tradition from Ancient to Modern Times*, Chapel Hill: University of North Carolina Press, 1980),这本书已经成为古希腊修辞研究的标准参考书,该于1999年再版。

② 汪子嵩等:《希腊哲学史》(第2卷),人民出版社1993年版,第117页。

③ [加]高辛勇:《修辞学与文学阅读》,北京大学出版社1997年版,第118页。

④ [古希腊]亚里士多德:《修辞学》,罗念生译,生活·读书·新知三联书店1991年版,第138—139页。

是后来普罗塔戈拉强调的如何使弱论证变为强论证的办法，就是如何以修辞的方法使一种可能性显得比另一种可能性更具现实性。第欧根尼·拉尔修说亚里士多德在《智者篇》中认为恩培多克勒是修辞学的创始人，芝诺是辩证法的奠基者。① 恩培多克勒和科拉克斯是同一时代的人，但是亚里士多德的《智者篇》已经佚失。修辞学在最初是与公共事务联系在一起的，它不是语言中可有可无的化妆品或迷惑对手的障眼法，无论是对城邦事务的决断，还是对一些观念的确立、变更，论辩都发挥了举足轻重的作用。科拉克斯生活的时代，正是西西里岛独裁政权被推翻的时候，很多被放逐的人回到岛上后为了争回以前被没收的财物，就聘请像他这样的人提出诉讼。由于缺乏文字资料记录，诉讼案件只有以旁证从每个案件的"可能性"出发，在法庭上展开论辩活动并据此进行判决。"雄辩胜于事实"正是这种情况最好的描述，修辞利用"可能性"在话语中产生说服效果，"新的"事实就在这一过程中确立下来。

不过，有学者对修辞学产生的这一标准描述提出了异议。爱德华·夏帕在《普罗塔戈拉与逻各斯——希腊哲学与修辞研究》一书中指出，将科拉克斯和提西阿斯作为修辞学的创始人有两个方面的明显错误。第一，"无论科拉克斯和提西阿斯教授的是什么，其教学都没有明确标示为 rhêtorikê"②，科拉克斯从事教学的时间是在公元前466年左右，如果他们使用了"修辞学"一词，就应该出现在某个残篇上，但无人提起。因此夏帕推断，后人习惯性地将科拉克斯和提西阿斯关注的"logos"和"logein"当作"修辞学"。此外，他们对或然性（ekos）一词的使用也与柏拉图和亚里士多德有很大差别，也并未提出一套"或然性"逻各斯理论。第二，科拉克斯和提西阿斯所发明的这种修辞"技艺"（technai）促成了庭辩培训手册的流行，这种

---

① ［古希腊］第欧根尼·拉尔修：《名哲言行录》，徐开来、溥林译，广西师范大学出版社2010年版，第414页。

② ［美］爱德华·夏帕：《普罗塔戈拉与逻各斯——希腊哲学与修辞研究》，卓新贤译，吉林出版集团有限责任公司2014年版，第69页。

说法也是成问题的。不能说论辩技艺的出现导致了法庭上的不公正，因为"法庭的出现和论辩技艺（technai）的兴起绝非一种严格的因果关系，而很可能是一种相互依存和互动发展的关系。换言之，那些通常被称作早期智术师的庭辩规则很可能仅仅是法庭上的反证"①。如此看来，科拉克斯和提西阿斯作为修辞理论的创始人是不妥的。通过对古代文献的检索，夏帕发现，"修辞学"（ρητορική）一词在公元前5世纪的希腊文本中不见踪影，现在最早的使用是从公元前4世纪开始的，此前用来描述这一内容的词是"logos"和"logein"，其意义远远比"rhetorike"宽泛。即使在公元前4世纪，这个词语的使用也少得惊人，除了柏拉图和亚里士多德的著作，当时最著名的修辞理论是阿那克西米尼的《献给亚历山大的修辞学》和伊索克拉底的著作，而两人的书中都未能找到"rhetorike"。② 夏帕经研究指出，"修辞学"一词最早使用是在柏拉图的《高尔吉亚》（大约写于公元前385年）中，这是柏拉图对语言的创造性使用，是他所发明的以"-ike"为结尾的单词之一，用于指称那种广泛存在的、与理想的逻各斯技艺不同的、用于处理法庭和公共集会的逻各斯技艺。也许正是受到柏拉图的影响，以及后来亚里士多德的影响，人们就把此前业已存在的那些与法庭论辩和公共演说相关的"logos"理论都称为"修辞学"。③

夏帕的论证很有说服力，虽然他过于计较"修辞学"一词本身的出现，而多少忽略了修辞活动本身的演进，但他的研究提醒我们，修辞学不是突然由哪个人创造出的一门学问，而是在长期的话语实践活动中逐步产生的。如果说是柏拉图从严格意义上命名了"修辞学"，那么从另一方面，也正是从柏拉图对该词的使用开始，这门学问的实践品格就遭受到质疑，其原因用今天的话讲，就是审美意味太过强

---

① ［美］爱德华·夏帕：《普罗塔戈拉与逻各斯——希腊哲学与修辞研究》，卓新贤译，吉林出版集团有限责任公司2014年版，第72页。

② 同上书，第53—56页。

③ 另一学者肯尼迪（Kennedy）也持同样观点，参见 Kennedy, G. A., *A New Hstory of Classical Rhetoric*, Princeton：Princeton University Press, 1994, p. 3。

烈，以至于修辞掩盖了真理。

柏拉图对修辞的批评主要是针对当时极具影响力的智术师们，包括普罗塔戈拉、高尔吉亚、安提丰、希庇阿斯、特绪拉马科斯等人，其中以普罗塔戈拉和高尔吉亚最为出名，柏拉图有两篇对话分别以他们的名字为题。智术师在雅典的出现不是偶然，而是当时城邦话语实践的特殊需要导致的，一种观点认为，首先是雅典当时特殊的社会和政治状况产生了对智术师的需求，其次是伯利克里这一政治人物的直接影响。①另一种观点认为，把智术师运动的兴起归因于伯利克里时代雅典的良好思想环境失之笼统，智术师的出现跟当时社会的两大变革联系在一起。首先是从贵族政治向民主政治的过渡，神话特权被民主的公开辩论取代，诗歌也将其光环让给了散文话语，智术师们的修辞散文是摆脱诗歌主宰文化局面的最早尝试，散文时代是更多人参与城邦话语实践的时代，也就是民主政治时代；其次是中产阶级的出现也使得更多的富人子弟有条件学习修辞学。②智术师们主要从事修辞学相关的教学活动，在具体理论观点上差异较大，但还是有许多共同之处的，比如关注逻各斯、重视话语实践、感觉主义和相对主义等。他们的修辞理论大体分为三个方面：技艺性的、智术性的和哲学性的。③

古希腊早期的智术师们受到雅典人的广泛欢迎，特别是大批青年人愿意追随他们学习修辞学。这些人是"知识专家"和"流浪思想家"，是古希腊哲学的启蒙主义者，"他们开创了现代知识分子的社

---

① Kerferd, G. B., *The Sophistic Movement*, Cambridge: Cambridge University Press, 1981, p. 15.

② 参见［美］约翰·波拉克斯《古典希腊的智术师修辞》，胥瑾译，吉林出版集团有限责任公司2014年版，第14—20页。

③ Timmerman, D. M. and Schippa, Edward, *Classical Greek Rhetorical Theory and the Disciplining of Discourse*, New York: Cambridge University Press, 2010, p. 2. 这一划分最早是由肯尼迪（Kennedy）在《古往今来的古典修辞学与基督教及世俗传统》（*Classical Rhetoric and Its Christian and Secular Tradition from Ancient to Modern Times*, Chapel Hill: University of North Carolina Press, 1980）一书中做出的。

会地位"①。著名的古典学者策勒尔认为,智术师和哲人之间在当时并不存在明显的界限,"智术师"(sophist)一词不像后来那样充满贬义色彩,"早期智者是高尚的、备受尊敬的人,他们常常被所在城邦委以外交使命"②。据说公元前444年伯里克利制定图利城的法律时,普罗塔戈拉和其他智术师参与了法庭辩论程序手册的编写工作。③ 也正是在与他们的观点交锋中,柏拉图和亚里士多德重新规划了修辞学的正当性,哲学与修辞学也因此结下了不解之缘。智术师生活的时代是古希腊的全盛时期,雅典民主制为修辞活动的进行提供了便利,同时民主政体对辩论、演说的需要也使智术师们大有用武之地。雅典公民在政治生活中能够自由地发表意见、参与政事,可以说,语言表达水平的高低决定了人们在公共事务中影响能力的强弱。

普罗塔戈拉是当时最有名气的智术师,他从相对主义立场出发,认为人是在相对性的感觉中确立对世界的认识的。他那句名言就是:"人是万物的尺度,是存在者如何存在的尺度,也是非存在者如何不存在的尺度。"④黑格尔称这句话为"伟大的命题"⑤,它精辟地概括了当时希腊人的精神面貌,极其自信地展示了唯我独尊的个人主义、相对主义和怀疑主义。这同柏拉图的客观主义针锋相对,因为这一命题所强调的不是观念是什么或者事实是什么,而是始终以人与世界的关系出发来确立"存在者",而人拥有判断是非的尺度。有学者指出,这种"本体论上的相对主义",正是柏拉图最为担心的。柏拉图在《泰阿泰德》中从客观存在在先、感知在后

---

① [法]吉尔伯特·罗梅耶-德尔贝:《论智者》,李成季译,人民出版社2013年版,第9页。

② [德]E.策勒尔:《古希腊哲学史纲》,翁绍军译,山东人民出版社1992年版,第85页。

③ [美]爱德华·夏帕:《普罗塔戈拉与逻各斯——希腊哲学与修辞研究》,卓新贤译,吉林出版集团有限责任公司2014年版,第72页。

④ 汪子嵩等:《希腊哲学史》(第2卷),人民出版社1993年版,第254页。

⑤ [德]黑格尔:《哲学史讲演录》(第2卷),贺麟、王太庆译,商务印书馆1960年版,第27页。

的逻辑来对这一命题进行批判,从而寻找知识的客观主义基础。①从普罗塔戈拉仅有的几句残篇及其思想影响来看,他不仅是一位智术师,还往往被视为哲人②,尤其是黑格尔使之重新回归到"哲学聚光灯"下③。如果从20世纪以来的修辞哲学角度看,普罗塔戈拉的这一观念可以被称为最早的"修辞认识论"④。当然,普罗塔戈拉本身更为关注的不是这种认识论上的争辩,而是强调在话语实践中如何将个人主观感受或意见通过语言表述为具有说服力的论证,也就是后来亚里士多德所说的将或然性转化为现实性。他认为事物对人而言都有"双重逻各斯",在特定情境中,其中一方可能是强论证,另一方则是弱论证。在演说和辩论这样的修辞活动中,要运用各种语言技艺将某种观点转化为强论证,以实现说服的目的。这样的话语实践是建立在价值判断而不是事实判断基础之上的,并使修辞活动成为一种自觉。

  高尔吉亚作为一名教授辩论和演说的老师在雅典受到人们的热烈欢迎,从柏拉图的对话场景中可以看到,许多年轻人追随他左右学习修辞之术。当然在《高尔吉亚》篇中,柏拉图将他的修辞学描绘成欺骗人、迷惑人的伎俩,可以说这一从哲学角度勾勒的智术师画像是让人印象深刻的,它直接导致了智术师负面形象的形成。从保留下来的几篇高尔吉亚创作的文章中可以发现,他和普罗塔戈拉的共同之处在于对真理问题的搁置,认为在实践领域中,政治和法律所依赖的习俗中不包含柏拉图所谓普遍性的真理,而是建立在或然性的群体性真

---

① 相关论述详见[意]乌戈·齐柳利《柏拉图最精巧的敌人——普罗塔哥拉与相对主义的挑战》,文学平译,中国人民大学出版社2012年版,第一章。

② Notomi, Noburu, "A Protagonist of the Sophistic Movement? Protagoras in Historiography", in Ophuijsen, J. M. etc. (eds.), *Protagoras of Adbdera: The Man, His Measure*, Leiden: Koninklijke Brill NV, 2013, p.19.

③ [美]爱德华·夏帕:《普罗塔戈拉与逻各斯——希腊哲学与修辞研究》,卓新贤译,吉林出版集团有限责任公司2014年版,第11页。

④ See Donovan, B. R., *Protagorean Epistemology and Dialectic*, in 41st Meeting of Conference on College Composition and Communication, Chicago, 22-24 March 1990.

理之上，因此城邦政治需要的是或然性修辞而非必然性真理。① 客观真理被取消以后，主观真理即意见于是就成了现实的准则，而意见又必须通过强势论证的修辞话语才能为人们所接受，于是语言就具有强大的力量，在建构现实世界和观念世界方面发挥着重要作用。修辞可以进行欺骗，但是对一个要在群体生活中安身立命的个体来说，其修辞又必须是伦理性的，这一重要事实不能因柏拉图对修辞的贬抑而被忽略，这种伦理论证在高尔吉亚本人的《帕拉墨得斯之辩》中是相当明显的。

毫无疑问，智术师的出现是与当时城邦政治生活的需要密切相关的，话语实践推动了修辞学的产生。同时如果从哲学史的发展来看，赫拉克利特的"流变说"和德谟克利特的原子论是智术师修辞观念的自然哲学基础。一方面，如果世界本身始终处于生成状态，并不具有稳定不变的本质，那么人对世界感受的相对性就是生活的真相，于是只有意见而无真理，话语实践活动就是使某种意见成为强论证。另一方面，从原子论的角度看，在民主政治体制中每一个公民都是一个"原子"，每一个公民都是独立的、自由的，城邦就是由这些公民结合而成的，公民在城邦中不会丧失其独立和自由，"每个人的意见都是真理，不仅应该容许发表，而且应该认真倾听，认真对待"②。公民要在城邦生活中发挥一定影响力，善于演讲和辩论是不可或缺的基本条件，否则就无法让自己的意见被广泛接受，每个公民都是独立和自由的这一前提并不意味着每种意见都会得到同样尊重，只有那些在修辞话语中转化为强论证的意见才具有说服力，并可能最终在政治生活中产生必要影响。掌握运用逻各斯的技艺是政治技艺得以成功施展的保障，因此就需要有人专门研究逻各斯并传授这种技艺，这就是智术师能在雅典城邦大放异彩的根本原因。不同于早期的自然哲学家们对本

---

① See McComiskey, Bruce, *Gorgias and the New Sophistic Rhetoric*, Carbondale: Southern Illinois University Press, 2002, p. 33.

② 叶秀山：《前苏格拉底哲学研究》，参见《叶秀山文集·哲学卷》（上），重庆出版社 2000 年版，第 286 页。

原的关注，智术师们将目光投向人类生活领域特别是逻各斯领域，这是思想史发展的重要环节。

个人的话语实践能力最终还是要体现在城邦事务上。公民勇于发表意见，敢于辩论，其目的只有一个，即做一个好公民，为城邦的繁荣富强效力。修辞学的发展就很好地体现出了这一点，它一开始就与政治学、伦理学建立了紧密的联系，不仅是一门训练话语运用能力的学问，更是一门提高文化素养，使公民更好地为城邦事务效力的技艺。

古希腊另一位以修辞学教育为业的智术师伊索克拉底，重视修辞实践，并将修辞学与文化修养的提高联系起来。就修辞学教育方面的贡献来说，伊索克拉底使修辞学教学从早期的琐碎和混杂状态中摆脱出来，变得统一化和系统化，他将修辞教育机构化，并使修辞学专注于公共生活和城邦事务。① 他一方面批评早期的智术师装腔作势、故弄玄虚，并竭力与之划清界限。在名为《反智术师》的文章里，伊索克拉底就指责智术师过多关注技艺而忽视语言的实际应用。② 另一方面他又为智术师们辩护，指出最杰出政治家的修辞学学艺最精。他对修辞学的态度是以实用性为方向的，无论他要与智术师和演说家们脱离干系，还是表明自己不是普通意义上的演说家，基本上是从以下区分做出的判断：琐碎话题与重大话题、无用话语与有用话语、有害修辞与有益修辞。③ 相比较而言，高尔吉亚和普罗塔戈拉这些早期智术师们关心的是话语形式及其运作问题，关注修辞本身发挥作用的机制和条件，对于演说者的品德或演说内容的道德问题不予单独考虑。

---

① Poulakos, J., "Rhetoric and Civic Education: From the Sophists to Isocrates", in Poulakos, T. and Depew, D. (eds.), *Isocrates and Civic Education*, Austin: University of Texas Press, 2004, p.69.

② Isocrates, *Isocrates: Volume Ⅱ*, Norlin, G. (trans.), London: William Heinamann Ltd., 1929, p.160.

③ 参见［美］约翰·波拉克斯《古典希腊的智术师修辞》，胥瑾译，吉林出版集团有限责任公司2014年版，第149页。

一种是民间的修辞学,它从"人"的角度出发,以"自以为是"的态度将自己的观点在语言表述中力求明朗化、扩大化;另一种是社会化的修辞学,在将修辞技巧与其道德倾向剥离开后,既强调人文素养在希腊城邦文明中的作用,又将语言视为文明的动力和社会存在的基础。实际上前者并不是没有道德观的,而是已经将道德包含在其相对论的对世界的修辞式的认知中了,道德没有固定的标准,而是从主观的价值判断出发进行衡量的。伊索克拉底则从实用角度出发,将修辞的道德维度、政治维度显明,从而试图对修辞理论和修辞实践的关系进行调和,以赋予修辞更多的实践属性。[①] 伊索克拉底的修辞学观点对西塞罗和昆体利安(昆体良)影响很大,为他们强调演说的道德内容开创了先例。

亚里士多德的《修辞学》奠定了西方修辞学的学科基础,它是欧洲第一部系统的修辞学理论著作。亚里士多德既反对被沿街叫卖的伊索克拉底的教学方法,又反对柏拉图否定修辞是技艺的说法,认为修辞学是一门研究说服方式的技艺。他认为修辞学不只是进行抽象的逻辑推理,更是作为一门实践的技艺在伦理生活和政治生活中发挥作用;修辞学不仅需要高超的语言运用能力来进行说服,更需要以德服人——"其实演说者的性格可以说是最有效的说服手段"[②]。亚里士多德将修辞的意图与方式相分离,将修辞学定义为"一种能在任何一个问题上找出可能的说服方式的功能"[③]。他之所以说修辞学的功能不在于说服而在于说服方式,是因为说服只不过是一种"外在目的",按照他在《物理学》中的观点,仅有外在目的的活动是"运动",修辞学作为实践技艺不仅有外在目的,还有内在目的,这种内在目的涉及人的高贵生活和城邦共同的幸福生活,因而修辞学不只是

---

① Bloom, Allan D., *The Political Philosophy of Isocrates*, PHD Thesis of the University of Chicago, 1955, p.234.

② [古希腊]亚里士多德:《修辞学》,罗念生译,生活·读书·新知三联书店1991年版,第25页。

③ 同上书,第24页。

追求"胜利"的技艺，更是追求"卓越"的技艺，这也是他为什么将演说者的道德品质看作最有效说服手段的根本原因。① 实现修辞学的说服力的确需要一定的技巧，而这技巧绝不是后来人们所理解的纯粹形式层面的技巧，虽然《修辞学》中用了很大的篇幅讨论了风格、布局等问题，但这都从属于一个根本前提——"修辞术是有用的"②。但是很明显，亚里士多德绝不像伊索克拉底从实用的立场来对待修辞学，因为前者关注的是那种有"德性"的修辞，这就是属于"内在目的"的"用"。从另一个方面看，强调修辞学之"用"，意味着所有关于修辞技艺的理论都是带有方向性的，所以亚里士多德认为修辞学也是伦理学或政治学的分枝，因而修辞学乃是一种"城邦性的"技艺，"一种修辞活动的问题不是一个语言问题，而是一个政治问题"③。当然修辞问题同时也是一个哲学问题，亚里士多德在《修辞学》一书的开头就将其与辩证法并置，此后又不断突出话语规则、话语实践的理性一面，因而"将话语的一种理论研究引入了修辞学"④。而话语从来不是单纯逻辑和概念的，听说者本身的品格和情感都会参与其中，还有就是情境和时机，因此这种话语本质上是实践的。无论如何，修辞学在亚里士多德这里已经从柏拉图所批判的那种单纯技艺中脱离出来，从而与人的行动和城邦生活紧密相连。

---

① 加佛指出，在亚里士多德那里，每种技艺就像每种德性一样都有两个目的，一是外在目的，二是内在目的，外在目的是作为运动的修辞术的目的，内在目的是作为活动的修辞术的目的。"忽视内在的目的也许不会使国家在获得安全或是财富上变得更坏，却使得作为国家本身变得更坏。类似地，我将论证亚里士多德没有宣称说，他的技艺的实践者比旨在取胜的演说者们更会说服。但后者将是会变得更坏的修辞家，因为他们不再是城邦的修辞家。"参见［美］加佛《品格的技艺——亚里士多德的〈修辞术〉》，马勇译，华夏出版社2014年版，第44—45页。

② ［古希腊］亚里士多德：《修辞学》，罗念生译，生活·读书·新知三联书店1991年版，第23页。

③ ［美］加佛：《品格的技艺——亚里士多德的〈修辞术〉》，马勇译，华夏出版社2014年版，第60页。

④ Grimaldi, William M. A., *Studies in the Philosophy of Aristotle's Rhetoric*, Wiesbaden: Franz Steiner Verlag GmbH, 1972, p.16.

西塞罗和昆体利安是古罗马时代最有名的演说家和修辞学家,他们使修辞学的教育经典化和完善化,使修辞学成为人们步入政坛的必要训练。西塞罗热衷于修辞实践而不是修辞理论,他把演说与政治活动结合成一种实用艺术,这是继承了伊索克拉底对道德观的强调。除了对伊索克拉底修辞教育传统的继承之外,他还将亚里士多德修辞学的哲学之维和古罗马演说术传统融合到一个新的修辞系统中。① 他把修辞学看作童蒙教育的一部分,但又认为要成为真正的演说家,修辞学本身是不充分的。他在《论演说家》(De oratore)一书中认为演说者必须有丰富的知识、先天的素质和后天的训练的完美结合,没有掌握到所有重要事物的知识,没有看到事物的本质,是不可能成为一个十全十美的演说家的。这样,西塞罗就把演说和修辞分离开来,"修辞术既属于博雅人文(politior humanitas)也属于童蒙教育(puerilis institutio)课,但在《论演说家》推荐的所有高等研究中,修辞术是最不重要的"②,修辞学是他全面计划的一个从属部分。所以必须从他关于演说术的整个构想来理解修辞学:演说不仅是智力活动的最高表现,也是关系到国家事务顺利展开的一种艺术,修辞是这一重要艺术的框架。修辞绝不像柏拉图所贬斥的那样是对事实的欺骗和隐瞒,思想内容的精确表达是与一定的语言形式分不开的。对此,他强调:"要知道,这里需要拥有对众多科学的广博知识,若没有那些知识,文词便会成为无聊而可笑的空谈;演说辞本身的形成不仅需要选择词语,而且还要对它们进行结构……"③ 演说家不仅要有一定的内涵和修养,也要具备语言使用上的"优美而高雅的敏捷和简洁",二者必须是结合在一起的。相应的,修辞学的责任和目的也是不可分的,其

---

① Kennedy, G. A., *A New History of Classical Rhetoric*, Princeton: Princeton University Press, 1994, p. 142.

② [英]葛怀恩:《古罗马的教育——从西塞罗到昆体良》,黄汉林译,华夏出版社2015年版,第79页。

③ [古罗马]西塞罗:《论演说家》,王焕生译,中国政法大学出版社2003年版,第13页。

责任是"以适合规劝的方式讲话",目的是"通过言语说服",这种区分使修辞学者能够弄清演说者干的是什么以及对观众的影响,前者强调的是一种话语的艺术上的完美,后者强调的是社会影响。① 到了西塞罗这里,修辞学与教育的关系基本上理清了,他的影响在欧洲至少一直持续到17世纪②,这种美善在区别之中统一的观念不断放大,修辞学在这段时间内也从"品格的技艺"逐渐退化为"形式的技艺"。昆体利安保留下来的修辞学著作是十二卷本的《演说术原理》(*The Instituio Oratoria*),其中九卷可归入修辞学的教科书。他的教育理论同样将演说技巧与个人品德结合起来,试图培养人们坚毅勇敢的性格和对国家的忠诚和责任。

从古希腊罗马演说和辩论等话语活动中发展起来的修辞学与社会实践是密不可分的。从政治层面看,修辞学在雅典民主政制中扮演重要角色,这种政制要求政治家善于在公开场合对自己的观点充分展示,使之成为强论证,因此逻各斯技艺是政治技艺得以施展的基础,城邦中的"政治人"必须同时是"修辞人",伯里克利是最明显的例子。从伦理层面看,修辞论证以个人之善为起点,以实现善好的目标为终点,以德服人是修辞话语具有说服力的首要原因,个人在修辞活动中不仅要在目的上追求胜利,更要在方式上显示高贵,最终获得强论证的意见也必须是善好的。从教育层面看,修辞学教育发挥着"启蒙"的作用,从智术师到亚里士多德再到西塞罗和昆体利安,修辞学或演说术的教学都是知识、素质、能力培养的重要途径。因此在古典时代,社会实践在很大程度上已经成为话语实践,这种话语实践无论是在政治、伦理抑或教育层面上,都因修辞学内在的独特性而在一定程度上蕴含了审美之维。

---

① [美] 迈克尔·雷夫:《语言构成的世界:文本批评的思考》,王顺珠译,参见 [美] 肯尼斯·博克等《当代西方修辞学:演讲与话语批评》,常昌富、顾宝桐译,中国社会科学出版社1998年版,第285页。

② Kennedy, G. A., *A New History of Classical Rhetoric*, Princeton: Princeton University Press, 1994, p. 158.

二 古典修辞学中的审美追求与转义表达

修辞学的重要性是在它与实践的关系中充分体现出来的。毫无疑问，修辞学首先是追求语言层面的完美运用，而作为一门实践的艺术，这种完美运用必然包括话语的指向性，而不是像柏拉图对话中苏格拉底所认为的仅仅致力于技巧；修辞学通过带有说服力的话语建设性地参与人们日常事务的各个方面，而不是欺骗性地迷惑人们的理智。这门艺术的重要性虽然在于实践目的，但是就它本身而言却是审美与实践的统一体，即要想使话语具有很强的说服力，表达者必须在话语形式方面吸引听者，在感情方面打动听者，在理智方面影响听者。若是图一时之快而使用语言的伎俩进行欺骗，在实践中纸必包不住火，因为如此一来，修辞家或演说者如何在城邦中立足？所以修辞学的审美追求不只是形式技巧，还体现了古典生活那种言和行的高贵姿态。

柏拉图在《高尔吉亚篇》开场部分多次借卡利克勒斯等人之口称赞高尔吉亚的修辞"漂亮/美"（καλός）[1]，苏格拉底在《伊翁》篇开头则盛赞伊翁漂亮的着装。"美"（καλός）是当时智术师、演说家们的共同特征，一是表现在着装打扮、个人形象上，二是表现在语言风格上。据历史记载，高尔吉亚很强调使用语言的艺术，特别注重风格的修饰，讲究排比、对称和语调，并且善于利用动作、手势和装饰，在重要场合下他都穿着节日盛装。他还重视演讲技巧，他的风度和姿态显得刚健有力、精力充沛，他言词非凡给人留下深刻的印象。[2]

高尔吉亚留下了两篇著名的修辞学范文：《海伦颂》和《帕拉墨得斯之辩》。在《海伦颂》中，高尔吉亚为希腊美女海伦翻案，指出海伦去特洛伊的原因或者是由于神意和命运的安排，或者是被暴力劫

---

[1] 如447a、447c、448a 等处。《高尔吉亚篇》古希腊语版本参见 Plato, *Gorgias*, Gonzalez Lodge (ed.), Boston: Ginn & Company, 1891。

[2] 汪子嵩等：《希腊哲学史》（第2卷），人民出版社1993年版，第130页。

持,或者是被语言感动,或者是被爱情支配,无论哪一种原因都是她无法抗拒的。其中,他深入分析了语言对人的巨大影响,"语言是一种强大的力量,它以微小到不可见的方式达到最神奇的效果","因此受语言的诱惑犹如受暴力的劫持"。① 他将语言对于灵魂状况的力量和药物对于身体状况的作用相比,认为它们既能产生好的也能导致坏的效果,语言是左右人的灵魂的强有力的手段,由于人并不能完全记住过去、知道现在、预见将来,所以语言的影响是无法避免的。高尔吉亚还注意到了语言的艺术目的,提到了一个重要的美学概念——假象,他从美学意义上表述了"情有可原的欺骗"这一概念,把悲剧看作"一种使人上当比不使人上当更高明的骗人的东西,受其骗而上当者比不上当者表现出更高的艺术鉴赏力"②。高尔吉亚以敏锐的眼光发现了悲剧表演是一种"欺骗",这种欺骗却使欺骗者和被欺骗者感到荣耀,他们反倒以不会欺骗和不被欺骗为耻。③ 他认为诗歌语言造成的恐惧和怜悯的效果可以产生类似于后来亚里士多德的净化作用:"所有诗歌都是有韵律的语言,它能使听众恐惧得发抖,感动得流泪,或是沉浸在哀思里;总之语言能感动灵魂使它将别人生活中遭到的幸运和不幸在自己身上产生同样的感情。"④ 通过由语言到诗歌的转换,高尔吉亚强调审美效果是语言之所以产生巨大影响的根本原因。有研究者指出,这一段文字表明:语言本身只有和韵律联系在一起,产生迷惑人心的诗句,并被作为能控制人的说服形式使用时,才会变成否定性的力量。⑤ 在这里,高尔吉亚实际上向我们展示了修辞在语言运用中的两种魅力:在实践目的上是从观念上说服别人,在艺术目

---

① 汪子嵩等:《希腊哲学史》(第 2 卷),人民出版社 1993 年版,第 125—126 页。

② [德] E. 策勒尔:《古希腊哲学史纲》,翁绍军译,山东人民出版社 1992 年版,第 94 页。

③ [意] 贝尼季托·克罗齐:《作为表现的科学和一般语言学的美学的历史》,王天清译,中国社会科学出版社 1984 年版,第 4 页。

④ 汪子嵩等:《希腊哲学史》(第 2 卷),人民出版社 1993 年版,第 125 页。

⑤ McComiskey, Bruce, *Gorgias and the New Sophistic Rhetoric*, Carbondale: Southern Illinois University Press, 2002, p. 43.

的上是从情感上打动别人。语言在说服别人时肯定也具有这种"欺骗"的作用，那就是修辞的审美效果在话语中的体现。一方面，在艺术中这种"欺骗"是"情有可原的欺骗"；另一方面，在实践中（就真正的修辞学而言）并不是欺骗，而是一种语言上的美化和强化。高尔吉亚之所以为海伦作翻案文章，也并非要进行什么欺骗，而是用"美"的修辞对美女海伦之"恶"重新认识：总是有不可抗拒的力量铸就历史事实，人唯一可做的也许就是在逻各斯中对历史进行表演，就像《海伦颂》最后一句话中所说的——"聊以自慰"，游戏罢了。

当然，高尔吉亚在这篇修辞学范文中强调语言的力量不是他的最终目的，这只是用以论证的手段，不能由此夸大修辞的审美力量，特别是其否定性力量，而忽视修辞的实践意义。当亚里士多德试图建立一门系统的修辞学的时候，他以说服方式而不是以说服作为其特质，就真正展现了实践与审美的统一。亚里士多德指出说服方式包括三种或然式证明："第一种是由演说者的性格造成的，第二种是由使听者处于某种心情而造成的，第三种是由演说本身有所证明或似乎证明而造成的。"① 其中最为有效的说服手段是演说者的性格（παθos，又可译为品格），还要考虑听众的心情（παθos，又可译为情感），这表明了修辞的伦理维度。同时这也展现了修辞的审美维度，语言的说服力量源自于情感上的赞赏和认同，听者和说者在一种特殊的语言氛围中产生共鸣，这是修辞伦理维度和审美维度的统一，根本上是难以区分的。亚里士多德的修辞学理论还表明，修辞学并非是要夸大语言的伎俩，因为作为或然式证明最具逻辑维度的"修辞式三段论"（ενθύμημα）并非单纯的形式技巧。亚里士多德一再强调品格在说服力的产生中是至关重要的，而"品格和情感最完美的运用是被整合到逻辑论证中"②，一个论证的逻辑性与其说服力并不成正比，"在强

---

① ［古希腊］亚里士多德：《修辞学》，罗念生译，生活·读书·新知三联书店 1991 年版，第 25 页。

② Grimaldi, William M. A., *Studies in the Philosophy of Aristotle's Rhetoric*, Wiesbaden: Franz Steiner Verlag GmbH, 1972, p. 52.

有力的论证和说服之间没有这样的比例是一件好事,因为这样的一种关系不能内在地存在于品格和信念之间的比例中"①。这样,在逻辑维度弱化的地方,审美维度将发挥主要作用,以使伦理维度在语言中被"表演"出来,这是修辞学说服方式的独特魅力所在。亚里士多德在《修辞学》第三卷中论述了修辞式表达——风格与布局,它以审美性为主。因为一个演说者只知道讲什么是远远不够的,他还必须知道怎样讲,如何吸引住听众,并让听众接受演说者的观点,这就要靠语言的技艺了。所以亚里士多德说,修辞式推论只要能使我们很快就有所领悟,必然是很巧妙的。②他特别强调隐喻的使用,重视风格的合适、优美和生动性,这些都是为了审美的考虑。在亚里士多德的观念中,修辞学作为一门城邦性的技艺(a civic art of rhetoric)其实践目的是首要的,但是如果将修辞学看作是一门生产性的技艺(a productive art)③,那么其审美意味将变得显豁。就亚里士多德所论述的修辞学本身而言,是实践与审美的统一,修辞学是一门积极的语言运用的艺术。

这种对修辞学本身统一性的坚持一直持续到古罗马时期。西塞罗对演说辞的基本要求是纯净、明晰、优美、合适,他将纯净和明晰放在首要地位,这是话语表达的基础,也是为实现演说目的而考虑的,同时文体必须优美才能使演说保持吸引力。在《论公共演讲的理论》中,西塞罗认为一种适宜的、精美的文体应当具备三种性质,即品味、写作技巧和特色。其中,"品味使每个论题都能表达得纯净和明晰";写作技巧是指词语排列,"它使整个演讲的每一部分始终如

---

① [美]加佛:《品格的技艺——亚里士多德的〈修辞术〉》,马勇译,华夏出版社 2014 年版,第 236 页。

② [古希腊]亚里士多德:《修辞学》,罗念生译,生活·读书·新知三联书店 1991 年版,第 177 页。

③ See G. Gross, A. G., "What Aristotle Meant by Rhetoric", in Gross, A. G. and Walzer, A. E. (eds.), *Rereading Aristotle's Rhetoric*, Carbondale: Southern Illinois University Press, 2000, p. 35.

一";特色是指"多加润饰,使文体华丽"。① 但是他在《论演说家》一书中谈的最详细的还是优美,这涉及词汇的选择、词语的搭配和修辞格的使用,重视的是话语的审美价值。一个最完美的演说家既要有非常广博的知识,又要擅长通过修辞让对象以完美的形式显现出来,使人理解事物的实质和本性,后者包括"演说辞的美饰和演说辞的整体完美性"②,这就是语言使用的艺术。他既批判那种空洞无物的溢美之词,也反对枯燥无味的简朴的语言,说服力和美感在他的修辞学理论中是受到同等重视的。

但是,这种审美与实践的统一并非轻易就能保持的,人们往往片面强调语言的审美力量,在形式技巧上做表面文章,这使修辞学面临着重大危机。正是在这种情况下,修辞学引起人们的警惕,并且开始受到批判。

柏拉图笔下的苏格拉底对修辞学的批判和规约正是建立在这一系列区分之上的:语言技巧与道德内容、修辞与辩证、意见与真理。在柏拉图看来,一个演说家如果一味地以优美的言辞来迷惑观众,而不进行事实判断,不以真理为指引,便是可笑的,而这种修辞学也根本不是技艺,它颠倒是非、混淆黑白,以欺骗为要务。③ 苏格拉底预设了话语与真理的距离,然后要求话语为真理服务。如果修辞只是一种技巧,它也不是纯粹的文字游戏,而是严重影响人们心智的祸害,因为它有自己相对的"真理"。但是,修辞的力量正在于这种与主体的身体和心灵的密切关系上。在《高尔吉亚》篇中,苏格拉底将修辞之术与其他各种技艺进行对比,指出针对灵魂和身体的真正技艺有四种,分别是立法术、审判术、健身术和治病术,有四种虚假的技艺与

---

① Cicero, *Rhetorica ad Herennium*, Caplan, H. (trans.), Cambridge: Harvard University Press, 1954, pp. 268-275.

② [古罗马] 西塞罗:《论演说家》,王焕生译,中国政法大学出版社2003年版,第571页。

③ [古希腊] 柏拉图:《斐德若篇》,参见《柏拉图文艺对话集》,朱光潜译,人民文学出版社1963年版,第146—147页。

它们对应，分别是智谋术、修辞术、化妆术和烹饪术。如表 1-1 所示。①

表 1-1　　　　　　　　《高尔吉亚》篇中的对比

	灵魂（政治术）	身体（关注身体）
强化的 真正的技艺 虚假的技艺	立法术 智谋术	健身术 化妆术
矫正的 真正的技艺 虚假的技艺	审判术 修辞术	治病术 烹饪术

这些虚假技艺的共同特征首先是谄媚和欺骗，带给人快乐却不以善的目的为导向；其次是不知道其所涉及事物的本质。② 通过将修辞术与化妆术并置，苏格拉底强调修辞家是用华丽的言辞去追求"外在美"，而忽视了真正属于自己的"内在美"。这样的划分显然失之极端，它预设了人类诸事物的单纯性，从而将善和美、真和假相对立，修辞就成了脱离真和善的虚假意见，修辞之美也就成为对事物的遮蔽和败坏。

在另一篇对话《斐德若篇》中，柏拉图则从正面对修辞学进行了考察，具体情况将在下一章专门讨论。简单地说，在修辞之美的问题上，苏格拉底在该篇对话中并没有完全将修辞否定，而是看到了修辞学以言辞吸引灵魂的作用，于是将之改造而为哲学所用。对于这种吸引作用，柏拉图在《伊翁》中以"磁石链"做比喻。对话中苏格拉底向伊翁解释诗人为什么会感染观众，他认为是神通过诗人将力量一环一环地传递下去，这就是"灵感"的奥秘。③ 当苏格拉底在《斐德

---

① See Stauffer, Devin, *The Unity of Plato's Gorgias: Rhetoric, Justice, and the Philosophic Life*, New York: Cambridge University Press, 2006, p. 46.

② Plato, "Gorgias", in Cooper, J. M. and Hutchinson, D. S. (eds.), *Plato Complete Works*, Indianapolis: Hackett Publishing Company, 1997, pp. 808-809.

③ 参见［古希腊］柏拉图《伊翁》，533d 以下，王双洪译疏，华东师范大学出版社 2008 年版，第 46—48 页。

若篇》中提及文章的吸引力时，不再是强调"从上而下"的作用，而是转而考察如何借助修辞实现灵魂"从下而上"的提升。苏格拉底也许意识到，修辞之美有着强大的力量，无论这力量是来自缪斯女神，还是来自诗人自己，如果能将这股力量用到人类事务有价值的地方，将是城邦之福。这就是将美与真和善相结合，将修辞学与哲学和政治学相结合，创造出全新的言说和写作方式。

先看美与真的结合以及修辞学与哲学的关系。首先，苏格拉底对修辞学进行了改造，在《斐德若篇》中他给修辞学下了一个定义："一般说来，修辞术是用文辞来影响人心的，不仅是在法庭和其他公共集会场所，而且在私人会谈里也是如此，讨论的问题或大或小，都是一样；无论题材重要不重要，修辞术只要运用得正确，都是一样可尊敬的。"① 一方面苏格拉底扩大了修辞学运用的边界：从公共场所到私人会谈；另一方面明确了修辞学的内涵：正确运用。之后，他强调修辞学可以使听众从意见出发走上真理之途，这是哲人相对于智术师而言对修辞学的不同使用。为了使修辞之"美"与哲学之"真"相结合，文章的作者必须首先知道真理，然后用言辞传播真理。苏格拉底这样表述美与真的关联：一方面，"一个人尽管知道了真理，若是没有我修辞术，还是不能按照艺术去说服"②；另一方面，"若是一个人不知真理，只在人们的意见上捕风捉影，他所做出来的文章就显得可笑，而且不成艺术了"③。因此从哲学的角度看，一个真正的文章作者不仅要会修辞，做到言辞华丽、篇章结构布局完美，还要既有关于真理的知识，又有关于灵魂的知识，这样的文章既有生命（成为一个有机体），又有益于生命（能提升观众的灵魂）。再联系《会饮》中从美的身体到美的知识再到美的理式这样一条上升之路，我们就会更加理解苏格拉底或柏拉图的良苦用心。在现实世界，对美的爱欲是

---

① ［古希腊］柏拉图：《斐德若篇》，参见《柏拉图文艺对话集》，朱光潜译，人民文学出版社1963年版，第144页。
② 同上书，第143页。
③ 同上书，第146页。

所有爱欲中最能超越功利性的，也是最有可能刺激灵魂不断提升的，其他如名誉之爱、权力之爱、财富之爱都会将人束缚。因此，如果要说服一个合适的灵魂去爱智慧，必须使之首先爱美，可以说智慧在较低层次上表现为知识，知识又是借助于逻各斯传达，所以对优美言辞的爱欲是成为爱智者的起点，对修辞之美不能简单地否定了之，必须借助修辞学把爱美之人从意见之路带上真理之路，这是哲学和修辞学的不解之缘。

那么哲学修辞是什么样的？在《理想国》的结尾柏拉图借苏格拉底之口对此做了示范，这就涉及美与善的结合以及诗或修辞与城邦的关系。苏格拉底讲了一个"俄尔神话"，告诉我们：只有正义的灵魂（即理性进行统治的灵魂）才会在任何时候保持清醒，也不会忘记自己曾经的选择以及为什么做出这样的选择，也就是说能够选择并知道为什么选择善好的生活，这样的人就是最幸福的人。这个神话就是典型的柏拉图式修辞，他借此告诫诗人们不要去"唤醒和喂养"灵魂的低劣部分，从而"在每一个人的灵魂中建立了一个低劣的城邦系统"[①]。灵魂的低劣部分是欲望，包括荷马在内的"模仿诗人"对个人情感多有渲染；低劣的城邦也是那种被欲望所统治的城邦，也就是《理想国》第九卷所描绘的"僭主政制"。诗人的修辞之所以能够吸引人，是因为他们迎合民众的"欲望"，使人们走上了一条"向下之路"，不知何为真正的善好，如此的城邦就是那最黑暗的洞穴，必然是最糟糕的城邦。在向善的问题上，哲学和政治的任务仍然是要带领个人和城邦走一条上升的道路，为此不仅要言说真理，还要向理解力不足的民众言说"高贵的谎言"[②]，对真的追求在特定时刻就让位于对善的追求。这其实不仅仅完全是出于政治的考虑，因为在个人层面上，哲学要解决的是"人应该如何生活"的问题，而在城邦层面上，

---

① [古希腊]柏拉图：《理想国》，王扬译注，华夏出版社2012年版，第371—372页。

② 关于谎言在城邦政治生活中的必要性，参见《理想国》389b，414b-c，459c-d等处。

哲学要解决的则是"我们应该如何共同生活"的问题，这是哲人追求智慧和真理的前提，也是当时古希腊自然哲学转向政治哲学的一大进步，所谓"苏格拉底的第二次起航"正是由求真向求善的转向。由此我们可以看到，在美与善相结合的问题上，哲学和政治为修辞学留下了很大的空间，修辞的审美作用如果有着正确的价值取向，就会说服人们走上一条向善的上升之路，如此修辞学就和城邦政治生活融为一体了。

修辞性话语总有自己的方向性，柏拉图所要校正的也正是这种方向性，因而将"真正"的修辞学看作是运用逻各斯和训练培植灵魂的信念和美德的学问。也就是说，修辞作为一种语言使用的技巧，它本身具有一种审美力量——这被柏拉图从负面表述为欺骗和迷惑人的力量，以审美的方式对现实和真理的表达始终是偏离或蒙蔽，这和他的"理式说"和"模仿说"是一致的。他所警惕的其实是人们对修辞的败坏，即将美与真和善相分离，这就构成了他对修辞学批判的基础。他一方面通过批判，另一方面通过重建，来规划一种属于哲学的修辞学，以实现真、善、美的统一。如果从分离的角度来看，如何理解修辞学的审美追求呢？这里有两点是值得探讨的：第一，修辞学是否本身就有一种劣根性；第二，修辞本身是不是一切话语都具备的特征，因而审美和实践在修辞学中是内在统一的。

关于第一点有必要指出，世界上一切事物都会产生负面影响，修辞学的批判者包括柏拉图所提出的论据并非它本身固有的劣根性，而是由于语言的滥用造成的，这也正是他经常将修辞学和医术比较的原因——善于用药可治病、不善用药可要人命。昆体利安针对这种指责反驳说，不仅水和火这些生存必需的东西会成为危险，而且太阳和月亮这些伟大的星体有时也会造成伤害。[①] 他认为修辞学是一门出色的演说科学，它本身就包含了语言的全部属性，人的道德品性也在其

---

① Quintilian, M. F., *Instituio Oratoria*, Butler, H. E. (trans.), Cambridge：Harvard University Press, 1920, p. 321.

中，因而审美和实践是内在统一的。

关于第二点，即使不从广义上讲一切语言运用都有修辞式的变形，就人类交流的需要和实践的需要而言，语言在实际运用中也肯定充满了各种色彩，这不只是一个现代性的命题。就柏拉图本人来看，他的哲学创作其实也是"戏剧"或"诗"，修辞话语无处不在。① 一方面如上文所说，他在理想国中明确地指出说谎在特定情况下对城邦是有益的，必须允许统治者为了城邦公民的利益而使用高贵的谎言。另一方面，柏拉图为了照亮城邦这个昏暗的"洞穴"，他必须也要学会模仿，像诗人们一样使用修辞编织谎言。尼采认为他在《理想国》第三卷引入一个神话，以便在公民的头脑中确立特定意见，为了这个目的，他并不回避当修辞手段用的说谎。② 柏拉图对修辞的发难也是一场不折不扣的"修辞行动"，当代英国修辞学家布赖恩·维克斯从两个方面对此进行了论证。第一，柏拉图处在雅典学派林立，各种传授知识和修辞训练的培训班相互竞争的时代，他的"学园"以纯智力训练为中心，"理式""理想国"等观念与现实距离很大，并对当时的政治法律制度持严厉的批判态度，所以未能吸引多少雅典当地的有为青年。他以苏格拉底对话的方式对智者学派的打击正是一种抬高自己的修辞策略。第二，柏拉图反对民主制度而倡导精英政治。民主制度下，修辞作为在公共场合向大众致辞并影响其决策过程的艺术，是保证雅典权力机器正常运行的工具、手段和媒介，也是维系雅典民主体制的一个主要条件。他对修辞发起攻击的意识形态动机和政治意图是十分明显的。③ 因此可见，为了追求某种话语效果，修辞本身必然是审美和实践的内在统一，而不应该首先从道德上对其定位并强行剥离。

---

① 对这一问题的具体论述详见本书第二章第三节。
② [德] 弗里德里希·尼采：《古修辞学描述》（外一种），屠友祥译，上海人民出版社 2001 年版，第 8 页。
③ 参见刘亚猛《追求象征的力量：关于西方修辞思想的思考》，生活·读书·新知三联书店 2004 年版，第 33—34 页。

不过，柏拉图对修辞学的批判和重建，特别是从分离的角度重新审视修辞学的审美追求，从另一方面看是有一定意义的。因为人在社会中存在，最先遭遇的是语言，如果过分突出语言的能力，而满足于技巧层面的雕琢，这确实是一种不好的倾向。这种倾向在当时的智术师身上已有所表现，而在后世的修辞学中则愈演愈烈，直到最后，修辞学就真的只剩一层皮，成为与语法、逻辑相并列的纯粹技艺。时至今日，每当批判为修辞而修辞之风，人们总会回想起柏拉图当初对修辞学严厉的批判——不真不善何以美！

审美特性毕竟是修辞活动的重要方面，一方面修辞之美是在话语实践中表现出来的，另一方面语言本身的运作是审美效果得以产生的基础。我们不能因柏拉图的批判而不敢就美谈美，即使是在他那里美的形象仍是哲学爱欲的出发点，因此我们有必要回到修辞学的话语形象问题上。古希腊修辞学在话语形象方面的美学取向主要表现在以下两个方面。

第一，正常表达。由于交流的需要，古希腊修辞学首先强调语言表达上的明晰和合适。这一方面是为了使听众容易理解，另一方面也是为了提高演说的可信度，增强修辞表达的说服力，因为言辞状况直接体现出思想状况，语言的混乱往往伴随着思想的混乱。像普罗狄科、普罗塔戈拉这些智术师已经开始研究语法和措辞，关注词义的准确性和表达的明晰性。[①] 亚里士多德认为散文的风格不同于诗的风格，不能流于平凡，也不能提得太高，而应当求其合适。"合适"是古典美学的一个重要概念，对修辞学而言，它不仅要求演说内容的合适，也要求词语选择和搭配的合适、文章布局的合适以及整体风格的合适。亚里士多德认为："风格如果能表现情感和性格，又和题材相适应，就是适合的。求其适合，就是对大事情不要太随便，对小事情不要太认真，而且不对普通的字加以修饰，否则就会显得滑稽……"[②]

[①] 参见汪子嵩等《希腊哲学史》（第2卷），人民出版社1993年版，第140—145页。
[②] ［古希腊］亚里士多德：《修辞学》，罗念生译，生活·读书·新知三联书店1991年版，第164页。

他还认为散文风格之美在于明晰，而且在名词和动词中只有普通字才能使风格显得明晰，这就是为了使别人易于理解。不过风格上的明晰还主要属于"技艺"层面，亚里士多德还非常关注"认识"层面的明晰，即修辞家必须对言说之物有"真知"，能够定义它并用语言准确地表述出来。① 如果像普罗塔戈拉那样认为关于事物存在着"双重逻各斯"，那么人们必须对此仔细权衡。"人们慎重考虑的不仅仅有语言表现的事物，还有事物得以表现的语言，即语言是否得体、合适、清晰、生动、丰富、直白、典雅、有力，如此等等。"② 西塞罗认为演说要能说服人、愉悦人、感动人，说服要准确，愉悦要适中，感人要有力，演说家的本领就在于自如地掌握它们，并恰如其分地运用它们。就演说的措辞方式而言，他认为最重要的就是"语言的纯洁和清晰"③，无法教导不会使用语言的人做优美的演讲。他强调任何事情都有尺度，不仅每件事情有自己的分寸，过分不可取，修辞学和演说术亦如此。

第二，转义表达。由于修辞学起初是运用于演说和辩论的，它必然要追求话语的形象性，要通过各种转义手段来增强语言的感染力和说服力。转义表达在古希腊早期文献中已随处可见，用维柯的话说，从原始人开始人类就充满着"诗性思维"，隐喻、换喻、提喻、讽喻这四种基本的辞格在人类思维模式中具有基础性的建构作用。苏格拉底虽然将智术师视为哲学最大的敌人，但是并不意味着他完全抛弃修辞，"苏格拉底式的反讽"是他进行对话和论辩最典型的转义表达手法。在柏拉图的对话中，神话、寓言使其哲学观念具备了诗性之维，各种比喻的运用使文意扑朔迷离；同时，柏拉图那里的转义又注入了哲学含义，转义④成为现实世界人们回忆理式、灵魂提升的起点，转

---

① Newman, Sara, *Aristotle and Metaphor: His Theory and Its Practice*, PHD Thesis of the University of Minnesota, 1998, pp. 28–29.

② [美] 约翰·波拉克斯：《古典希腊的智术师修辞》，胥瑾译，吉林出版集团有限责任公司2014年版，第208页。

③ [古罗马] 西塞罗：《论演说家》，王焕生译，中国政法大学出版社2003年版，第530页。

④ 转义的哲学意义详见本书第二章第三节。

义于是成为昏暗洞穴中微弱的光亮，引导爱智慧的人走上一条朝向真理的上升之路。亚里士多德则特别重视隐喻的运用，这一方面是为了风格的明晰，另一方面是为了使风格带上"异乡情调"，从而吸引听众，打动听众，这就是为了风格的优美。① 他将隐喻划分为四种：以属喻种、以种喻属、以种喻种和彼此类推。② 在《诗学》中亚里士多德虽然是从《荷马史诗》中找了一些例子，但这些隐喻在日常生活中同样普遍，如"我的船停在这儿"中"停"和"泊"的关系，"俄底修斯的确做过一万件美事"中"一万"和"多"的关系。这就表明隐喻是语言的固有特征。"类推"则更有意思，与前三类隐喻具有明显的相似性不同，类推将目光投向了遥远的、一般人意识不到的地方，"使人有可能创造出从未经历过的新的存在"③，由此亚里士多德揭示了借助固有的诗性思维人们可以进行无穷无尽的转义表达。但问题是隐喻真的可以无限制地随意使用吗？当然不是，亚里士多德指出隐喻词应当取自美好的事物，"应当从具有声音之美或意义之美的或者能引起视觉或其他感官的美感的事物中取来"④。这种美感效果的产生还取决于听者是否能把握本义和转义之间的相互联系，也就是说隐喻字的使用还要受到更大语境的限制。⑤ 亚里士多德在此尤其突出视觉，《诗学》1458a 处也曾出现"ops"一词，戴维斯指出亚里士多德在暗示"人类视觉的单一性掩盖了一种潜在的双重性"⑥，同

---

① ［古希腊］亚里士多德：《修辞学》，罗念生译，生活·读书·新知三联书店 1991 年版，第 152 页。

② ［古希腊］亚里士多德：《诗学》，陈中梅译，商务印书馆 1996 年版，第 149 页。

③ ［美］戴维斯：《哲学之诗——亚里士多德〈诗学〉解诂》，陈明珠译，华夏出版社 2012 年版，第 164 页。

④ ［古希腊］亚里士多德：《修辞学》，罗念生译，生活·读书·新知三联书店 1991 年版，第 155 页。

⑤ Newman, Sara, *Aristotle and Metaphor: His Theory and Its Practice*, PHD Thesis of the University of Minnesota, 1998, pp. 48-49.

⑥ ［美］戴维斯：《哲学之诗——亚里士多德〈诗学〉解诂》，陈明珠译，华夏出版社 2012 年版，第 167 页。

《修辞学》对美感的强调一致，单个的隐喻词是与比它们更大的整体秩序相关联的。再联系亚里士多德下文所举的例子"杀母者"和"他父亲的报仇人"，以及西摩尼得斯为了报酬而写的"半驴诗"的讽刺，他提示读者：隐喻之"美"应与人类之"善"相一致，单个词的使用是为了篇章整体之美感，而文章或言辞之创作不也正是为了城邦整体之善吗？因此，无论是柏拉图和亚里士多德都不是单纯从话语形式或技巧层面对待转义的，转义表达不仅涉及语言风格问题，更与人的真、善、美追求紧密相关。

再谈一下正常表达和转义表达之间的关系。首先，在古典修辞学中，正常表达和转义表达是相辅相成的，正如亚里士多德所说，"言语的美在于明晰而不至流于平庸"①。使用普通的词语、正常的表达可以达到明晰之美，而使用奇异词、转义表达则会达到超凡脱俗的美。修辞学要求演说者不仅要将自己的想法表达得顺利，而且要表达得美。演说家往往为了提高话语的形象性，有意在正常表达的基础上对语词进行美化和修饰，使用转义表达以产生新奇之感，达到吸引听众的效果。不过，在古典修辞学中我们还不能由此认为转义表达相较于正常表达而言更为重要，因为，"大凡演说家，都应该兼顾动机的两个主要因素——必要性和享受愉悦的愿望"②，修辞应根据不同情况在正常表达和转义表达、明晰和美妙、必要性和愉悦之间寻找平衡。其次，转义表达和正常表达无严格界限，任何正常表达都可以在特定语境中成为转义表达。转义表达是建立在词语之间的相似性基础上的，修辞家需要具有敏锐地发现相似性的能力，这也是为世界重新"赋形"的能力。最后，转义表达和正常表达一样是语言的固有特征。西塞罗认为隐喻用法最初是由于词语的匮乏所致，但是在使用过程中却被转而强调其中的美感因素，这就意味着恰恰是转义表达使正

---

① ［古希腊］亚里士多德：《诗学》，陈中梅译，商务印书馆1996年版，第156页。
② ［美］约翰·波拉克斯：《古典希腊的智术师修辞》，胥瑾译，吉林出版集团有限责任公司2014年版，第207页。

常表达成为可能。于是，我们可以发现，转义是无处不在的。这既取决于人们话语表达的能力："要知道，自然界中不存在任何这样的事物，其名字和称谓我们不能转义于其他事物。由此一切可以比较的事物——所有的事物都可以进行比较——都可以凝练于一个可以包含相似性的词语，从而使演说辞富有光泽。"① 又取决于世界呈现于人的样态：我们是在事物的关系中不断地重新规划眼前的世界秩序，生活本身就如同作诗，在转义中怡然自得。

第二节　修辞学在书面语中的发展：审美的悖论

一　从话语实践到书面语中的运用

古希腊罗马时期修辞学的繁荣和当时的社会政治制度密切相关。一个自由和民主的城邦或国家为演说提供了良好的土壤，也有利于修辞学与政治的联合，人们有不受地位和身份限制去谈论一切的自由，并且有通过发表言论参与到各种事务当中的权利。民主是雄辩发展的必不可少的条件，而雄辩是民主国家里个人的高级品质，两者都不能离开对方而存在。所以当独裁取代民主以后，修辞的力量必然要受到打压和限制，话语所掌握的权力也要从民间回收到统治阶级的手中。但是修辞作为话语的基本构成，是不可能被剔除出去的，它不仅是官方话语巩固其说服力的重要手段，也是日常言语交际中的活力之源，人们不可能陷入概念思维之中，即便真理的要求无处不在，转义也活跃在人们对世界的直觉能力中。但是，修辞学正当的活动范围逐渐被限制在以文学为主的书面语中，话语的形象成为修辞所追求的主要目标。这样就导致了话语形式与权力更严重的分

---

①　[古罗马]西塞罗：《论演说家》，王焕生译，中国政法大学出版社2003年版，第625页。

离，说服能力由真理决定，而修辞技巧只起次要的辅助作用。这种分裂最严重的后果是，二者的运动方向经常被认为是相反的，话语内容若是在寻求真理，那么它华丽的容貌只会干扰甚至背叛这一崇高目标。所以在修辞学的鼎盛时代结束以后，修辞的运用被限定在书面语的形式技巧层面，它要么向某种中心或权威屈服，要么遭受排挤、打击或者接受改造。

中世纪基督教文化逐渐盛行以后，修辞学起初被当作异教文化而摒弃。圣·奥古斯丁则对此深不以为然，他在《论基督教教义》中认为异教文献对于解释《圣经》和传播教义大有帮助，教会应当利用古代的修辞学来传播教义、教育民众，也就是把修辞的技巧用在布道中，以加强其说服人、规劝人、打动人的效果。① 《论基督教教义》一书被认为是从基督教角度深入讨论修辞学的第一部书，从中世纪以来影响深远。② 当然奥古斯丁所力图用言语有效地阐明的真理就是《圣经》中的"天启"真理。《论基督教教义》的头三卷讨论了如何"发现"经文的意义，第四卷则是讲如何"阐述"经文意义，这本著作围绕着修辞与解释相结合的思路进行了理论尝试。奥古斯丁将这种基督教修辞学视为"主流修辞学"（popular rhetoric），因为当时基督教已经影响到生活的方方面面，传教士们需要运用修辞学对各色人等布道。他一方面重视修辞学的构思（invention），另一方面更为重视文风（style），因为解经涉及大量形象性符号的阐释，要起到影响和说服的作用，感性的文风比理性的构思更重要。③ 在修辞学史上奥古斯丁起到了重要的承上启下的作用：既继承了古典修辞学的重要方面，又在基督教语境中赋予修辞学新的内容，特别是将修辞和阐释相联系。

---

① 这些论述大量存在于该书的第二卷。See Augustine, *De Doctrina Christiana*, Green, R. P. H. (ed. & trans.), Oxford: Clarendon Press, 1995.

② Kennedy, G. A., *A New History of Classical Rhetoric*, Princeton: Princeton University Press, 1994, p. 267.

③ Kennedy, G. A., *Classical Rhetoric & Its Christian and Secular Tradition from Ancient to Modern Times*, Chapel Hill: The University of North Carolina Press, 1999, pp. 180–181.

修辞学在中世纪受到教会重视，并得以与"文法""逻辑"并列成为人文教育的三学科。中世纪修辞学的发展基本上是围绕着基督教传播进行的，并逐渐转向书面，大量指导布道的修辞指南如雨后春笋般出现，特别是在13世纪。同时，各地教会和各国之间依靠书信进行交流，书信一时成为大量宗教、法律和商业事务的仅有记录，特别是11—13世纪意大利修辞学家对书信修辞贡献最大，他们在西塞罗的影响下逐渐将修辞学原理从演说带到了书面写作中去。在这一过程中，修辞学也走向了写作书信的"技术性方法"[1]，失去了同希腊罗马古典修辞传统的联系。此外，中世纪还有一类指导文学创作的修辞学作品，不过同前两类一样，过多地从形式层面关注如何通过语词组合来使人获得愉悦。其中最有名的是12、13世纪之交杰弗里（Geoffrey of Vinsauf）的《诗艺新论》（*Poetria Nova*），作者从修辞的角度对文学创作原则进行了讨论，他从传统修辞学的构思、谋篇、辞藻和表达四个方面对文学创作进行了理性的规划，并且提出了通过"倒装"等辞格的应用以获得文学创意的理论模式。[2] 布道修辞、书信修辞和诗学修辞是中世纪修辞学的三个主要方面，修辞学在三个领域中的应用使其最终完成了从口头向书面的转变，并因此成为经文和教义、法律和宗教事务、文学内容和意图的附庸。

修辞学地位的衰落，是因为修辞仅仅被作为形式服务于话语内容，无论它作为工具或装饰被运用于宗教还是文学，都成了脱离任何意见、观念的纯粹技巧。但丁曾说过："如果有人披着隐喻或修辞色彩的外衣写诗，而当别人提出问题时却又无法揭开这层外衣，把他的真实意图解释清楚，那真是莫大的耻辱。"[3] 克罗齐指出，不能轻易

---

[1] Herrick, J. A., *The History and Theory of Rhetoric: An Introduction*, Boston: Allyn & Bacon, 2005, p. 134.

[2] See Murphy, J. J. (ed.), *Three Medieval Rhetorical Arts*, Berkeley: University of California Press, 1971, pp. 34-37.

[3] ［意］但丁：《新生》，钱鸿嘉译，上海译文出版社1993年版，第76页。

断言艺术和哲学或神学在中世纪是等同的,当时已经将艺术和诗看成是"取悦人的科学",主要原因就在于"修辞的外衣":"像但丁就用'章词虚构''修辞格'和'修辞色彩',桑蒂纳拉就用'虚构'和'美丽的遮盖物'来指艺术和诗",纯科学是远离艺术的。① 修辞只是"意图"的"外表",只是被附加上去的装饰,似乎在必要的时候是可以被去除的。

如果说修辞仅仅是华美的装饰,文法和逻辑呢?在三个学科中,文法和逻辑显然并不是与修辞的地位等同的,人们不会怀疑后两者在说话行文中的必要性,却经常会警惕修辞对意图的篡夺,而文法和逻辑是有规律可循的,它们起积极的保障作用。修辞虽然有一定的技巧,但正如西塞罗所指出的,先天的禀赋必不可少,它的使用是一门技艺,是需要创造性才能的,所以修辞是不可能轻易驾驭的,它在话语中所产生的转义也是难以预测的。可以这样来看待中世纪后修辞学的转向,即修辞学从它最得心应手同时也最为社会所重视的政治、法律等社会、国家事务领域,转入同样为社会所重视的宗教领域,在传播宗教思想以及宗教人才培训等压倒一切的兴趣方面,同样发挥了"无可比拟的核心作用"。② 但这种说法并没有意识到修辞学所发生的一些重大变化,首先是修辞与权力的分离,当时它一方面为"一言堂"的基督教思想服务,而另一方面对民众来说只是一门提供技巧的基础学科,因而修辞学的"核心作用"成为分离后的重组,修辞学的独立性只在于与权力无关的技巧中,它在布道中所显示的重要性是与演说中所显示的重要性不可同日而语的。任何一个演说可以反对他人观点甚至政府观点,而布道可以违背教义吗?可以说修辞学在中世纪由口头进入书面语领域以后,其实践品格基本消失了,它作为工具和装饰仅仅成为"美的"形象,而真和善成为与之无关的内核。

---

① [意] 贝尼季托·克罗齐:《作为表现的科学和一般语言学的美学的历史》,王天清译,中国社会科学出版社1984年版,第22页。

② 刘亚猛:《追求象征的力量:关于西方修辞思想的思考》,生活·读书·新知三联书店2004年版,第48页。

二 修辞学与美学的联系

修辞学和美学之间有着极其密切的联系。在柏拉图的对话中我们可以发现,修辞对"美"的追求已是不可否认的事实,但限于外在的形式之美,这也是诗和修辞的共同之处,柏拉图不断地在批判和改造修辞学,使之成为真善美的统一。此后,修辞学一直伴随着美学的发展,这在朗吉努斯的《论崇高》和鲍姆嘉通的《美学》中可见一斑。

崇高作为美学史上的一个重要范畴得益于朗吉努斯《论崇高》一文的论证,其实他主要讨论的是崇高的"修辞风格",所以他的《论崇高》是一篇典型的"修辞美学"论文。朗吉努斯开篇就明确指出"崇高在于措辞的高明和美妙"①,由此带来的效果是对人的"引导"而不是"说服",这一点显然是受到柏拉图的影响,强调人们在被言辞震撼的同时也去模仿背后高尚的思想,他在文中几次提到柏拉图,认为其作品也达到了"雄浑的境界"。但是朗吉努斯和柏拉图有着重大差别,后者在正面利用修辞学的引导作用时,采取的是由情感到理性的路线,以此实现灵魂的提升;而朗吉努斯则强调由崇高的风格激起人们炽烈的情感,在狂喜状态中感受言辞的全部力量,从而克服自身的局限而走近崇高的事物,这完全是"非理性"的。虽然崇高的感觉是非理性的,但是他指出创作时也不能随意妄为,要有明确的艺术准则,"在一切场合都应该以技巧来帮助天然"②。这就涉及修辞技巧。

朗吉努斯将崇高的来源分为五种:第一而且是最重要的是庄严伟大的思想;第二是强烈而激动的情感;第三是在思想和语言方面对修

---

① [古希腊]朗吉努斯:《论崇高》,参见《缪灵珠美学译文集》(第1卷),缪灵珠译,中国人民大学出版社1998年版,第77页。引文同时参考钱学熙译文,参见伍蠡甫、胡经之主编《西方文艺理论名著选编》(上卷),北京大学出版社1985年版。英文和古希腊文参见《洛布古典丛书》。Aristotle: *Poetics*; Longinus: *On the Sublime*; Demetrius: *On the Style*, Cambridge: Harvard University Press, 1995。

② [古希腊]朗吉努斯:《论崇高》,参见《缪灵珠美学译文集》(第1卷),缪灵珠译,中国人民大学出版社1998年版,第115页。

辞格的正确使用；第四是高雅的措辞；第五个包括前面四种，即整个结构的堂皇卓越。前面两种是天赋，后面三种是"后天"的，它们依靠共同的先决条件：掌握语言的才能，崇高的思想必须与艺术风格有机地结合才能呈现出雄伟的文体。思想、情感、修辞，这是崇高得以产生的三个不可分离的要素。文章中崇高的思想必须通过特定的修辞展现出来，并借此表达同时也激发强烈的情感。因此，虽然思想是崇高最重要的来源，但修辞问题却是朗吉努斯最为关注的，首先就是修辞格的运用。"辞格乃是崇高风格的自然盟友，反过来又从这盟友取得惊人的助力"①，包括设问、散珠、连词、倒装、变数、变时、变人称、婉曲等，辞格的作用是改变言说的方式，增加文章的力量和美感。还有就是文章的措辞，他说："至于选择恰当和壮丽的辞藻可以有惊人的效果，既能吸引又能感染听众，而这是所有雄辩家和散文家的主要目的，因为它本身能使风格雄浑，绮丽，古雅，庄严，劲健，有力，授给它一种魅力，有若最美的铜像上的古色古香，仿佛赋予这些作品一颗能解语的心灵……真的，华丽的词藻就是思想的光辉。"② 包括俗语和隐喻、夸饰等修辞手法的使用。第三个方面是语词的结构问题，要把各种材料组合成一个有机整体，使文章具有生命。"凭借这些方法，它不就能把我们迷住，往往立刻驱使我们向往于一切壮丽的、尊严的、崇高的事物和它们包罗的万象，从而完全支配着我们的心情吗？"③ 由此可见，庄严伟大的思想是崇高的首要来源，但是就文章的创作来说，崇高的效果完全取决于修辞。当然，朗吉努斯并没有任何要将思想和表现形式分离开来的想法，非常明确的是：崇高之美是思想、情感和修辞的统一。

在这篇文章中，朗吉努斯还非常关注读者。在提出何为崇高之后，他紧接着就指出这种文章不必说服读者的理智，而是靠一种审美

---

① ［古希腊］朗吉努斯：《论崇高》，参见《缪灵珠美学译文集》（第1卷），缪灵珠译，中国人民大学出版社1998年版，第98页。
② 同上书，第108页。
③ 同上书，第118页。

的巨大力量吸引读者,并且说,一个崇高的思想,"在恰到好处时出现,便宛若电光一闪,照彻长空,显出雄辩家的全部威力"①。有些时候,他又将崇高交予读者鉴定:"如果一个颇有见识而又熟识文艺的人再三听取一篇文章,但觉得它不能使人心胸豁达,意志昂扬,或者听过后不能留下一点思想,值得低徊寻味,而愈仔细研究,愈觉得它无甚可取,那末,那就未必是真正的崇高。"② 我们不必惊异于读者何以如此受到重视,原因实际上很简单:这是将口头演说的修辞学移入到书面创作的文学之中。演说的目的就是影响或打动听众,而文学中的修辞活动也是要赢得读者。

上述崇高美学的五个来源与古典修辞学的五个方面有一定联系,完全有理由认为朗吉努斯是对照演说术而设立的,只是从口头艺术进入文字艺术后显然有所变化。尼采曾将演说家施展活动的五个部分归纳为:选题(inventio,或译为构思)、布局(dispositio)、表达风格(elocutio)、记忆(memoria)和发表(pronuntiatio, actio,即表演)。③ 在亚里士多德那里还没有后面两个部分,尼采的观点实际上来自西塞罗《论公共演讲的理论》(*AD C. Herennium De Ratione Dicendi*)。④ 崇高的第一个来源是"庄严伟大的思想",它相当于演说术的"inventio",即构思或选题。亚里士多德在《修辞学》中讨论情感因素较多,演说术尤其重视对听众情感的打动,情感其实是和修辞技巧一体的,朗吉努斯并没有单独讨论情感,而是和修辞格与措辞一起谈的,这后两者同样是演说术所关注的重心所在。文章整个结构的要求虽然不是书面艺术特有的,但它现在占据了更为重要的地位,而记忆

---

① [古希腊] 朗吉努斯:《论崇高》,参见《缪灵珠美学译文集》(第1卷),缪灵珠译,中国人民大学出版社1998年版,第78页。

② 同上书,第82页。

③ [德] 弗里德里希·尼采:《古修辞学描述》(外一种),屠友祥译,上海人民出版社2001年版,第15页。

④ 西塞罗的划分见 Cicero, *Rhetorica ad Herennium*, Caplan, H. (trans.), Cambridge: Harvard University Press, 1954, p. 7。

在文章创作中已不是一个独立的部分了，表演则与崇高风格的展现是基本一致的。

不过，修辞学与美学的重要联系往往为人们所忽略。鲍姆嘉通使美学成为一门独立的学科，这一美学包括：第一，美的思维创造，作为一种感性认识，舍弃了思想的顺序和符号，使得事物和思想的美不同于认识本身的美，也不同于对象和物质的美。第二，审美方法论，"秩序的一致，有赖于它，我们可以反复设想为美的事物既是内在的一致，又是与事物的一致，秩序和布局的美"。第三，美的思维的意义，"各种符号的内在的一致，同时也既与秩序又与事物、现象的一致，即涵义的美"。[①] 克罗齐认为这种美学是从修辞学中推论出来的，以上三个部分分别相应于：构思（heuristica）、布局（methodologia）和表现（semiotica），[②] 鲍姆嘉通"明显地把他的美学同古代的修辞学等同起来，把修辞领域同审美领域等同起来，把辩证法的领域同逻辑领域等同起来"[③]。这一对应实际上意味着修辞学最根本的精神融入了美学领域。对于真理的追求一直是人类的最终目标，各门学科都要建立在这个基础上，但是作为一门感性认识的科学如何确定其真理所在是困难的，因为其内在联系和规律不是由理性认识分析得出来的。鲍姆嘉通于是从演说术中求得一种权宜办法而逃避真理，因为，演说术是将一种意见明确而有力地表达出来，以说服和影响人们的心灵，其目的不在于探索和确定真理。[④] 这就把修辞学中的"可能性"或"主观的真"引入了美学。鲍姆嘉通说："凡是我们

---

① ［德］鲍姆嘉通：《美学》，李醒尘译，参见刘小枫主编《人类困境中的审美精神——哲人、诗人论美文选》，东方出版中心1994年版，第1—6页。

② ［意］贝内代托·克罗齐：《美学或艺术和语言哲学》，黄文捷译，中国社会科学出版社1992年版，第274页。"Heuristica"译为"创作"不妥，意为启发，克罗齐指的是传统修辞学中的"构思"。

③ ［意］贝尼季托·克罗齐：《作为表现的科学和一般语言学的美学的历史》，王天清译，中国社会科学出版社1984年版，第62页。

④ ［意］贝尼季托·克罗齐：《美学或艺术和语言哲学》，黄文捷译，中国社会科学出版社1992年版，第270页。

在其中看不出什么虚伪性,但同时对它也没有确定把握的事物就是可然的,所以从审美见到的真实应该称为可然性,它是这样一种程度的真实:一方面虽没有达到完全确定,另一方面也不含有显然的虚伪性。"① 修辞学中的可能性(可然性)是将自己的观点以强论证的话语表达出来,而美学中的可能性则是在感性形象中将审美的真实表现出来。

三 对修辞学的审美批判

不幸的是,修辞学与美学的蜜月没有正式开始便已结束。在启蒙运动和浪漫主义时代,修辞学不断出让自己的地盘,却并没有因此而获得人们的尊敬。无论是启蒙理性还是浪漫主义,都对修辞学构成了极大的威胁:一个是强调知识的合理性而攻击主观性、任意性的意见,另一个是取消话语的规范性而排斥修辞技巧。启蒙运动的两位中心人物洛克和康德不约而同地对修辞严加批判。理性主义和科学思想的崛起,无论是在认识论上还是在目的论上,都使修辞学的观念与启蒙精神大相径庭。科学是对现实及其规律的正确描述,而修辞却在转义游戏中寻找乐趣。即使是在和诗学共同分享的语言艺术中,二者的地位也是不平等的,修辞学不仅受到美学的检查,也受到道德的谴责。在洛克看来,修辞学在真理和知识面前的花言巧语,只能暗示错误的观念、影响人的情感、迷惑人的判断,它是错误和欺骗的最大的工具。② 修辞艺术对快乐的追求被视为不仅自甘堕落,也迷惑人、引诱人堕落,所以修辞学很自然地被比作同样如是的女人。康德与洛克虽然哲学观点上不一致,但在对待修辞学的态度上却无太大差别。他将语言艺术分为雄辩术(演说术)和诗的艺术,"雄辩术是悟性的事作为想象力的自由活动来进行;诗的艺术是想象力的自由活动作为悟

---

① [德]鲍姆嘉通:《美学》,转引自朱光潜《西方美学史》(上卷),人民文学出版社1979年版,第292页。

② [英]洛克:《人类理解论》,关文运译,商务印书馆1959年版,第497页。

性的事来执行"①。前者许诺的多于给予的，后者给予的多于许诺的，诗的艺术显然比雄辩术在审美的"观念游戏"中胜出一筹。和洛克一样，他将雄辩术看作是"运用美的假相来欺骗人的技术，并不单纯是辩才（达辩和文词美妙）"，修辞学虽然也是美的艺术，并且也可以被用来做正当的事，但是并不是出自正当的理由，所以使"道德原则和人的心术受了损害"。它可以使语言优美，观念表达适当，但是，"由于它们也能被使用于丑恶的美化和谬误的隐蔽，不能完全消除人们暗中怀疑它的巧妙安排的策略"②。洛克和康德对修辞学的批判，从另一个角度看，实际上表明修辞并不是一种纯粹的技巧，它始终与一定的认识论和道德观相伴随，并且不是强加上去的。修辞中发生着这样的转义，它以话语的形象偏离了意义的中心，无论是美化还是丑化，都是对理性或真理的歪曲和遮蔽。这实际上符合古典修辞学的内涵，即它总是以一种主观性的意见去影响别人，话语修辞总是为了达到一定的效果，只是，在一个统一的理性世界里，这种对"可能性"的追求自然要被看作是不道德的。

因此，在强大的理性力量面前，修辞学向美学屈服。但修辞学的悲惨命运并未就此停止——浪漫主义思潮又迫使修辞学向它低头。有趣的是，浪漫主义宣扬主体的个性而反对大写的"启蒙理性"，却并没有拨乱反正而为修辞学平反，倒是进一步对它进行限制。在文艺复兴的全盛时期，修辞还继续为文学思想提供理论框架，从而在事实上主导着当时的文学观，构思（inventio）仍然被视为产生新观点、新看法的基本方法和途径。浪漫主义思潮不仅使文学摆脱了对修辞的从属地位，而且逐步发展为一门显学，并反过来将过去的学科宗主收编在自己的门下。③ 但是此刻，修辞学作为一门学科的合法性受到了根

---

① [德] I. 康德：《判断力批判》（上卷），宗白华译，商务印书馆1964年版，第167—168页。

② 同上书，第174页。

③ 刘亚猛：《追求象征的力量：关于西方修辞思想的思考》，生活·读书·新知三联书店2004年版，第50页。

本的质疑，因为在一个以自我为规范的时代里，拥有特权的语言都被取消了，修辞如果是一种修饰或偏离就是意味着中心话语的存在，因而这是不可能的——没有修辞，只有平等的话语。浪漫主义者雨果正是以平等的名义向修辞学宣战：

> 我说：遨游的思想沾满了蓝天的露珠，
> 可以停留在任何语词之上；
> （……我）宣称语词互相平等，成年又自由。①

四 修辞学的衰落

从中世纪以来，话语形式与实践的分裂使得修辞学的地盘逐渐退缩。文艺复兴时期虽然开始了修辞学的复兴运动，但是却以割让地盘作为代价，从而是一场失败的复兴。16世纪法国哲学家拉米斯及其信徒肯定了修辞学的各种功能应作为独立的课题分别加以研究。但是他把取材和布局谋篇划为逻辑学，只把文体风格和讲演技巧作为修辞学的研究内容，而这些差不多只与辞格有关。② 辞格在文艺复兴时期被广泛地用来分析语言，并且也由用于辩论转向外表装饰。这是由于人们长期将修辞学看作技巧的结果，过分重视其形式功能。文艺复兴的新文化运动，使修辞学更加声名狼藉，因为人们热衷于文风"简朴"的书面语言，对修辞学中包含的强烈感情指向困惑不解。即使后来感情学说再次进入修辞学，也已不再是吸引听众、读者的手段，而是被视为说者和写者的心理表现。此后，修辞学最终被简化为单纯的辞格列举。从昆体利安开始的一种倾向现在日趋扩大，即修辞对语言的加工是一种美饰，它是思想或事物外面的一层包装，"即使是昆体

---

① 转引自［法］茨维坦·托多罗夫《象征理论》，王国卿译，商务印书馆2004年版，第146页。

② 参见《大英百科全书》"修辞学"词条，1980年美国版；另见中国华东修辞学会编《修辞学研究》，语文出版社1987年版，第443页。

利安本人也认为修辞学的真正研究对象主要是'怎么说',而不是'说什么',但是'怎么说'的范围却像轧花草一样,在修辞学家的愿望面前越缩越小了"①。清晰和优美是两回事,它们相当于本义和转义的对立,而由于转义力量之大,人们不得不对其加以限制,并加以道德进行评判。不过辞格研究却使修辞学和文学、美学更紧密地联系起来了,话语的形象(figure)也正是文学语言所致力描绘的。当古典修辞学没有生存的土壤以后,修辞学的力量只能退缩在书面语的技巧操作中。

由修辞学衰落的过程可以看出,如果话语只关心如何表达,而忽视表达什么,也就是局限于形式之美而远离话语实践,那么转义行为就成了修辞学遭受批判的最重要原因,因为转义不仅破坏了书面语言的朴素追求,而且也是对真理和道德的扰乱。

第三节 现代修辞学:转义修辞观

一 转义修辞观对形而上学真理观的挑战

20世纪是理性主义受到普遍质疑的时代。修辞学曾由于在话语中不断地制造偏离,使它那难以控制的话语转义行为被理性主义视为异己。但是当人们对知识的理解发生了变化之后,转义又逐渐被视为话语乃至知识的基础。在《泰阿泰德》中,柏拉图曾经讨论了何为知识的问题,对话中苏格拉底用"蜡板说"和"鸟笼说"解释了虚假意见产生的原因,由此指出较低层次的所谓知识往往是谬见。也许在柏拉图那里,真正的知识应当是与理式相符,而不应该参照人的感觉,这显然限制了转义存在的合理性。不过柏拉图通过对知识定义一系列的否定,就像苏格拉底追求"无知之知"一样,从反面揭示了

---

① [法]茨维坦·托多罗夫:《象征理论》,王国卿译,商务印书馆2004年版,第74页。

人类的生存困境：我们能够拥有的都不过是知识的影像或转义，只有不断地冲出迷雾才有见到光明的可能。从否定的意义上，转义成为与真理相符的知识的垫脚石。洛克也提出了自己的"白板说"，认为人心本来就像一块白板，只有通过经验的途径，观念才得以产生，而知识则是处理这些观念的。他对知识的定义是："所谓知识，就是人心对两个观念的契合或矛盾所生的一种知觉——因此，在我看来，所谓知识不是别的，只是人心对任何观念间的联络和契合，或矛盾和相违而生的一种知觉。"① 这样，人类的知识就被限于观念之中，而无法进入物质的或精神的实体，因而我们所追求的真理在洛克看来不过是"命题"："在我看来，所谓真理，顾名思义讲来，不是别的，只是按照实在事物的契合与否，而进行的各种标记的分合。"② 而命题的产生必然要涉及语言问题，语言其实贯穿于经验—观念—知识—真理这样一个序列中，语言一旦被"误用或滥用"，那么我们的认识或交流都将遇到严重的问题。洛克强调语言的使用必须得到规范和校正，但显然人们在知识中对同一性的追求只具有理论上的可能性，他经常以"黄金"为例说明这种不统一。一个人使用黄金一词，可能只意味着"黄"这种颜色，而另外的人又会加上"延展性"这种特质，另一个还会加上在"王水中的可溶性"，等等，这就造成了语言运用的混乱。他所提出的各种补救措施实际上无法解决人类知识中的各种"阴暗面"。知识中无法摆脱的矛盾，引发人们对知识的深入思考：观念上的差异性、语言上的转义现象难道不是一种正常情况吗？从经验主义的角度看，我们每次在说出"黄金"这一词语时，都是指当下关注的这一事物的观念，而绝不是指"黄金"这一抽象观念本身。真理性的知识时刻在面临着转义的挑战。

当真理问题由认识论转入语言论之后，转义也就从否定性或附属性的地位跃到真理的核心地带，所谓的意义的转移、偏离、美化、欺

---

① ［英］洛克：《人类理解论》，关文运译，商务印书馆1959年版，第515页。
② 同上书，第566页。

骗、迷惑，也就戏剧性地成为转义在建构话语过程中正当的审美表现。修辞学在 20 世纪的复兴与转义合法地位的确立密切相关。修辞学在经历了古典时期的辉煌以后，从中世纪起越来越成为纯粹形式层面的技巧，那种建构话语的强大冲动也被施以道德性的束缚。在漫长的等待之后，修辞学终于在 20 世纪再次登上历史的前台，在哲学、文学、历史学、社会学等领域中显示出巨大的威力，成为变革人类知识体系和观念系统的主力军。特别是在转义修辞观念的引领下，修辞学加入到各门学科声势浩大的话语建构和解构工程中，以一种审美的冲动开启了历史的新篇章。现代转义修辞观念的确立主要有两个源头，第一个是尼采的哲学思想，第二个则是索绪尔开始的语言学转向。

尼采早期非常关注古希腊的修辞学思想，他从古典修辞学中发现了对抗西方形而上学的重要资源，这一发现对尼采后来的永恒轮回、强力意志等观念的形成至关重要，其修辞观念也在 20 世纪人类思想的方方面面产生了深远的影响。如果要去搜罗尼采对于修辞学的具体观点，可以在他早期的笔记中发现很多，最为明确的记载当属《古修辞学描述》（*Darstellung Der Antiken Rhetorik*）。这是 1872—1873 年尼采在巴塞尔大学任语文学教授时开设的修辞学课程笔记。这门课程当时只有两个学生参加，而这些笔记一开始也没有得到足够的重视。乍一看，这门课程的内容似乎并不新颖，尼采谈论的都是古典修辞学的一些基本问题，如风格、布局、辞格、韵律、演说术分类、记忆和表演等，并且是借鉴了许多前人的研究成果。但是他在这本书中对转义（tropes）的看法以及修辞学话语生成方面重要意义的理解，与他此后的哲学思想关系密切。

尼采认为修辞学最重要的特点就在于转义（tropes），一切语言都是修辞，而一切词语本身都是转义，语言在产生之初就是转义的。"构造语言的人，并不感知事物或事件，而是体察飘忽而至的欲愿：他不沟通感觉，却仅仅是端呈现感觉的摹本，与人共享。"[①] 也就

---

① ［德］弗里德里希·尼采：《古修辞学描述》（外一种），屠友祥译，上海人民出版社 2001 年版，第 20 页。

说语言不可能指向事物本身,所传达的只不过是人的感觉中呈现的事物之形象,事物本身是不可知的,我们凭借语言所理解的不过是自己在意识中构建事物的"样式",修辞就是这样一种制造转义的冲动,由此所编织的人类语言因而没有纯粹的、稳定的本义或中心,语言是转义的产物,是人类从自身出发审美性地建构世界的结果。所以,与语言相符的只是人面对事物时的感觉和意识,都是转义,而绝不是事物本身。"它们并不真正地呈示出来,却是呈现为声音形象,偕着时日逝去而渐趋模糊;语言决不会完整地表示某物,只是展呈某类它觉得突出的特征。"① 这虽然听起来不可思议,但这种观点在修辞学史上并不新鲜,比如法国17—18世纪修辞学家杜马塞在《论转义》一书中就曾经认为话语的辞格能变化,但话语永远也摆脱不了辞格,没有修辞的话语才是真正违背了常理。② 当然,杜马塞的修辞学思想中仍暗示着一种词与物的相符。而尼采则彻底地改变了将转义作为本义的派生的观点,从根本上否认了形而上学意义上的那种本义,将转义视为语言中的正常情况,"不能从审美角度把转义理解为一种装饰,也不能从语义学角度把转义理解为一个从字面义和固有本义中衍生出来的比喻意义"③。尼采不像杜马塞等人那样从话语形式上为修辞正名,却在话语功能上继续使修辞向某个中心臣服。尼采对修辞学的理解已经超越了语言的形式和技巧层面,一方面回归古典修辞学,把修辞看作是一种话语实践活动;另一方面又开创性地从转义出发,将修辞视为人类认识世界、构造观念的根本方式,以修辞对抗形而上学,以转义认识论取代真理认识论。从转义到真理,尼采实现了认识论上的根本性变革。

---

① [德] 弗里德里希·尼采:《古修辞学描述》(外一种),屠友祥译,上海人民出版社2001年版,第20页。

② [法] 茨维坦·托多罗夫:《象征理论》,王国卿译,商务印书馆2004年版,第121页。

③ De Man, Paul, *Allegories of Reading*, New Haven: Yale University Press, 1979, p. 105.

从哲学角度，尼采揭示了语言的转义本性以及由此导致的观念的转义本性。人类通过语言与世界打交道，实际上是通过拟人化的话语形象重新构建"人性的"世界，因而转义而不是本义才是这个世界的真相。这个"人性的"世界却倾向于封闭自身，用原本是转义的观念制造出道德和真理供人膜拜。在后来的《敌基督》《偶像的黄昏》和《超善恶》等著作中，尼采继续从转义修辞观念出发，揭示人类意识形态的荒诞性，并通过修辞学的"倒置"或"替代"彻底审查了传统形而上学中的同一性、因果关系、主客体以及真理等概念体系，这些就是理性用来压制生命强力的僵死的无生命之物。一方面，尼采指出人类通过转义修辞以审美的方式发明语言、制造观念并建构世界；另一方面，这种建构一旦完成转义就凝固为本义，被建构之物也就失去审美色彩而进入意识形态的阴影。因此尼采说："我们可以意识到的这个世界只是一个表面世界、符号世界、一般化世界；一切被意识到的东西都是浅薄、愚蠢、虚假、肤浅和概括，故而，逐渐增强的意识其实是一种危险。"① 所以本义和意识形态才是尼采哲学最痛恨之物，真正的强者是那种有能力不断从转义走向转义之人，是那种以审美式的生活不断超越固化观念之人。因而转义修辞并不只是单纯的语言游戏，它涉及的是生命状态和生活样式问题，这样我们才能理解转义如何上升为一种认识论，也更能够理解尼采为什么对文学艺术钟爱有加：转义总想流向本义，谎言凝固为真理，这是生命的堕落；只有自认为是谎言的谎言，才能始终保持审美冲动并具有生命活力，文学艺术正是这样的谎言。因此，并不是说转义更有价值，只有那些指向自身的转义才是生命意志的体现，就像文学艺术之谎言，不是为了欺骗，而是因为发之肺腑、愉悦身心。

二 转义修辞的语言学基础

20世纪的修辞学复兴同时是发生在语言论转向背景之下的。作

---

① ［德］尼采：《快乐的科学》，黄明嘉译，华东师范大学出版社2007年版，第345页。

为现代语言学鼻祖的索绪尔，通过对语言符号能指和所指的划分，打破了词与物之间的本质符合论，代之以音响形象和概念之间的约定俗成论，从而将语言符号规定为"一种两面的心理实体"①。这样，符号的两端即音响形象和概念都不过是"心理"作用，语言也就作为一种心理"实体"而建立起人与世界的关系。在这一实体中，客观世界本身是不可能被直接表达的，"物"在人的心理层面转化为概念及其形象。我们可以发现这一观点和尼采如出一辙：所谓的客观世界不过是人化的世界，尼采称之为"转义"的世界，索绪尔则将其命名为"符号"的世界。二者的一个重大区别在于，尼采批判性地看待用转义编织真理的人类理性活动，而索绪尔则进入符号内部去阐明语言得以运作的结构规律，可以说一反一正，阻断了语言与真理追求的联系。虽然索绪尔的语言学本身有理性主义之嫌，但是在符号及其结构的层面上，这种理性本身又是清醒的。

　　这种清醒主要表现在语言符号的两个最重要的原则上。第一是符号的"任意性"，能指和所指之间的联结没有必然性，"一个社会所接受的任何表达手段，原则上都是以集体习惯，或者同样可以说，以约定俗成为基础的"②，符号的确立具有"不可论证性"，但又是约定俗成的和强制的。索绪尔以拟声词和感叹词为例说明这种任意性，因为这两种词最容易和事物的"客观性"发生联系，而通过一些具体的例子，他指出这些词的声音性质同样是人们主观的但又是偶然的选择，特别将同一概念放到不同的语言中考察尤其明显。这样，再一次地，我们可以明确地说，词语在产生之时就必然是转义，这取决于人们的偶然选择，以及在选择时同时发生的偶然的"表现"（尼采意义上）或"模仿"（索绪尔意义上），之后，转义将通过"审美过程"（尼采意义上）或"约定俗成"（索绪尔意义上）凝固为本义。第二个重要原则是能指

---

① ［瑞士］费尔迪南·德·索绪尔：《普通语言学教程》，高名凯译，商务印书馆1980年版，第101页。

② 同上书，第103页。

的"线条特征",因为声音只能在时间上前后相继,这和视觉能指不同:"视觉的能指可以在几个向度上同时并发,而听觉的能指却只有时间上的一条线;它的要素相继出现,构成一个链条。"① 图像向声音的转化、视觉向听觉的转化以及空间向时间的转化,产生了一个严重的后果,就是人对世界的重新整合,如果说词语产生之际即是转义,那么当人们将词语组合起来进行表达的时候,更为全面的二次转义就发生了,一个转义性质的符号系统编织成概念网络,将三维的空间世界转换为一维的时间世界和二维的符号世界,最后再投射回三维的空间世界,世界秩序就这么"产生"了,这根本上却是取决于语言符号系统。在这样一个语言的世界里,到处都是约定俗成的转义,本质和真理便只能是能指与所指、符号及其意义的游戏。

但是,索绪尔所关注的不是这种语言学意义上的转义认识论,他要在一个庞大的系统工程中去发现语言运作的结构和规律,从共时语言学、历时语言学、地理语言学等维度考察语言的变中之"不变"。因此,语言而不是言语是索绪尔语言学的研究对象,前者是同质的、稳定的、契约性的,后者则是异质的、变动的、个体性的。所以我们可以理解,在确立了语言符号的任意性和线条性之后,在"演化语言学"方面索绪尔将走向语法学意义上的转义理论,研究语言演变的规律。可以想象在这样一种语言学研究领域中,修辞学是没有地位的,实际上《普通语言学教程》中讨论的问题的确与修辞学没有什么关系。

不过,我们有幸能够见到索绪尔的《关于成立修辞学教研室的报告》,他在这篇短文中表达了对修辞学的具体看法。② 他首先对"风

---

① [瑞士] 费尔迪南·德·索绪尔:《普通语言学教程》,高名凯译,商务印书馆 1980 年版,第 106 页。

② 中译文见《修辞学习》1992 年第 3 期。据译校者注,1967—1974 年德国语言学家卢多尔夫·恩格勒在德国威斯巴登出版了他编订的索绪尔《普通语言教程》的评注本,共 2 卷,第 2 卷是索绪尔自己为讲授普通语言学课程所做的札记,鲜为人知。1990 年莫斯科进步出版社将此卷译为俄文,取名《普通语言学札记》,发行 1 万册才广为人知。《关于成立修辞学教研室的报告》是该书第十三章的第四节,大约写于 1912 年。

格"（style）和"修辞学"做了区分：第一，风格同个人有关联，而修辞学"是要人们去研究语言表达手段在何种程度上遵从习惯，在何等程度上属于社会现象的范畴"①，修辞学具有稳定性，位于个人之上，属于语言或社会的范围；第二，文体、风格与书面创作相关，而修辞学多半超出书面创作的范围，属于真正的言语范围；第三，修辞学不是为了造就某种风格，它不是一门规范性的、指令性的科学，但是，"修辞学力图（也有充分理由）成为一门纯客观的科学，它记录事实并将它们分类"②。通过将风格（学）与修辞学比较，索绪尔将修辞学放在"言语"研究的领域（而《普通语言学教程》规定语言学研究的对象是"语言"），但是与风格学不同，修辞学是超越于个体性的言语状况之上的，也就是把个人的言语特色和表达技巧排除在外了，从而关注那些遵从社会习惯的表达方式。"修辞学的目的不是确定忠实表达思想的规范和准则"，而是"对观察到的现象加以概括，提出一个适用于各种语言的总理论"。③ 简单地说就是：以修辞学之名，行语言学之实。

修辞学按照这种规划就成了对言语现象的归纳总结，它要从变化不定的转义中寻找不变的规律，这完全符合索绪尔的结构主义宏伟蓝图。当修辞学遭遇结构主义语言学，转义的地位问题再次出现，不过这一次不是道德原因和真理问题，也不再带有负面形象，而是作为"本义"的偏离直接参与结构主义"形式"大厦的构建。结构主义语言学需要通过对转义的度量和测算来明确本义——语音、词汇、语法的规律，转义被认为在一种可控的范围内偏离本义但始终指向本义，于是转义修辞特有的创造性就成了语言结构规律的外延。语言学不排斥转义，相反非常需要转义来充实结构主义的"形式"大厦，但是对修辞学的研究也因此就走上了语法研究的道路。这就导致了文学修

---

① ［瑞士］费尔迪南·德·索绪尔：《关于成立修辞学教研室的报告》，张学曾译，《修辞学习》1992年第3期。

② 同上。

③ 同上。

辞研究的语法化的倾向，20世纪文论中最具代表性的就是结构主义叙事学。不过只要我们谨慎地对待结构主义语言学和文论研究的理性主义倾向，结构主义对于转义活动范围和规律的总结，完全可以为文学研究提供一种参照，去揭示不变之"变"——转义修辞的审美内涵。当后结构主义砸碎"能指—所指"的锁链之后，开始在一个多元的、流动的、散佚的话语世界中探索偶然性的力量，这就为转义修辞观念的发展提供了新的契机。而索绪尔所强调的语言符号的两个基本原则，即任意性和约定俗成性被突出出来，语言研究逐渐转向了话语研究，能指被无限延伸，而所指则被搁置。一个充满能指的世界本身就是转义修辞的世界，锁链已被砸碎：能指摆脱了所指，转义也就离开了本义，这是一个充满虚幻或审美的世界，但是人因此就真正自由了吗？

三 转义修辞观的确立

经由尼采和索绪尔的开启，语言和修辞逐渐成为20世纪文论的焦点，转义认识论最终在后结构主义理论中取代了形而上学体系的真理认识论，转义而非本义成为文本生命之源。我们可以发现，在巴特（巴尔特）、福柯、德里达、德曼等人的理论中，转义修辞有着至关重要的作用，这或者是冲破意识形态的围困，或者是揭露话语权力的运作，或者是破坏逻各斯中心主义的束缚，或者是瓦解文本秩序、促成文本意义的流溢。转义修辞观的确立是20世纪西方修辞学复兴的主要内容之一。

无独有偶，和尼采一样，巴特早年也曾经讲授过古典修辞学，这场发生在1964—1965年的理论旅行给巴特留下了深刻的记忆。他从中感受到："在我目前的工作中来自这个古代帝国的问题，以及自从我研究修辞学以来不再可能避开的问题"[①]，这包括用修辞来阐明和

[①] ［法］罗兰·巴尔特：《旧修辞学》，参见［法］罗兰·巴尔特《罗兰·巴尔特文集：符号学历险》，李幼蒸译，中国人民大学出版社2008年版，第97页。

理解文学、教育制度、语言机制中的修辞学代码,用修辞来破解民主制度下充斥着流行意见的意识形态迷雾,用修辞来消解国家权力对文学能指系统的制约、规范和驯化。在巴特看来,意识形态的形成是修辞编码的固定化和规则化,形象的修辞在话语中以自然性的面貌悄无声息地进入观念,修辞话语于是取代了原有观念从而实现概念置换。在谈到社会神话的意识形态性时他曾指出:"神话负有的责任就是把历史的意图建立在自然的基础之上,偶然性以永恒性为依据。"① 也就是说意识形态其实是凝固为本义的"转义",这一过程经过了修辞的强论证(自然性)。当我们把理论研究的视线聚焦于文本后则发现,意识形态同样借助转义修辞顺利地在话语中潜伏着,其主要来源一是作者,二是文化符码。② 巴特通过宣判作者死去,让文本摆脱权威声音的影响从而使"写作"重新开始,以文本之"醉"取代"悦";同时他又剖析文化符码在文本中参与转义修辞运作的过程,由此还原话语中意识形态的虚构本性。为了与文本话语中的意识形态之物保持距离而获得阅读之"醉",巴特提出了自己独特的与文本打交道的方式。其一是促成文本的"碎散"或"星形裂开",打破意识形态的顽固的整体性和自然性。巴特说:"于是我们拟使文呈星形裂开,有若轻微地动,将意指作用的整块料(阅读仅理解其光滑的表面,此由句子的连贯运作极细微地接合起来而致),叙述过程的流动的话语,日常语言的强烈的自然性,均离散开来。"③ 其二是通过偏离、差异、漂移阻止能指滑向意识形态。"正是为了中止、偏移和分离话语向着命运的下滑,在某些时刻,字母顺序才提醒您有(打乱

---

① [法]罗兰·巴特:《神话修辞术:批评与真实》,屠友祥、温晋仪译,上海人民出版社2009年版,第192页。

② 关于文化符码和意识形态,巴特曾指出:"文化符码,可说是意识形态的碎片。"何谓意识形态?"某个时代的符码集聚地,类科学俗语,终究是值得描述的……倘若将诸如此类的知识、俗语收集起来,某个怪物就呱呱坠地了,这怪物便是意识形态。"参见[法]罗兰·巴特《S/Z》,屠友祥译,上海人民出版社2000年版,第186页。

③ [法]罗兰·巴特:《S/Z》,屠友祥译,上海人民出版社2000年版,第74页。

的）顺序存在，并对您说：'割断！换个方式来读故事。'"① 这一方面是砸碎能指与所指铆合的锁链，另一方面又让能指不断漂移而无所固着，两方面实际上是同时发生的，共同作用促使文本进入转义修辞的生成之流。"问题已经不在于在对世界和主体的阅读中重新找到对立关系，而在于找到一些溢出部分、侵入部分、丢失部分、转义部分、位移部分、偏离部分"②，文本之"醉"就在于无视本义、不企图沦为本义的转义修辞运作，在不断漂移的过程中，文本作为文本自身而存在。

巴特的转义修辞观念大体可以这样归纳：话语通过转义修辞将自己美化或自然化而成为文化符码，各种符码的组合便是意识形态，为了打破意识形态坚固的堡垒，必须还得以转义修辞的方式阻断能指和所指的既有联系，能指漂移产生的离散力量消除符号固化为意识形态的风险。从表面上看，转义修辞既是意识形态的帮凶，又是意识形态的破坏者，实际上在一种不追求中心、本义或者真理的语境中，转义修辞本身会不断地制造话语形象，去编织朝向生成的"文本"，在修辞和意识形态两条对立"边线"之间的断层处，恰恰涌现出了文之悦。所以巴特的转义修辞理论并非要彻底地消灭意识形态之物——没有意识形态根本不可能，而是以审美的方式使意识形态的想象物成为透明，"也许我们社会中的审美作用就在于此：提供一种间接的和可递送的话语的规则（它可以改变言语活动，但不表现出它的控制地位和它的清醒意识）"③。转义修辞中审美过程和意识形态过程的此消彼长，生成和流逝的无限交替，导致的最终结果将是主体死亡与新生的循环，是在无数的意义中领会世界的无意义，又是在无意义中彻悟"万有"：当下是唯一的意义，一即一切。难怪巴特对中国道家的"无"很感兴趣，他曾在《符号帝国》中引用了这样一句话："圣人

---

① ［法］罗兰·巴特：《罗兰·巴特自述》，怀宇译，百花文艺出版社 2002 年版，第 77 页。
② 同上书，第 37 页。
③ 同上书，第 41 页。

用心如镜，不将不迎，来无所粘，去无踪迹。"这可以看作是转义修辞话语生成之流的最终目的。

不同于巴特对流行文化的意识形态剖析，福柯更为关注的是非主流的话语系统：关于疯癫的话语、关于疾病的话语、关于性的话语、关于犯罪的话语等等。福柯通过对这些话语的研究，揭示了知识与权力在编织理性之网过程中的巨大阴谋，那就是以真理的名义，打着人道主义的大旗，用修辞制造意识形态的幻象，从而实现对人的全面控制，其结果是"人将被抹去，如同大海边沙地上的一张脸"①。而这一行动的发动者或主体是谁？福柯发现，无论是统治者还是被统治者都处于话语的控制中，同时也都参与了话语的生产，因而我们根本弄不清谁是罪魁祸首。但是通过"知识考古学"研究，将话语史还原为修辞的碎片，观察这些碎片是如何被人们使用、如何相互发生关联、如何以某种秩序被组合起来的，福柯发现，话语是由诸多极其相异的"陈述"以转义修辞的方式勉强搭建而成，他后来用"强喻"这一修辞格来表述这种修辞。比如，"如果分散在时间中的不同形式的陈述只参照同一对象的话，它们便形成一个整体"②，只要对象相同，再不同的陈述也可以罗列在一起。此外话语表面上的连贯性、一致性以及主题的同一性和持久性，这些都只是一种虚构，深入话语内部就可以发现，各种无法真正被整合在一起的陈述之间进行着换位、替代、转移的游戏，话语的力量来自实践中知识与权力的媾和，而并非话语本身的真理性。

福柯指出，话语的秩序直接影响着世界的秩序，决定了人们对世界的认知。词与物、话语与世界之间的联系是转义修辞的结果，这在尼采那里是拟人化，在福柯这里被称为强喻——人们以相似性为基础建立起万事万物之间的联系，从而形成对世界秩序的认知。问题在

---

① [法] 米歇尔·福柯：《词与物——人文科学考古学》，莫伟民译，上海三联书店 2001 年版，第 506 页。

② [法] 米歇尔·福柯：《知识考古学》，谢强、马月译，生活·读书·新知三联书店 1998 年版，第 38 页。

于，相似性本身是审美和虚构的结果，人们通过相似性自由地发现转义，归并转义，并在此过程中形成具有合理性的话语，各种转义于是汇聚在一起产生了貌似的中心或本义。适合、仿效、类推和交感是建立世界秩序的四种相似性，人则是相似性所建构的世界之中心，人以"诗性智慧"征服着世界，"他是巨大的比例焦点——是中心，所有关系都依靠这个中心，并在这个中心中再次被映照"[1]。这样，以转义之名，话语秩序得以形成，但是以真理之名，话语秩序又反过来规训主体。福柯通过"谱系学"研究，勘探西方文明史上性的话语、疯癫的话语、疾病的话语等等，发现了话语中转义建构本义的修辞秘密，从强喻这一辞格出发暗中掘起了人类认识论的根基。尼采说一切语言都是转义，福柯则进一步明确：一切话语都是强喻，通过话语修辞的还原，寻找并研究转义的碎片，将使一切坚固的东西烟消云散。

从将词与物的关系、世界的联系判定为强喻起，福柯深刻揭示了人类认识论的转义修辞特征；他又从谱系学出发，剖析了话语运作中的权力与知识的合谋，这正是强论证的修辞活动。由于话语对人的全面掌控，福柯认定"主体"已死，主体乃是修辞幻象的产物，是话语权力运作的结果。话语权力的运作、主体的建构是与修辞活动分不开的，这是修辞中的转义能量积极参与实践的结果。西方思想史强大的求真意志冲动，也不过是在形而上学所批判的具有欺骗性的转义修辞中展开的。福柯延续了尼采对柏拉图所进行的认识论上的反转：真理是转义修辞的结果，知识总是伴随着权力运作，因而真理和知识本身才是最大的骗局。这仍然显示了一种困境：转义修辞终将要回归本义，失去审美光泽而凝固为真理和意识形态。那么在这种情况下，人应该如何生活？福柯认为人不能坚守自我，不能活在由修辞幻象制造的主体情境之中，而应该像古希腊人那样确立自我的内在调节法则，回到个体体验中去，让每一次新鲜的生成之流实实在在地冲刷生命，

---

[1] ［法］米歇尔·福柯：《词与物——人文科学考古学》，莫伟民译，上海三联书店2001年版，第32页。

让每一次充满审美冲动的转义成为生命意义的全部,这样就会有效地克服知识、真理、道德的沉重负担。这正是古希腊修辞学重感受性、相对性生存的当代回应,是福柯生存美学的重要内涵。于是自我也就克服了中心和本义的修辞幻象,而朝向了生成和转义带来的无限快乐:"享受自我,与自己享乐,在自己身上找到全部快乐。"① 这也正是福柯一生所身体力行的。

德里达继续对柏拉图以来的逻各斯中心主义进行批判,转义修辞观也是他解构思想的重要组成部分。柏拉图在对话中曾以辩证法取代修辞学,或者说将修辞学改造成辩证法,以适用于爱智慧者对本原或终极存在的追求。但是经过漫长的追求,人们发现无法克服自身的有限性,当回头审视这一段形而上学历史的时候,开始怀疑本原难道不是虚构之物?而辩证法难道不是一种试图用有限性来克服有限性的修辞吗?德里达便用修辞学去终结形而上学的神话,用不断"延异"的"痕迹"去消解传统形而上学的"本原",就是用不在场的在场去替代永恒的在场。德里达指出,所谓的本原无非都是某种痕迹,人们总是把转义固化成本义,其实痕迹即是本原的本原,而转义即是本义之本义。"痕迹不仅是起源的消失——在我们坚持的话语之内,并且按照我们选择的途径——这也意味着起源并未消失,它只有反过来通过非起源,通过痕迹,才能形成,因此,痕迹成了起源的起源。"②于是,对文本意义的追寻就只能是一直处于寻找痕迹并制造痕迹的状态,起源神话的尽头是修辞性的转义,起源神话的构建是痕迹的堆叠或用痕迹擦除痕迹,如此一来,哲学根本无法离开修辞话语,无论是文学话语还是哲学话语都是修辞性的,意义的撒播、偏离是这些话语内容不在场的在场方式。由此,德里达揭示了文本世界的转义修辞盛况:差异性和生成性是本原的本原,同一性和稳定性则是本原的虚

---

① [法]米歇尔·福柯:《主体解释学》,杨国政译,参见[法]米歇尔·福柯《福柯集》,杜小真编选,上海远东出版社2003年版,第474页。

② [法]雅克·德里达:《论文字学》,汪堂家译,上海译文出版社1999年版,第87页。

构，语言中心主义被修辞性所颠覆，"修辞使得语言与表述对象形成了一种虚拟的和想象的关系，一切'真实的''确定的'联系在'隐喻'中被遮蔽乃至埋葬掉"①。

在德曼、米勒等人的解构理论中，转义修辞观念进一步得到明确，转义被认为是文本意义生成、延异、偏离或破坏的根本动力。德曼用"转义修辞学"这样的称呼来表述尼采的修辞学思想，他指出尼采对形而上学批判的关键之处就在于"转义的修辞学模式，或者也可以说是，在于作为最明显地根植于修辞学之语言的文学"②。真理、本原、本质、中心等这些"本义"的形而上学之物，都是某种修辞性的文学话语，而文学的特点乃是虚构与想象，是用形象的转义去追求撒谎的快乐，本义乃是空无。这样，德曼等人将尼采对形而上学的质疑在文学领域进一步深化，强调修辞性的转义是文本意义得以无限生成的根源，文本中由此发生的意义的不断破坏和重建，恰恰使得文本摆脱了意识形态的风险，而成为活生生的创造物，在每一次阅读活动中都生机盎然。从转义修辞的角度来理解文本，意味着文本中本义的根本丧失，意义只发生在每一次具体的阅读活动中，不是先在的，也不是任何一次阅读能够完成的。其被认为是本义之物，无论是来自作者还是评论家抑或是读者，都是虚妄的，不过是想让某一次的转义稳定下来成为意识形态。这样，我们去理解文本，就是在重新创作，是用形象性的转义修辞一次又一次地以补充、替换、偏离的方式去制造阅读的"寓言"。"所有文本的范例都包括一个比喻（或比喻系统）及对此比喻的解构。但是由于这个模式不可能被某个最终的阅读封闭起来，所以它接着便产生一个替补式的比喻叠加，用以说明前一个叙述的不可阅读性。这种叙述与最初以比喻为中心而最终总是以隐喻为中心的解构性叙述不同，我们可以称为二（或三）

---

① 丰林：《语言革命与当代西方本文理论》，《天津社会科学》1998年第4期。
② De Man, Paul, *Allegories of Reading*, New Haven: Yale University Press, 1979, p. 9.

度寓言。寓言式叙述讲述阅读的失败的故事……"①

所以在解构主义理论中,修辞性被看成是文学的关键特质。当文本被阅读时,转义活动就发生了,这一过程包括建构和解构两个方面。从时间上来说,如果立足于文本及其意义的历史,转义的发生就是解构;但如果着眼于当下,转义活动建构了全新的意义世界;建构与解构是同时发生的。米勒曾经指出,修辞性的解构批评"非但不把文本还原为支离破碎的片断,反而不可避免地将以另一种方式建构它所解构的东西。它在破坏的同时又在建造"②。文本的存在不是抽象的,而是在转义的无限生成运动中被具体化的,而人总是在与各种文本打交道,生命也是在修辞性的显现中得以绽放。

人类曾经苦于难以把握偶然性和个别性而制造了必然性和普遍性的概念和真理,而在解构理论中,似乎又以转义修辞的方式表达了对世界和生命流动性、生成性的渴望,这是对形而上学的反叛,或者更准确地说,是对文本中"审美意识形态"的抗拒。在20世纪文论中有这样一种倾向,真理和意识形态对思想观念的禁锢可以通过审美的方式消除,即文学艺术本身具有强大的制造转义修辞的冲动,这使得文学艺术成为对抗意识形态最后的阵地。当解构主义理论家进入这一阵地内部检视文本的时候,他们发现文本中同样有意识形态的风险,德曼称之为"审美意识形态"。因为将文学等同于修辞学,而修辞学又包含转义和说服两个方面,转义总是伴随着说服,意义的生成也就同时意味着意义的固定,文学活动的审美过程也就暗中潜伏着意识形态过程。如何最终克服形而上学?唯有让转义之轮不停运转,修辞建构与解构过程奔流不息,才能让文本保持理想的纯净状态。只有通过一次次意义之"有"的建构并解构,文本才能是"无";只有文本免疫了意识形态而成为"无",才能有转义修辞的无限生成,也才能让

---

① De Man, Paul, *Allegories of Reading*, New Haven: Yale University Press, 1979, p. 205.

② [美] J. 希利斯·米勒:《作为寄主的批评家》,老安译,参见 [美] J. 希利斯·米勒《重申解构主义》,郭英剑等译,中国社会科学出版社1998年版,第131页。

生命体验保持审美状态。

于是，在尼采以来的转义修辞观念中，我们发现，只有通过转义活动，才能让生命在意识形态的围困中点亮自己。如果这一活动必须要找一个意义，那就是生命之"无"的状态，一个完全虚拟的意指，一个只在无限生成的转义中存在的不在场的"本义"，本义完全成了转义的结果或附庸。这样，我们是不是就在根本上实现了对柏拉图以来的形而上学和逻各斯中心主义的超越？如果我们从"柏拉图主义"来理解柏拉图，这没有问题；但往往我们把柏拉图作为"起源"，作为"本义"，这本身就是修辞性的虚构。如果我们从柏拉图来理解柏拉图，或从文本来理解文本，那么这位嘲弄并批判修辞学的哲人，似乎有更多的话要说，而他要说的相比于本节的内容来讲似曾相识，这将是一次"阅读的寓言"或有趣的"误读"，是一次建构并解构着的"转义修辞"之旅。

第二章

转义修辞的哲学基础：基于柏拉图对话的文本考察

第一节 修辞学与哲学之争

何为修辞？在一个修辞学已然复兴并被人们普遍接受的时代，这不再是一个难以解答的问题，无论你从写作技巧、话语形式、文本叙事，抑或是从认识世界的方式上，都可以为修辞找到一个合适的位置。这得益于尼采、德里达、德曼等思想家对形而上学的批判。有意思的是，这一批判指向以柏拉图为代表的理性主义，尼采等人非常有效地借用了柏拉图的对手智术师的手段——修辞学方法，并最终将修辞之转义作为世界建构的根本方式，从而瓦解了传统形而上学对本质和真理的执着。从目前来看，修辞学是这一场竞争的胜利者，它虽然并没有取代哲学，但成为当今哲学的重要方法论，如果回到西方文明的源头古希腊去看看修辞学和哲学的竞争，我们不禁要感叹：历史跟我们开了一个不小的玩笑！也许我们可以这样解释：理论没有对错之分，谬误有一天也会成为"真理"。然而，这似乎不仅仅是理论本身的问题，它更深层地涉及我们居处于世界的认知方式和生存方式的问题。一种理论模式既是一种看待世界的视角，也是一个生存的维度，人类实际上是活在这些维度、视角、模式中，却想以此窥探生命和世界的真相，不亦谬矣！这就是修辞学式的哲学思考，在这样的理解中，显然转义而不是本义才是一切的真相，本义无非是理想或虚构。如果说转义带来的是审美体验，那么本义就是审美转化为认知的生存体验，20世纪以来的人类思想需要的正是转义式的审美体验，这源于对本义视角的厌倦和恐惧。修辞学以其形式性、个体性、相对性、感受性、暂时性抵抗了形而上学的本质性、普遍性、绝对性、思想性、顽固性，成为哲学最甜蜜的伴侣。可以说，20世纪哲学借助修辞学的力量战胜了传统哲学，最终二者走到了一起。但在此前的漫漫长夜中，修辞学一直是哲学的奴仆，转义的力量一方面被有效地控制在词句篇章的范围，另一方面也成为哲学大厦的重要框架，如黑格尔关于自我和他者的辩证法。按中国的说法，阴阳相克也相生；按西方的观点，与魔鬼斗争的人最终极有可能成为魔鬼——从修辞学与哲学之争的结果来看，正是如此。那么转义修辞究竟有什么力量能够抗衡哲学，或者与哲学并肩作战呢？原因就在于转义修辞不仅是修辞学的基本内核，也是哲学的坚实基础（不只是框架）。为理清修辞学与哲学的纠葛有必要回到修辞学与哲学之争的源头古希腊，从此处入手考察转义修辞的哲学基础。

一 人是万物的尺度

普罗塔戈拉是古希腊最著名的智术师之一，他多次出现在柏拉图的对话中，甚至还有一篇对话就命名为《普罗塔戈拉》。"人是万物的尺度"是普罗塔戈拉的名言，历史上被经常引用，尼采也毫不犹豫地宣称"人是事物的固定不变的尺度"[①]。塞克斯都·恩披里柯转述的原话是这样的：

πάντων κρημάτων μέτρον ἐστὶν ἄνθρωπος, τῶν μὲν ὄντων ὡς ἔστιν, τῶν δὲ οὐκ ὄντων ὡς οὐκ ἔστιν（人是万物的尺度，是存在者如何存在的尺度，也是非存在者如何不存在的尺度）[②]

---

① ［德］F. W. 尼采：《哲学与真理：尼采1872—1876年笔记选》，田立年译，上海社会科学院出版社1993年版，第120页。尼采的理解显然会有些不同。

② 汪子嵩等：《古希腊哲学史》（第2卷），人民出版社1993年版，第247页。

据说，普罗塔戈拉这句话是回应巴门尼德的"存在"（ἐστὶν）问题。巴门尼德提出了关于存在和非存在的两个命题：一个是"存在是存在的，它不可能不存在"，这是通向真理的道路；另一个是"存在是不存在的，非存在必然存在"，这是一条不可思议的道路。① 他把存在看成是不生不灭、永恒不动的，只有存在可被思考和表述，只有存在才是真实的，而现实中那些只能靠感官去感知的现象则是"非存在"，我们只能从中得到意见（δοξα）。普罗塔戈拉这句话结尾处的 ὡς οὐκ ἔστιν（非存在）正好回应了巴门尼德的命题，通过这一表述，他提出"人能决定非存在的状况，也能够决定存在的状况"②，存在—非存在的对立在此被消解了，存在或是非存在只是相对于人来说的感觉，而且对现象的感知不是幻象，这本身就是"存在"。

也许身处后现代语境中的我们更愿意为普罗塔戈拉这一命题喝彩，其中所反映出的感知上的相对主义非常适合这样一个张扬自我和个性、追求感官享乐至上的时代。普罗塔戈拉也正是处在公元前5世纪古希腊的民主时期，他的这一观点很受当时人们的欢迎。柏拉图在《美诺》中提到普罗塔戈拉时曾说："我认为他去世时已近70岁，从事智术活动已经有40年，一直到今天，他都有着很高的声誉。"③ 甚至柏拉图在《普罗塔戈拉篇》中还对普罗塔戈拉光彩照人的形象进行了描绘。

柏拉图在《泰阿泰德》中讨论"人是万物的尺度"的时候举了这样一个例子：一阵风吹过，一个人感到冷，另一个人感到不冷；或一个人感到有点冷，另一个人感到非常冷。这样我们就不能说风本身是冷的还是不冷的，按普罗塔戈拉的说法，风对于感到冷的人来说是

---

① 汪子嵩等：《古希腊哲学史》（第1卷），人民出版社1993年版，第593页。

② [美]爱德华·夏帕：《普罗塔戈拉与逻各斯——希腊哲学与修辞研究》，卓新贤译，吉林出版集团有限责任公司2014年版，第159页。

③ Plato, "Meno", in *Plato Complete Works*, Cooper, J. M. and Hutchinson, D. S. (eds.), Indianapolis: Hackett Publishing Company, 1997, p.891.

冷的，对另一个人来说是不冷的。① 由这个例子可以看出风本身的存在是如何的，普罗塔戈拉不加以考虑，他关心的是人在与事物打交道的时候所产生的感觉，这一感觉是人对事物进行评判的尺度。风本身是什么、是怎样的问题是被搁置的，对人而言风所带来的感觉是什么才是主要的。

如果人通过感觉而成为万物的尺度，而感觉又是漂移不定的，那人岂不是失去了"尺度"？或者，如果人人都能成为万物的尺度，那岂不是任何尺度都不能成为尺度？这样的提问方式本身其实是值得批判的。站在普罗塔戈拉的立场上看，"尺度"（μέτρον）只是一种比喻说法，是在逻各斯中用来暂时固定当下感觉的一种勉为其难的表述。此外，上面两种提问法都是建立在"事物本身是一种客观存在"的论调上的，如果抛弃这一前提，我们就会明白他这句话暗含一种"本体论上的相对主义"："被感知的对象是冷的或不是冷的或是不冷的，这都相对于感知者，因此我们可以假定被感知的对象的本体论地位也是相对于感知者的。"② 人对事物只建立起"感知本质"，而没有抽象的本质。

柏拉图在《泰阿泰德》中正是以客观存在在先、感知在后的逻辑批判这一命题的。在这篇对话中，苏格拉底问泰阿泰德知识是什么，后者给出的一个答案是：知识无非就是感觉。苏格拉底指出这种理解和普罗塔戈拉的理解是一样的，即"人是万物的尺度"。之后，苏格拉底偷换了概念，把"感觉到"等同于"对他呈现"，如"感觉到风是冷的"变成了"风对他呈现为冷的"，这一转换就把普罗塔戈拉的相对主义带到客观主义的道路上来了，这也是二者根本不同之处。对

---

① Plato, "Theaetetus", in Cooper, J. M. and Hutchinson, D. S. (eds.), *Plato Complete Works*, Indianapolis: Hackett Publishing Company, 1997, p. 169.

② ［意］乌戈·齐柳利：《柏拉图最精巧的敌人——普罗塔哥拉与相对主义的挑战》，文学平译，中国人民大学出版社 2012 年版，第 58 页。与此相对的是柏拉图的"客观主义"，伯恩斯坦将之定义为：坚定地相信确实存在或必须存在一些永恒的、非历史的基质或框架，并以此来确定合理性、知识、真理、实在、善或正当的本性。参见该书第 3 页。

普罗塔戈拉来说，事物就是在感觉中存在的，这并不构成知识；而在柏拉图这里，"感觉总是对于存在的感觉"①，事物的存在先于事物的呈现，同样也先于对事物的感觉。存在是永恒不变的，而对存在的感觉是运动、变化的，而普罗塔戈拉、赫拉克利特、恩培多克勒以及诗人荷马关注的都是万物的流动，这些不能形成知识，只有对存在的认识才能形成知识。苏格拉底还嘲弄普罗塔戈拉《真理》一文的开头为什么不说猪或猴子是万物的尺度，以及：

> 如果无论哪个人凭感觉所作出的判断对他来说都是真的，如果没有人能比他人更好地评判他自己的经验，没有人能比他人更有权利思考他自己的想法是正确还是错误的，以及像我们一再指出的，如果每个人都只能对自己的世界进行判断，而这些判断又都是正确的和真实的，我的朋友，那么普罗塔戈拉怎么会是一个有智慧的人，怎么能认为自己有资格当别人的老师，并且能得到大笔的学费？如果我们每个人都是自己的智慧的尺度，我们相对的无知又在哪里？我们又有什么必要去投靠在他的门下呢？②

苏格拉底的意思很明白：如果人人都是尺度，那么人人就都不是尺度；人不比猪或猴子更有资格评判万物，普罗塔戈拉也并不比别人更有资格传授他那些相对的知识。除了偷换概念之外，苏格拉底化解相对论威胁的最根本之处仍在于用客观主义的存在论视角替代了本体论的主观相对论，将普罗塔戈拉的运动的"感觉"捆在不变的"存在"上，赋予感觉内在的真理指向，从而再一次在巴门尼德的意义上将感觉视为"非存在"。于是"人是万物的尺度"就成了一个虚假命题。

---

① Plato, "Theaetetus", in Cooper, J. M. and Hutchinson, D. S. (eds.), *Plato Complete Works*, Indianapolis: Hackett Publishing Company, 1997, p. 169.

② Ibid., pp. 179–180.

如果人是万物的尺度不成立，那么什么会是万物的尺度呢？会是"存在"吗？存在如其所是地存在着，无法说其是尺度。尺度问题涉及"权杖"归谁，关乎城邦兴衰，柏拉图不会等闲待之。当普罗塔戈拉说"人是万物的尺度"的时候，他试图夺过赫西俄德、荷马等诗人的权杖，成为城邦教育的代言人，以此享受了40年的荣誉；哲学要在城邦中立足，就要夺过这根权杖，重新为万物寻找尺度。如果感觉就是知识、就是存在，那就意味着一切皆流，也就是一切都是转义，这将导致修辞和演说的盛况，但在柏拉图看来这是城邦的灾难。

在《法义》中，雅典人说："在我们看来，'神是万物的尺度'这一说法比'人是万物的尺度'更胜一筹。"① 柏拉图在不同场合谈到过神，但是把神作为万物的尺度这句话非常奇怪，因为从哲学的角度来说，神只能标示着人的限度。如潘戈所言，神是一个典范："神并不主动施恩于人，他甚至不会启示一部法律；他对人类的好，只是提供了一个典范，供他们效仿。"② 哲学关注的人应当如何生活，这种生活应当是自决的，所以紧接着雅典人说，只有对神虔敬、像神一样的人才能作为万物的尺度。

像神一样的人会是怎样的呢？接下来雅典人指出有节制的人、正义的人都受到神的喜爱，因为有类似尺度的事物"同类相亲"，所以有美德之人和神是同类，拥有和神相似的尺度，从而也享有荣耀，能过上幸福的生活。这和柏拉图前期圣话中苏格拉底的"德福统一"是一致的。

在《会饮》中，借第俄提玛之口，苏格拉底曾讲到"居间性的"大精灵——居于神和人之间的爱神，③ 在对话中人在爱欲的激发下走

---

① Plato, "Laws", in Cooper, J. M. and Hutchinson, D. S.(eds.), *Plato Complete Works*, Indianapolis: Hackett Publishing Company, 1997, p.1403.
② [美]潘戈：《政制与美德——柏拉图〈法义〉疏解》，朱颖、周尚君译，华夏出版社2011年版，第79页。
③ [古希腊]柏拉图等：《柏拉图的〈会饮〉》，刘小枫等译，华夏出版社2003年版，第75页。

向神性的道路被称为"爱的阶梯",沿着这条道路一个人就从爱美的身体上升到爱美本身,从而具备了神性。而在《斐德若篇》中,一个尘世的爱美者、爱智慧者的灵魂通过对美的事物或"摹本"的凝视,回忆起在天上与神相伴的日子,于是"就尽力尊敬那个神,摹仿那个神"①。在《理想国》第十卷中,苏格拉底说有三种床,一种是自然的,一种是现实中使用的,一种是绘画中的,神是自然的床的制造者,也就是"本质的制造者"②,神所制作出来的就是床的"理式",工匠是模仿理式制造出了现实中的床,而画家的绘画模仿的是现实中的床。

把这些连在一起,我们会发现,柏拉图始终强调人的灵魂提升,这一提升的过程是有爱欲的人对美和智慧的不懈追求,他越是接近美的理式,就越像神。柏拉图认为,现实中的人接触到的都是变动的现象,人不可能以对现象的感觉作为尺度衡量世界;而偶尔见到美的事物特别是美的身体,激发起灵魂的回忆,这也是极其模糊的,此刻的人也不可能是万物的尺度。只有他从美的身体出发,在爱神的带领下沿着美的阶梯一步步上升,最后灵魂才有可能再次见到神和美的理式,也就是在这一刻,他才真正作为"像神的人"而成为万物的尺度。此前,他是作为"追求像神的人"而拥有与神相似的尺度,雅典人在《法义》中把节制、正义之人说成与神有相似尺度,是出于城邦政治的考虑。

"人是万物的尺度"强调的是感觉的相对性,而"像神的人是万物的尺度"则强调美和智慧本身作为人生存的本体性地位。像神的人其实是灵魂转世所附着的"第一流"的人:爱智慧者、爱美者,或是诗神和爱神的顶礼者。③ 这些人的灵魂在天上见到的真理最多,附着在身体上以后

---

① [古希腊]柏拉图:《斐德若篇》,参见《柏拉图文艺对话集》,朱光潜译,人民文学出版社1963年版,第129页。

② [古希腊]柏拉图:《理想国》,王扬译注,华夏出版社2012年版,第359—360页。

③ [古希腊]柏拉图:《斐德若篇》,参见《柏拉图文艺对话集》,朱光潜译,人民文学出版社1963年版,第123页。

靠回忆又能想起天上的景象,他们最懂得如何保持灵魂的纯洁,这样的人其实就是哲人。所以,哲人才配成为万物的尺度。①

从"尺度"之争,我们可以看到修辞学和哲学已经分道扬镳了。作为和修辞学联系最紧密的智术师,强调人是万物的尺度,关注的是处于特定时刻人的感觉,这也就是在演说中的情境、时机,或是书面修辞中的语境,这是他们进行修辞表演或说服的基本条件。这样的修辞活动注重听众的反应和效果,因而其语言的使用也像他们的着装打扮,是非常漂亮和吸引人的。可以说,这就是转义修辞得以发生的原初现实冲动。而哲学在这方面是非常克制的。哲学也关注美,但它要求的不是打扮得漂亮、说得漂亮,而是要通过美的形象点燃追求智慧的爱欲,从形象、现象或幻象中借助回忆或辩证法使灵魂不断上升,渴望成为一个像神的人,成为一个拥有衡量万物尺度的哲人。于是哲学就要求修辞学的转义必须以本体性的存在而不是以人的感觉为指向,要求修辞学的话语活动要关注灵魂,关注真善美的理式。在更换尺度的同时,哲学还得就逻各斯问题进行审查,因为无论哲学还是修辞学,无论是感觉还是智慧,都要以逻各斯的形式呈现。在逻各斯问题上,哲学与修辞学也存在严重的争执。

二 双重逻各斯

第欧根尼·拉尔修记录了普罗塔戈拉的双重逻各斯残篇:

Καὶ πρῶτος ἔφη δύο λόγους εἶναι περὶ παντὸς πράγματος ἀντικειμένους ἀλλήλοις(他第一个说"关于每种事物都有两种相互对立的逻各斯(说法)")②

---

① 但是,苏格拉底又指出哲人拥有的不过是无知之知,如何成为尺度?因此,像神的人成为万物的尺度不过是城邦统治的权宜之计。

② 译法参考[美]爱德华·夏帕《普罗塔戈拉与逻各斯——希腊哲学与修辞研究》,卓新贤译,吉林出版集团有限责任公司2014年版,第127页;叶秀山《叶秀山文集·哲学卷》(上),重庆出版社2000年版,第295页。

双重逻各斯这句话包含着"对立统一"的观点,古希腊持这一观点最有名的自然哲学家是赫拉克利特。我们可以在他的很多残篇中找到类似的话,如:

> 弓的名称是生,它的作用是死。(残篇 48)
>
> 相反的力量造成和谐,就像弓与琴一样。(残篇 51)
>
> 战争是万物之父,亦是万物之王。它证明这一些是神,另一些是人;它也让一些人成为奴隶,一些人成为自由人。(残篇 53)
>
> 赫西俄德是多数人的老师。人们确信他知之甚多,但这个人却不知白日和黑夜,其实两者是一回事。(残篇 57)
>
> 善与恶是同一的。(残篇 58)
>
> 海水最洁净又最肮脏。对鱼来说,它是能喝的和有益的,但对人来说,它既不能喝又有害。(残篇 61)
>
> 不死的是有死的,有死的是不死的。这些的生就是那一些的死,那一些的死也就是这些的生。(残篇 62)
>
> 生与死、醒与睡、少与老是同一的。因为变化了前者就是后者,而变化了后者又成为前者。(残篇 88)
>
> 对于神来说,万物都是美的、善的和公正的,而人们却认为有些东西不公正,有些东西公正。(残篇 102)
>
> 疾病使健康愉悦,丑恶使美善高尚,饥饿使温饱快乐,疲劳使休息舒适。(残篇 111)
>
> 冷变热、热变冷、湿变干、干变湿。(残篇 126)①

在赫拉克利特那里,事物都具有双重性,生与死、善与恶表面上是对立的,实际上却是统一的。这样的观点关注的不是"事物本身是怎样",而是"事物相对于某物是怎样",就像海水对于鱼和人来说

---

① 引自苗力田主编《古希腊哲学》,中国人民大学出版社 1989 年版,第 41—44 页。

是不同的。正如前面谈到的，普罗塔戈拉认为一阵风本身没有冷热之分，你觉得冷，我会觉得不冷，这是"相对于人"的感觉而言的，赫拉克利特也注意到事物的这种相对性，只不过不仅仅是针对人。二人的另一区别是，语言本身还不是赫拉克利特探讨的对象，而作为智术师的普罗塔戈拉显然对语言兴趣很大，他开启了对语言理论的讨论。① 普罗塔戈拉转化了自然哲学的对立学说，从而将注意力从世界聚焦到人，具体地说，将人与世界的关系交付给逻各斯，用语言论证来使人的问题明朗。这比用感觉来确定物的属性大大推进了一步。总之，从世界到人再到语言，这样的推进也同苏格拉底的"第二次起航"有着相似的意义。

既然事物对人而言具有双重逻各斯，那么对立面对于处在某种语境中的人是不是等效的呢？赫拉克利特还没有考虑到这个问题，他是从宇宙论的角度来看对立统一的，如残篇60说"向上的路和朝下的路是同一条"，残篇109说"在圆周上起点和终点是共同的"。② 如果把世界看成圆形的，对立面就不是相反的，而是根本上同一的，双重逻各斯对人来说也应该是等效的。但在特定情境中，一阵风是冷还是不冷，在感觉上应该是确定的；在话语活动中，一种逻各斯也应该更具说服力，这就是弱论证和强论证的问题。在《克里托》中，苏格拉底就使用了一个强论证来反驳逃跑的逻各斯："我亲爱的克里托，如果能证明这是好的论证，你的热心就是可以赞许的，否则就很难有说服力。我必须考察是否应该做的问题，因为我是一个只服从我认为是最好的逻各斯的人，我现在也不能将早年的逻各斯抛弃。"③

在演说和辩论这样的修辞活动中，尤其要运用各种转义手段将某种观点转化为强论证，以实现说服的目的。在一般意义上说，双重逻

---

① Kerferd, G. B., *The Sophistic Movement*, Cambridge: Cambridge University Press, 1981, p. 71.
② 这也正和尼采的"永恒轮回"看法相似，只不过尼采又将宇宙论与生存论同一了。
③ Plato, "Crito", in Cooper, J. M. and Hutchinson, D. S. (eds.), *Plato Complete Works*, Indianapolis: Hackett Publishing Company, 1997, p. 41.

各斯的每一方都是成立的，说话的人也就有可能使任一方成为强论证而使另一方成为弱论证，这是修辞的魔力，但同时也是修辞最被人诟病之处：颠倒黑白、混淆是非。不过这只能看成是事情的一重"逻各斯"，很多智术师们都会反驳说，对修辞的滥用问题不在修辞本身，而在于其使用者。就像赫拉克利特所说的，武器可以保卫自己的性命，也可以杀死敌人。我们并不能因此而指责武器，应当指责的是使用武器的人。当然，如果把修辞也看成工具，那么修辞作为纯粹的技艺来说，也就没什么可恐慌的了。但它和语法、逻辑完全不一样，修辞本身暗含着一种认知世界、构造观念的方式，亚里士多德也是将之作为伦理学和政治学的分枝。哲学与修辞学的对抗本身就表明，修辞学无论在实践方面还是在理论方面都意义重大。

就双重逻各斯这一观点而言，一方面，智术师将语言和事物分离，从而揭示出人是通过语言而与世界打交道的。这一说法听上去很"现代"，实际上20世纪发生的语言学转向也受益于古希腊修辞学。语言与事物的分离不仅增加了人认识世界的广度，也促使人从原始信仰时代走向了追求智慧的时代，智术师和哲人一样，都与智慧结缘。另一方面，智术师们声称可以使弱论证变为强论证，他们也向学生传授这一本领，这是与当时古希腊的民主政治相符合的。在专制社会，只有强权；而在民主社会，强者可以成为弱者，弱者也可以成为强者，修辞学在当时的社会生活中发挥着重要作用。

能够找到关于事物的双重逻各斯，是一项基本的修辞能力，这是智术师最重要的贡献之一，至于将这一能力用在何处另当别论。如果我们进一步了解古希腊的修辞学传统，就会看到智术师并非如柏拉图说的那样"腐败"。如伊索克拉底把注意力转向希腊的政治生活，他的"这种修辞创造出有建设性的话语，试图教给学生和政治家如何颇有洞见地对付他们的环境"[①]；亚里士多德在《修辞学》中也将说服效果同话语发

[①] ［美］约翰·波拉克斯：《古典希腊的智术师修辞》，胥瑾译，吉林出版集团有限责任公司2014年版，第156页。

出者的品格相关联；至于普罗塔戈拉本人，就连柏拉图也说他在"兜售"美德，如果他仅仅传授欺骗的伎俩，如何能获得那么高的声誉？

哲学与修辞学的竞争是在多个方面展开的，逻各斯领域是其中的一个重点。双重逻各斯的提法增强了人们使用语言、表述观念的信心和能力，在苏格拉底从事哲学活动的时代，这样的观点很可能已经深入人心。哲学话语同修辞话语不同，"柏拉图认为，在话语显明的双重论证（dissoi logoi）背后，存在着一种唯一真理"①。哲学是运用辩证法通向真理，而双重逻各斯只停留在表面现象。柏拉图的对话就是逻各斯的哲学用法之典范，这本身就是对修辞学的最大挑战。而在对话中，苏格拉底与智术师们多次交锋，巧妙运用辩证法将修辞式的"双重逻各斯"带到一条上升的道路上，并将其指向变为单向的：关注正义、善好和智慧。

下面以《理想国》第七卷中的"洞穴喻"为例，具体看一下哲学与修辞学的逻各斯之争。在那个著名的比喻中，洞穴中的一个人被逼迫着走到阳光下，他逐渐学会区分真实的物体和洞穴中那些虚假的影像。之后，他又下到洞穴，试图解救那些从小就被束缚的同伴，此时，这些人嘲笑他，并且说他走到上面弄瞎了眼睛后又回来了，如果这些人没被绑着一定会把他处死。完全有理由认为，城邦就像这里的洞穴②，只有追求智慧和真理的人才有幸走到阳光下，当他返回城邦向人们诉说真实与虚假、想要带着身边的人提升灵魂时，哲学遭遇了失败，哲学的理性言说无法打破邦民们头脑中从小就树立起来的坚定信念（doxa），这就使得哲学的逻各斯根本没有机会展开。

这些坚定信念是怎么来的呢？在洞穴喻的开头，苏格拉底提到："沿着这堵矮墙，有一批人正在搬运各种各样的道具，它们都高出这

---

① ［美］约翰·波拉克斯：《古典希腊的智术师修辞》，胥瑾译，吉林出版集团有限责任公司 2014 年版，第 125 页。

② 布鲁姆也认为，洞穴即城邦，我们对城邦的依恋把我们束缚在关于事物的某些权威意见上了。参见 ［美］布鲁姆《人应该如何生活——柏拉图〈王制〉释义》，刘晨光译，华夏出版社 2009 年版，第 144 页。

墙，包括一些人的雕像和其他用石头或木头雕制的动物，以及各种人工产品，自然，在搬运东西的过程中，一些人在说话，另一些则默默无语。"① 这些人是谁呢？或者说是谁在腐化邦民的灵魂？这些人是非常重要的，因为"囚犯"们的观念世界完全是由他们塑造起来的，联系对话前面的内容，有理由认为这些人就是诗人和立法者。但是，如果把他们理解成智术师更为合适，因为他们在城邦中肩负着教育的职责，毕竟诗的时代已经走向散文的时代。在第六卷谈如何培养完美的哲人时，苏格拉底曾说："或者你也认为，如同许多人一样，一些年轻人已经被智术师派腐蚀，是智术师派中的人私下腐蚀了他们，这且不说，其实，难道不正是说这种话的人是最大的智术师派，不正是这些人彻底教育了年轻的人、年老的人、男人和妇女，并把对方塑造成自己希望看到的人？"② 智术师是洞穴中影像的制造者，是虚假观念的传播者，他们的逻各斯是欺骗和愚弄。

　　这就是哲学的处境，智术师传播的观念在城邦生活和人们的观念中有着牢固的根基，哲学无法像修辞演说那样吸引并说服听众，它不被人理解，甚至受到敌视。所以柏拉图在对话中必须展现哲学辩证法相对于修辞学的双重逻各斯具有强论证的优势，他的策略无非就是将那些强论证也好、弱论证也好统统贬为只传达意见，远离真理，混淆视听。如果普罗塔戈拉的双重逻各斯是有效的，那么，无论是洞穴中人的观点，还是走出去的那个人的观点就都有可能是正确的。这取决于特定的人从什么样的视角看世界，如果是从人的肉身性和欲望层面出发，洞穴中的生活是无可指责的；如果从人的超越性和理性层面看，走出洞穴去过另一种生活也没有什么不可以。这就是修辞学的双重逻各斯，它表明哲学式的生活不是唯一正确的，只有获得强论证的

---

　　① ［古希腊］柏拉图：《理想国》，王扬译注，华夏出版社2012年版，第250页。
　　② 同上书，第223页。另外麦考伊（McCoy）也认为这批人就是智者，See McCoy, Marina, *Plato on the Rhetoric of Philosophers and Sophists*, New York: Cambridge University Press, 2008, p.129。其实在这里理解成诗人还是智术师都是一样的，在制造虚假观念方面，柏拉图经常把诗人和智术师等而视之。

那个对一个人来说才是正确的。

但是哲学必须挑战这种双重逻各斯的观念。通过洞穴喻可以总结柏拉图的做法是这样的。首先，将智术师所传授的知识贬为虚假的意见，双重逻各斯的任何一面都不为真，他们教给人们的就像是洞壁上的影像，甚至连他们自己拥有的也只是"雕像"而不是真实的事物。这就从根本上否定了智术师们的修辞能力、修辞活动和修辞效果，使他们的逻各斯完全成为无意义的。其次，在此基础上，将"双重"逻各斯转化为"单向"逻各斯，智术师的修辞无论多么善辩，都是在朝"下"走，使人变得无知或成为意见的囚徒；而哲学的话语带着人朝"上"走，使人见到光明、获得自由。辩证法就是哲学这种"单向"逻各斯的体现，无论是肯定还是否定都为了带领爱智者追求真理。

如果事物都存在着双重逻各斯，而且弱论证有机会战胜强论证，那么世界就是充满各种可能的，这就为修辞活动提供了巨大的话语空间。哲学的使命不在于解决"洞穴"之内的处世之道，而是要把人从虚假世界带到真实世界，要让人们关注自己的灵魂而非身体、坚持理性而不是服从欲望。虽然哲学对世界的分析也是"双重的"，但这些都是典型的"二元对立"：真实—虚假、灵魂—身体、理性—欲望，其中一方对另一方有着绝对的优势，是稳定的"强论证"。柏拉图还擅长让隐喻这样的转义修辞手法服务于哲学的真理追求，从而让修辞学开放的话语活动走上一条单向的、上升的辩证法之途，转义的风险就因此被克服了，无论如何以生动的话语形象、话语方式制造审美偏离，话语活动都始终保持着"求真意志"，不变的真是修辞转义的尺度。但是真理是否存在？是否可以被认识？是否可以用话语言说？哲学是否能克服人的限度？辩证法真的能带领洞穴中的人走到太阳底下吗？

第二节 《斐德若篇》中的修辞学、转义与灵魂提升

柏拉图在《斐德若篇》对话中运用了大量的转义修辞手法，这

还不是我们关注的重点，根本之处在于柏拉图无意中揭示了真理只能以"形似"或转义的方式被人们理解。而对于一个渴望灵魂提升的有爱欲之人，也只有通过（辩证法指引下的）修辞术来无限接近真理。柏拉图已经以自己的写作表明：最好的修辞术（学）既是符合辩证法的，也是充满转义的，二者必须结合。

一 对逻各斯的爱欲

在苏格拉底和柏拉图的时代，哲学与修辞学之争不只是学术观念的竞赛，更主要的是生存方式的较量。修辞学以审美式的舞台表演吸引观众并进行说服，非常重视表演者的身体形象，更重视表演时的话语形象。关注身体、关注形象，这是民主时代特定的文化现象，体现的是城邦中占大多数的大众的生存模式，我们这个时代依然如此。古希腊和今天的西方社会修辞学都非常繁荣，在话语活动中有意识地运用转义手段来进行美化也是必然的。但是在城邦中，有极少数人过着另一种生活，他们关心的是灵魂而不是身体、是真理而不是转义，他们通过对智慧的无限追求不断提升自己的人生境界，这就是像苏格拉底这样的哲人。从柏拉图的对话中我们可以看到，哲人和智术师、哲学和修辞之间似乎是水火不容的，哲学似乎要驱逐诗人和智术师，并清除它们在城邦中造成的不良影响，从而为建立一个理想城邦留下足够空间。然而，哲人和智术师在名称上都与"智慧"相关，只不过前者声称是有智慧的人，而后者只是热爱并追求智慧，并且他们都与逻各斯打交道，难怪阿里斯托芬在《云》中将苏格拉底描绘成一个智术师的形象，这两类人实在有许多相似之处。至于是否要完全从城邦中清除修辞学这个问题，和《理想国》第十卷中对模仿诗人的驱逐是一样的：柏拉图无非是要夺过修辞和诗的权杖，以一个哲人的身份讲故事。他也使用转义修辞，但是在哲学的视野中，转义必须服从于真理追求，修辞学也必须与辩证法合作，也就是说"身体美学"必须让位于"灵魂美学"。

第二章 转义修辞的哲学基础：基于柏拉图对话的文本考察

修辞学和辩证法的关系正是《斐德若篇》的重要主题。《斐德若篇》[①] 是《会饮》的姊妹篇，都涉及爱欲和哲学的问题，不过前者还用了很大篇幅谈修辞术。理解《斐德若篇》所遇到的第一大障碍就是该篇对话的修辞问题：为何前半部分谈爱欲，后半部分转而谈修辞术和辩证法，前后之间有什么样的内在关联？乍读起来，我们会觉得前后断裂太大，无法把握其整体结构。其实内在关联是十分紧密的。首先是"居间性"，对灵魂提升过程的强调，或者说是将爱欲的居间性究竟是如何运作的揭示出来，是理解本篇对话结构的一个重要切入点。这样，文中多次出现的蝉的神话、半兽人形象、巨人泰风都与居间性相关；三篇颂辞有关爱欲关系中清醒和迷狂的划定也与居间性相关；修辞术和辩证法作为中介关涉在言说中以及在城邦生活中如何实现人的提升。居间性关系着上升或提升。其次，通篇对话都是关于逻各斯的，前半部分是三篇颂辞，一篇是莱什阿斯写出来的，另两篇是苏格拉底现场口占的。后半部分则转向如何做文章，如何运用辩证法，以及如何正确地运用修辞术。最后的埃及神话则进一步点明言辞的意义：逻各斯如何能像美的理式一样滋养人的灵魂。因为前半部分讲到的灵魂是与人的身体完全无关的，那里谈到灵魂上升到神的队列中观照永恒的理式，接受真、善、美的滋养；那么当灵魂附到身体之后，只有靠回忆，也就是靠影像和言辞把握理式，所以对于现实中的人，只有靠（正确的）修辞术和辩证法的滋养才能实现自我的提升。而前半部分关于灵魂上升和接受滋养的神话（Muthos）仍然是在逻各斯中描述的，这不恰恰是后半部分的题中之义吗？格里斯沃尔德（Griswold）从自我认识（self-knowledge）的角度展示了《斐德若篇》连贯一致的内在主题，由于将焦点放在修辞上，我们将更关注灵魂提升，特别是在神话或逻各斯（Muthos/Logos）中如何实现灵魂提升的。

---

① 译文主要采用朱光潜译本，参见［古希腊］柏拉图《柏拉图文艺对话集》，朱光潜译，人民文学出版社 1963 年版；古希腊语原文和英译本参照罗（Rowe）译本。See Rowe, C. J., *Plato: Phaedrus*, Wiltshire: Aris & Phillips, 1986. 文中只注明标准页码。

对话开场谈及了演说和医术,谈到斐德若接受医生的建议到城外去散步。如何治愈斐德若对言辞的"迷狂"?为什么要将治疗的场所放在城外?前一问题后面会着重探讨,先来看第二个问题。罗(Rowe)在对此处的注释中指出柏拉图使用城乡对比是有重大意义的,这也是严肃与轻松之间的对比。[1] 我们可以继续思考:斐德若是一个相当有爱欲的人——对言辞的爱欲,他是在城内被演说者的言辞折磨得不轻才到城墙外去恢复健康的,这岂不是意味着使他致病的正是城邦或演说家。当他离开那样一个环境来到城墙外,处身大自然和神话中,又通过和苏格拉底的一番私人谈话,最终是否得到了恢复?(对话的结尾279b斐德若说:"我们就此分手吧,大热已退了。")

苏格拉底对言辞也有爱欲,他"心甘意愿"地跟随斐德若去散步。不过两人的爱欲不可同日而语,斐德若在莱什阿斯那里对他的文章听了一遍又一遍还不满足(228b),还把文章要过来看了又看。苏格拉底认为斐德若出城是要"一个人把它再细加研究",斐德若始终没有离开过演说家的言辞,即使来到了城外。这正是苏格拉底后面要批判的,"把文字看得太重"[2],斐德若关心华丽的言辞甚于言辞的内容,乃至于仅仅停留于对文章的"背诵"(228a)或"复述"(228c)。我们有必要结合第俄提玛的教诲思考:如此有爱欲的一个人,为何不能从美的形象(美的言辞)开始上升?

他们沿着伊立苏河走,这里充满着神话传说。《斐德若篇》的注疏者们历来对229b-230d相当重视,其中有很多难解之处。尼科尔森(Nicholson)指出,神话是整篇对话最突出的地方,从开头一直贯穿全文。[3] 首先出现的是北风神玻瑞阿斯抢掠希腊公主俄瑞提亚的神话,斐德若就此提出第一个问题:"可不就在伊立苏河的这一带?"(229b)

---

[1] Rowe, C. J., *Plato: Phaedrus*, Wiltshire: Aris & Phillips, 1986, p. 136.

[2] Ibid., p. 137.

[3] Nicholson, Graeme, *Plato's Phaedrus: The Philosophy of Love*, West Lafayette: Purdue University Press, 1999, p. 15.

苏格拉底说不在这，"还要下去小半里路，在我们过渡到猎神庙的地点，那里还有一座玻瑞阿斯的祭坛"（229c）。在这一对话中，斐德若是把神话中的事当成真正发生过的从而想确定其地点，但在苏格拉底那里神话意味着什么呢？这一问题的解答将指向他后面第二篇文章，因此我们有必要多加思考。苏格拉底谈到神庙和祭坛，这些都是当下人与神建立联结的重要场所，这些事物及其在文化中的沉淀也是人们理解神话的重要途径，人们通过这些"痕迹"接近神话，在"仿像"中拥有神话，当然我们不要忘了最重要的痕迹或仿像是保存在语言中，并通过教育的方式一代代传承下来。苏格拉底向我们暗示，神话只不过是一种"话语"，但这种话语同时又是一种生活，"因为对神话的理解弥漫于我们的生活和存在中"①。

斐德若紧接着提出第二个问题："苏格拉底，你相信这个神话吗？"（229c）这一疑问很有道理：如果神话被视为一种话语，神话也许就不是真的。苏格拉底先是指出，"学者们"（很可能是指阿那克萨戈拉这样的自然哲学家）不相信，他们可以给出理性的解释，但他倒并不赞同这种解释方式。我们有必要思考：他不赞同的究竟是"理性的解释"，还是"学者们"的理性解释？因为对话的后半部分对辩证法的探讨正是涉及"理性解释"的问题，就像有研究者所指出的："如果辩证地对待意见就可以通向真理，那么神话也是一种意见，也应该能够通过同样的方式导向真理。"② 所以苏格拉底或柏拉图对神话的运用和解释是有自己的意图的，神话有助于自我认识或灵魂提升，并指向真理。因此，苏格拉底到底信不信神话呢？无论是单从科学或信仰的角度来看，他的确不会相信，但如果从哲学的角度，他（或柏拉图）不仅相信而且有意地创造神话。

谈论完神话，苏格拉底又将话题转向自然，开始描绘面前的美好

---

① Nicholson, Graeme, *Plato's Phaedrus: The Philosophy of Love*, West Lafayette: Purdue University Press, 1999, p.19.

② ［奥］哥特弗里德：《〈斐德若〉中的潘神和蝉》，董赟译，参见张文涛选编《神话诗人柏拉图》，董赟、胥瑾等译，华夏出版社2010年版，第188页。

景色，让我们感受到整个对话是在清新闲适的氛围中进行的。这与《会饮》中的轻松活泼形成对应，不过一个是在自然之中进行，另一个是在城邦里；一个是私人交谈，另一个是众人聚聊；还有重要的一点，《会饮》中日神式的清醒赶走了酒神式的迷狂，《斐德若篇》中则既有迷狂，又有清醒，危险来自正午时分的瞌睡，这表明以正确的方式引导迷狂和清醒总是会有上升的可能，而沉睡则无可救药。所以当苏格拉底说那片草地"形成一个平平的斜坡，天造地设地让头舒舒服服地枕在上面"，并称赞斐德若"真是一个顶好的向导"（230c）的时候，我们应当意识到这是反讽。斐德若对言辞的爱欲将使他自己沉睡，因为他缺乏自我认识的能力，而苏格拉底在他和那篇文章的引诱下出了城，可不是为了单纯的消遣。苏格拉底说："田园草木不能让我学得什么，能让我学得一些东西的是城市里的人民。"（230d）那么他为什么像一个"外方人"跟着一个向导、跟着莱什阿斯的文章出了城？并且要把他引向哪里？真正的"引媒"将是后面的修辞术和辩证法，其目标当然是哲学①，神话、自然、文章、言辞等都是与美好生活、自我认识或灵魂提升这样的主题密切相关的。

二 灵魂和真理的"转义"

我们越过前两篇修辞文章，直接转向苏格拉底的"认错诗"。与前面两篇中的清醒与节制不同，苏格拉底一上来就谈迷狂。相较于《伊翁》，我们看到苏格拉底在这里做了一个好的示范：迷狂不是坏的，是神灵的禀赋，人需要神性所带来的福利，但迷狂中要同时有人的自识，有灵魂层面的理性，不能迷失自我，也不能向下堕落，而是要借神性的力量向上飞升。

苏格拉底谈到了四种迷狂：预言的迷狂、宗教的迷狂、诗的迷狂和爱欲的迷狂。首先，苏格拉底从词源学的角度指出，预言和占卜中神性的一面逐渐转向技术性的一面，迷狂在这种意义上也就有了清醒

---

① Rowe, C. J., *Plato*: *Phaedrus*, Wiltshire: Aris & Phillips, 1986, p.135.

的味道，不过苏格拉底或柏拉图在神性和技术之间更倾向于神性："正如预言术在完善程度和身份地位上都高于占卜术，迷狂也远胜于清醒，象古人可以作证的，因为一个由于神力，一个只由于人力。"（244d）宗教的迷狂"附到一些命数预定的人们身上"（244e），使他们赎罪除灾。这不正是意味着人摆脱"命定"从而获得自控权？在这两种迷狂中苏格拉底从不同角度暗示迷狂与清醒的联系。在诗的迷狂中我们同样看到这两极，一种是诗神的凭附而创作出精彩的诗篇，另一种是"妄想单凭诗的艺术（注：技艺）就可以成为一个诗人"（245a），对于诗的灵感和技艺问题，柏拉图在《伊翁》篇中有过详细的讨论。不过我们在那里发现，只有迷狂没有必要的清醒对诗人而言不是件好事，此处即使苏格拉底为了证明有好的迷狂，也没有忽略清醒与迷狂之间的张力。正因为如此，好的迷狂不是这三种，只要想一想苏格拉底因迷狂而作出的第一篇文章，虽然文中谈的是清醒，但与第四种迷狂相比欠缺了一些重要的东西。罗（Rowe）认为，和其他迷狂相比，苏格拉底此刻的灵感是源于自身的。[①] 所以他下面紧接着就转向自我认识的问题："研究灵魂的本质，无论它是人的或是神的。"（245c）这样，我们就不必深究灵魂的本质和"这方面的真理"怎么能"知道"，这不再是本体论的主题，而是认识论的。

苏格拉底从灵魂的不朽出发，将"自动性"作为灵魂的本质和定义（245b-e）。他论证道，凡是自动的都是不朽的，是其他事物动的原因，不是创生的，也是不可毁灭的。格里斯沃尔德指出，对人的或神的灵魂本质和不朽的研究是超出人力所能为的，因此这里的定义只是"纲领性的"（programmatic）。[②] 他还发现"physis""ousia""idea"这些词（朱光潜译为本质或性质）都指向"自动性"，这是从人的角度出发所做出的理解，苏格拉底在此不是言说灵魂的"本质"或其他"本

[①] Rowe, C. J., *Plato: Phaedrus*, Wiltshire: Aris & Phillips, 1986, p. 170.

[②] Griswold, Charles L., *Self-Knowledge in Plato's Phaedrus*, New Haven: Yale University Press, 1986, p. 80.

质",而是在"叙述性的形式"(the form of a narrative)和"相似性的形式"(the form of a likeness)之间处理自己的言说。① 因此,这就向我们暗示,我们所能够知道的、我们能够言说的,无非就是这样一些转义:神话、比喻、象征这些逻各斯(logos)。

下面这一段的开头,苏格拉底就点明了这一点:"至于灵魂的性质,要详说起来,话就很长,而且要有神人的本领,较简易的而且是人力所能做到的是说一说灵魂的形似。"(246a)这样,灵魂的性质(idea)也就是灵魂的转义(trope)或灵魂的形象(image)。我们想,柏拉图的理式是永恒不变的,不生不灭,不增不减,以"自动"作为灵魂本质,显然二者不可同日而语。灵魂要运动就会有变化,无论是时间上的还是空间上的,所以我们需要意识到:这里谈的根本不是灵魂之理式,不是什么真理。正因为灵魂的运动,它的内部就会有推动者和被推动者,亦即灵魂不会是简单的而是复杂的,苏格拉底将之比喻为"一种协合的动力,一对飞马和一个御车人"(246a)。

我们来分析一下灵魂的这几部分。驯良的那匹马,"驯良"希腊语原文是"καλός τε καὶ ἀγαθὸς",即"noble and good",罗(Rowe)将之与《理想国》中灵魂的"血气"部分相对应,是"情绪"中高贵的那部分,与"理性"构成自然的盟友。② 顽劣的那一匹,它是灵魂中欲望那一部分。御车人要控制好这两匹马上升到神的队列中,这个御车人就是"理性"。

不过,苏格拉底还提到了"羽翼"。羽翼带着沉重的物体飞到天上,于是灵魂就能追随神。为什么要追随神?因为灵魂的羽翼要靠真善美的品质来培养伸展,得不到滋养或遇到相反品质就要损毁。灵魂的上升是很困难的,御车人要控制好顽劣的马,以防被拖

---

① Griswold, Charles L., *Self-Knowledge in Plato's Phaedrus*, New Haven: Yale University Press, 1986, p. 92.

② Rowe, C. J., *Plato: Phaedrus*, Wiltshire: Aris & Phillips, 1986, p. 177.

到地上。神则一直上升到诸天的绝顶,"站在天的背上,随着天运行,观照天外的一切永恒的景象"(247b)。这永恒的景象是什么,就是柏拉图的"理式"。从来没有尘世的诗人歌颂过理式,而苏格拉底却胆敢照真理来描绘理式,他似乎忘记了自己只是在说"形似"之物。按照格里斯沃尔德的说法,苏格拉底在迷狂中忘记了认识的限度,而把自己高傲地上升到属神的诗人之列。① 这也预示了认错诗自身的限度,并预示着要回到清醒,即发展到自觉的关于逻各斯的讨论。而且对于事物本体即理式的观照,不是一般地看,也不是像《会饮》中所说的那样从各种知识的上升就能认识美之所是(211d),在这一点上中西观念是一致的,即真理如果能达到,靠的也是直接的洞见或直觉,至于语言、逻辑、辩证法在观照理式时都是无效的。② 因此,理式不能用语言来描述,此处苏格拉底讲到的事物本体仍是转义或形象。247d-e 强调神的生活也是要去观照理式——绝对正义、绝对美德、绝对真知,别的灵魂所要见的也应当如是,但是很难洞见事物的本体,或者只能窥见事物本体的局部。那些见不到真理的灵魂由于"御车人卤莽灭裂",不能很好地驾驭两匹马,使得灵魂受伤,羽翼损坏,"于是他们的营养就只有妄言妄听的意见了"(248b)。灵魂去见理式,为的是滋养羽翼,其所见多少,直接影响着它未来在尘世的生活。

此后,灵魂都要堕落。见到真理的灵魂才能在第一代里投生为兽类,最多的那些当然是投生为人,苏格拉底在这里依据灵魂所见理式的多少划分了九类人(248d-e)。这是灵魂第一次投生的情况,此后每个灵魂过一万年后才能恢复羽翼,而唯有"爱智慧的哲学家,或是以哲学的爱去爱少年人的"(249a)可以在维持这样的生活三千年后高飞而去,否则一切灵魂都要受审。

---

① Griswold, Charles L., *Self-Knowledge in Plato's Phaedrus*, New Haven: Yale University Press, 1986, p. 152.

② Werner, Daniel, "Rhetoric and Philosophy in Plato's '*Phaedrus*'", *Greece & Rome*, Vol. 57, No. 1, April 2010.

这里有个问题：灵魂堕落以后如何能汲取教训，过上正义的生活？或者是：人如何在尘世知晓真理？这就引出了下面对"回忆"的讨论。

如果不凭借回忆，所有的灵魂都记不起理式，都忘记了飞升，于是在一万年的大循环到来之前，所有的人都会沦为最低等的。苏格拉底对回忆的描述是："人类理智须按照所谓'理式'去运用，从杂多的感觉出发，借思维反省，把它们统摄成为整一的道理。"（249c）我们通过什么"反省"？反省后又得到什么？显然是逻各斯（logos）！领悟这一点意义重大，逻各斯居于事物本体（理式）和可感事物之间，回忆是用已掌握的语言去解释理式，哲学言说是其中最好的。① 语言的重要性由此可见一斑。人靠理解力朝向真理，即使专注于回忆的哲学家也要经由辩证法上升，这些都是发生在逻各斯之中。由于哲学家专注于回忆，被人看成"疯狂"，在这里苏格拉底再次强调疯狂不全是坏事，如格里斯沃尔德所言，回忆是爱的语言，这是理性的，但也是疯狂的，这是哲学爱欲与其他爱欲的区别。由此我们也明白了，苏格拉底所说的第四种迷狂"爱情的迷狂"，其实是在谈哲学的爱欲，并暗中引向了语言和修辞的问题。

现在，苏格拉底解释了《会饮》中一个未决的问题：如何从一个美的个体上升到美的本体。那个"爱的阶梯"曾让我们觉得人是一步步从欠缺走向整全的（类似于禅宗中的"渐悟"），人如何能够摆脱欠缺这是个大问题。② "回忆说"给出了更有力的解释：尘世的美

---

① Griswold, Charles L., *Self-Knowledge in Plato's Phaedrus*, New Haven: Yale University Press, 1986, p. 115.

② 此处可参见罗森的话："爱欲之人（像《会饮》所断言）是非常贫困的人。如果人要取悦最贫困的人，那就是要取悦最坏者而不是最好者。用哲学的语言来说，如果爱我们所没有的东西，对善好的爱不必然是劣质的吗？那些勤勉地追求完美的人，自身是无用的。换句话说，爱欲的疯狂，如果不是由神圣命运或预言的要义来规范的话，会非常危险，很可能在极其稀有的场合会产生阿尔西比亚德而不是苏格拉底。由于神圣的疯狂，我们首先必须拥有我们所愿望的，其原因恰恰是为了冷静地去向往。故而，非爱者警告我们：遵循第俄提玛的忠告：意味着将乞丐而不是朋友请到了'私人宴会'。"［美］罗森：《柏拉图〈斐德诺〉中的非爱者》，参见［美］罗森《诗与哲学之争》，张辉译，华夏出版社2004年版，第93—94页。

让迷狂之人回忆起灵魂以前见过的真正的美,通过这个"个别的一"点亮了那个"无限的一"!人的存在就天然地拥有整全,分有美的理式,人要想过上美好的生活,就得在灵魂回忆中建立与美的理式的联系,这样,苏格拉底那种"自我抉择"的生活在柏拉图这里就具有了新的内容。这不正意味着人乃是一种居间性的生灵,既要在肉体和尘世的束缚中昂然挺立,又要在灵魂的带领下恢复羽翼,在爱欲的迷狂中却达到了真正的清醒,在追求神性的道路上才真正成就了人性,这是多么复杂的动物啊!

不过,这种回忆不是那么容易发生的,"只有极少数人借昏暗的工具,费极大的麻烦,才能从仿影中见出原来真相"(250b)。这里强调感官(昏暗的工具)的重要作用,它之所以昏暗是因为身体的束缚。我们需要留意,苏格拉底先讲了回忆美的本体之难,先是灵魂的限制,而后又谈身体的束缚,我们自己埋葬在"这个叫做身体的坟墓里","象一个蚌束缚在它的壳里一样"(250c)。在讲身体时中间穿插了一段在神的队伍中灵魂之整全和纯洁的状况,这和灵魂堕落到身体后的情况形成了强烈对比,强化了"灵魂回忆之难"。

我们此刻要保持清醒,不要被苏格拉底所描绘的激动人心的爱欲迷狂状态引诱得失去了判断力。他所讲到的这种爱欲迷狂,是发生在那些"刚参加入教典礼的人"身上的,这些人的灵魂是从天上初次(或在万年周期之后的初次)附到身体上的,受到污染的程度最小,因此可以成功地通过美的"仿影"踏上真理之路。但是其他时刻呢?以后灵魂的回忆就再也没有这么容易了。关于模仿的影像,《理想国》第十卷是怎么对待的?影像与虚假相关,如何通向真理?也就是说,除了灵魂的初次附着,其他时候灵魂要在影像中上升,无论是本篇对话中的"回忆说",还是像《会饮》中那个从美的个体一步步上升到美的本体的"阶梯说",都不可能如此简单。但并不是不可能,辩证法就是要解决这个问题。格里斯沃尔德从以下几个方面指出苏格拉底关于灵魂上升到真理的话是可疑的:灵魂当初顶礼膜拜理式的视域就是有限的;这一有限的视域又被遗忘了;以可听和可视的影像回忆真理，就不可能直接观照美的理式，而这些影像也不过是对本真存在的部分表征；个性影响一个人的理解能力；通过别的灵魂及与其狭隘关系的中介提升。① 这样就出现了"转义之危机"，柏拉图迫使我们思考：人只能活在影像之中，如何回返本真？这样的理解和追问至关重要，修辞术和辩证法的问题从这里呼之欲出。

在这一部分爱欲修辞中我们看到，通过凝视美的形体，羽翼苏醒过来，并接受"美的放射体"的"滋润"，而灵魂本来是遍布羽翼的，由于受到滋润，整个灵魂都活跃起来。苏格拉底说："在这过程中，灵魂遍体沸腾跳动，正如婴儿出齿时牙根感觉又痒又疼，灵魂初生羽翼时，也沸腾发烧，又痒又疼。"（251c）如果灵魂因凝视爱人的美而得到滋润，他就会觉得非常欢乐；反之，灵魂失去滋润，"他的毛根就干枯，把向外生发的幼毛窒塞住，不让它们生发"（251d），灵魂于是遍体受刺，疼得要发狂。由此可见，美的形体对于灵魂的苏醒和上升有着至关重要的作用，处于爱欲迷狂中的人经由美的形体回忆起美的本体，忘乎所以。不过我们要当心，极少数人才能如此，也许只有第一类爱智慧、爱美者才能有此经历，但这的确是最美好的爱欲迷狂。

苏格拉底然后又转向爱欲对象，当他发现一个钟情的对象就会带着对方一起向上提升。如何共同提升呢？这里讲到对爱人的督导，讲到通过对神的凝视和回忆，还讲到对神的尽力模仿。这三处我们合在一起看，思考如何督导爱人，难道不是语言？而苏格拉底始终都不提语言问题，给我们的感觉好像是只要凝视面前这个美的形体，就会像凝视神一样，两个人会自然而然地提升。其实不然，这一段话暗中强调了一方面观照神性之物是必需的；另一方面，现实生活中的两个相爱的人之间的交往必然要借助语言。这样也就回应了灵魂回忆过程中以语言为中介的问题，两个灵魂的"共同回忆"同样要以语言为中

---

① Griswold, Charles L., *Self-Knowledge in Plato's Phaedrus*, New Haven: Yale University Press, 1986, p.171.

介。不过与后面辩证法的那种中介不同，苏格拉底说的是"极少数情况"，灵魂的第一代生命里所发生的事情，这里语言作为中介的路径是最短的。而前两篇文章中处于爱欲关系中的人与神性的距离是最长的，后面的辩证法之路在最长和最短之间。

下面苏格拉底还是从灵魂马车的比喻出发来讲有情人是如何被爱征服的以及双方如何陷入爱的迷狂的，极尽修辞之美。此后，苏格拉底结束了他的认错诗，最后他强调这篇文章"尤其从辞藻方面看"，都是用诗的声调（257a）。表面上他说是斐德若使他不得不如此，即为了顺应其对文章的爱欲；其实他要以诗的形式展开与修辞家的竞赛，这场竞赛可以形象地看成是他和莱什阿斯对爱人斐德若的争夺。一方面我们能够感受到，苏格拉底在认错诗中一直在暗中说服斐德若借"爱之翼"上升；① 另一方面在结尾处，苏格拉底恳请神医好斐德若爱的毛病，像他的哥哥一样"全心全意地把生命贡献给爱情和哲学言论"（257b）。显然，这两个方面是一体的。

三　何为修辞术

那么，斐德若是否借助爱欲的迷狂上升了呢？他先是称赞苏格拉底的第二篇文章"美得多"，然后马上转而关注莱什阿斯的反应，强调"名誉"。这表明他对文章之修辞的爱欲很难被医治，在苏格拉底如此充满神性的语言中，他对其中爱情的要义无动于衷。这岂不是意味着苏格拉底的失败？不然，前面讲到，苏格拉底所讲的爱欲迷狂属于极少数人灵魂的运动，他不过是向斐德若展示了最美且最好的那种状况。斐德若不是那第一类爱智慧的人，他应该属于第二类爱荣誉的人。按照后面对修辞的讨论，要说服一个人首先要了解他的灵魂性质，既然如此，苏格拉底就要真正面对斐德若的灵魂展开独特的修辞。因此，从257c处开始谈论文章、修辞术和辩证法，并不是什么

---

① Warner, Martin, "Rhetoric, Paideia and the Phaedrus", http://www.bu.edu/wcp/Papers/Lite/LiteWarn.htm.

断裂,反而有着很强的内在逻辑性。左半边是迷狂,右半边是清醒;左半边是逻各斯,右半边是关于逻各斯的逻各斯。格里斯沃尔德提醒我们,第一篇文章中的非爱者与被爱者,第二篇中隐藏的爱者和被爱者,第三篇中的情人和爱人,他们之间的引诱都离不开修辞,"无论是引向哲学还是性"①。

具体来看对话向修辞转向的逻辑:斐德若先是说莱什阿斯要顾全自己的名誉,"也许不再干这勾当了"(257c),苏格拉底反驳之后,斐德若接着讲到"国内最有名有势的人物都觉得写文章,留下著作给后世人,是很可耻的事"(257d),但苏格拉底指出那些人实际上不以写文章为耻(258a),而有些人如莱科勾、梭伦、达柔斯(斯巴达、雅典和波斯的三个立法者)却留下了不朽的文章(258c),所以文章也有好($καλῶς$,beautiful)坏($αἰσχρὸν$,shameful)(258d)。那么文章的好坏如何确定呢?于是他们就开始讨论修辞问题。

因此,苏格拉底就开始了对一个"爱文章"或"爱荣誉"之人灵魂的引导。可以说,对话的这种转向对斐德若而言是自然而然的。如果不能深刻体会灵魂提升这一主题,前后的断裂感就比较明显。

不像哲学家能够在回忆中凝视美的本体从而使灵魂的羽翼得到滋养,斐德若只在文章中通过美的修辞而滋养自己的灵魂,也就是说,"对于下降的灵魂,通过话语回忆美的本体是必需的"②。因此,斐德若说"研究文章是乐事",这要强过"体肤的快乐",后者"先经过苦痛而后才可以享受",是"'奴役性的'快乐"(258e)。按照前面灵魂马车的比喻,追求体肤之乐的人是受到灵魂中"欲望"部分的奴役,那么研究文章的快乐是怎样的呢?苏格拉底下面转向蝉的神

---

① Griswold, Charles L., *Self-Knowledge in Plato's Phaedrus*, New Haven: Yale University Press, 1986, p.159.

② Ibid., p.165.

话，这是为了进一步讨论文章做准备。

蝉到正午时就唱，罗指出这是回应了 248d-e 处哲学之最高地位①，特别是后面苏格拉底讲到死后的那些蝉向诗神中最年长的两个"终身从事哲学而且就拿哲学这种音乐来崇拜她们的人们"报告（259d），哲学在所有的音乐中是最高的。另外关于正午，前面也讲过，暗示哲人在语言或仿像中回忆美的本体之路是最短的。但是这在常人是不可能的，就像蝉的歌唱会使普通人"只管睡觉"（259c），而苏格拉底像抵抗塞壬歌声的奥德修斯一样保持着清醒。苏格拉底不曾在爱欲迷狂中丧失自我，同样他在蝉的歌声中不会睡去，有研究者写道，"危险不是来自诸神，而是源于凡人的软弱"②，这一说法是很贴切的。苏格拉底这样一个制服了灵魂中的劣马、抵抗住欲望诱惑的人，将会得到蝉的奖赏，这一奖赏同样会送给斐德若：蝉"把神产赐给它们的那套迷人的法宝传给我们"（259b）。这表明，苏格拉底不仅知道哲学那条最短的灵魂上升之路，也知道其他较长的道路，在太阳从正午开始下降的时候，苏格拉底就要向斐德若指出一条较长的修辞术和辩证法的路。

蝉的故事也可以这样看，苏格拉底在认错诗中所讲的神话中的人就是"前—蝉"之人，不需要尘世的营养，脱离了肉体的痛苦和快乐，"干着喉空着肚皮马上就歌唱，一直到死为止"（259c）。苏格拉底前面讲得无论多美，灵魂的滋养除了美的本体外是不是还缺少了什么？③ 柏拉图通过后半部分对修辞的讨论，要对那样的生活进行补救，使我们"人"不会因缺乏营养而死去。由此，感官或尘世之美并不危险（但人必须克服自己的软弱），"尘世的美能够激起爱真理者的神圣疯狂，因为尘世之美是真正之美的一个更为接近的相似者"，

---

① Rowe, C. J., *Plato: Phaedrus*, Wiltshire: Aris & Phillips, 1986, p. 194.

② ［奥］哥特弗里德：《〈斐德若〉中的潘神和蝉》，董赟译，参见张文涛选编《神话诗人柏拉图》，董赟、胥瑾等译，华夏出版社 2010 年版，第 180 页。

③ See Griswold, Charles L., *Self-Knowledge in Plato's Phaedrus*, New Haven: Yale University Press, 1986, p. 165.

"如果正确利用尘世声音的美来寻找真理，蝉的神话给我们上了一课，这一课讲在对修辞进行讨论之前，非常恰当"。①

苏格拉底不是从传统意义上来讨论修辞的，他要对修辞重新进行界定。首先他提出真理问题，"文章要做得好，主要的条件是作者对于所谈问题的真理要知道清楚"（259e），我们知道修辞学涉及的是各种意见，不关心真理或者不认可真理的存在，因而斐德若对此不能认同。他指出，修辞是以说服为目的，"说服的效果是从群众意见而不是从真理得来的"（260a）。如果不顾真理，苏格拉底问，能把驴当马来颂吗？但是修辞家却可以不知真理就能成功地劝说，用今天的话说，修辞涉及的是主观的真而不是客观的真。正因为主观真的标准难以把握，才会出现哲学和修辞的对抗。不过现在，对抗将走向合作，苏格拉底反向考察修辞和哲学的关系："一个人尽管知道了真理，若是没有我修辞术，还是不能按照艺术去说服。"（260d）这就是说哲学必须与修辞合作，才能进行说服。

苏格拉底并没有展开论证而是直接承认哲学需要修辞，实际上这里不需要论证了，前面暗示得已经够多了。不过他认为必须首先确认修辞是一种艺术（即技艺），因为在别处，比如《高尔吉亚》462b，说修辞术并不具有关于对象的知识，不是一种技艺。这样苏格拉底接着就开始对修辞术进行审查。他对修辞术下了一个定义："一般说来，修辞术是用文辞来影响人心的，不仅是在法庭和其他公共集会场所，而且在私人会谈里也是如此，讨论的问题或大或小，都是一样；无论题材重要不重要，修辞术只要运用得正确，都是一样可尊敬的。"（261a-b）在这个定义中，苏格拉底扩大了修辞的边界和内涵，对劝说进行了更好的说明。② 从边界上看，他将修辞术从公共场合扩大到私人会谈，并且在后面我们会看到，他其实是从后者来谈修辞术，表

---

① [奥]哥特弗里德：《〈斐德若〉中的潘神和蝉》，董赟译，参见张文涛选编《神话诗人柏拉图》，董赟、胥瑾等译，华夏出版社 2010 年版，第 183 页。

② See Werner, Daniel, "Rhetoric and Philosophy in Plato's 'Phaedrus'", *Greece & Rome*, Vol. 57, No. 1, April 2010.

明他的定义是为辩证法做铺垫。从内涵上来看，他把修辞术定义为用文辞来引导灵魂，这与传统修辞术相差甚远，也是为辩证法的出场做准备。另外，苏格拉底还强调修辞术要运用得正确才是可尊敬的，这也是为了修正修辞术。这一定义还意味着苏格拉底要将修辞术从政治的洞穴带向更为广阔而美好的辩证法领域①，从而为灵魂上升开拓出一条与前面路径不同的但目标相同的道路。

斐德若当然不会同意这一重新定义，不过他更关注其边界而不是内涵，他质疑除了用在法庭和议会之外还能用在哪里。苏格拉底提到荷马史诗中三个善于修辞的人：涅斯托、幽立塞斯（俄底修斯）和帕拉墨得斯，最后一个人我们前面提到过，善于修辞术，前两个是荷马史诗中长于辞令的人。但斐德若却觉得苏格拉底指的是高吉阿斯、特剌什马克或忒俄多洛斯。谈论修辞术，肯定会以著名的修辞学家为例，苏格拉底为什么会举出遥远的那三个人？这就是苏格拉底的修辞，他现在是暗示斐德若：我们两个之间的交谈不就可以运用修辞术？而且前面的文章不也是修辞？因此修辞术完全可以"用在别处"。

尽管苏格拉底重新定义修辞术，但他并没有抛弃修辞与听众的关联这一点。修辞术通过话语运作可以说服听众，当然传统修辞术中有很多欺骗人或迷惑人的手法；修辞术也可以使听众从意见出发走上真理之途——这是智者和哲人对修辞术的不同使用。但是苏格拉底认为，即使修辞术被用来迷惑旁人，说话的人必须知道事物的真正性质，才能"精确地辨别事物的同异"（262a），在微小的差异中把听众一步步带进错误的意见。所以，"若是一个人不知真理（ὁ τὴν ἀλήθειαν μὴ εἰδώς），只在人们的意见上捕风捉影，他所作出来的文章就显得可笑，而且不成艺术了"（262c）。且不说智者们是否拥有真理，苏格拉底或柏拉图会认为人能够知道真理吗？"无人类话语达

---

① Griswold, Charles L., *Self-Knowledge in Plato's Phaedrus*, New Haven: Yale University Press, 1986, p.161.

至完美,唯有成为爱智者。"① 所以我们必须把这句话当成一种修辞,是苏格拉底用以说服斐德若走向真理道路的手段,其价值类似于前面文章中讲得极少数人的灵魂回忆美的本体。

在定义完修辞术后,苏格拉底从三个方面来谈修辞术的运用:第一,关于真理的知识;第二,关于文章的结构;第三,关于灵魂的知识。接着他们开始考察莱什阿斯的文章。苏格拉底让斐德若重述了一遍开头,开始批评"作者所犯的艺术上的毛病"(262e),是什么呢?他没有马上说,而是问"说到'铁'或'银',我们是否都想到同一件东西呢","如果说到正义和善,情形怎样"(263a),第一个问题涉及客观的真,人们容易达成一致,后一问题是观念性的,各人会有各人的看法。② 容易使人迷惑或受欺骗的显然是后一类问题,修辞家需要区分这两个问题,"知道每类事物的特性,知道对于哪一类事物群众的思想是很不确定的,对于哪一类是确定的"③(263b),对于不确定的,必须先下一个精确的定义。我们看到,莱什阿斯的文章没有先对爱情下定义,并根据这个定义"去安排全文的意思,一直达到一个合式的结论"(263d),而苏格拉底的第一篇文章虽然有定义,但是文章并不使人满意。格里斯沃尔德指出,这说明定义不是必然与文章整体相关,因为定义本身就是一种意见,不是依据真理,定义是为了风格的明晰和文章内在的一致性。④

谈完定义,苏格拉底又谈文章的结构。他说:"每篇文章的结构应该象一个有生命的东西,有它所特有的那种身体,有头尾,有中段,有四肢,部分和部分,部分和全体,都要各得其所,完全调和。"

---

① Werner, Daniel, "Rhetoric and Philosophy in Plato's 'Phaedrus'", *Greece & Rome*, Vol. 57, No. 1, April 2010.

② 罗指出,除了苏格拉底认错诗的神话语境外,其他地方说的正义、善都不是指理式, See Rowe, C. J., *Plato: Phaedrus*, Wiltshire: Aris & Phillips, 1986, p. 198.

③ 当然,这里的"知道"应理解为对事物拥有正确的意见。

④ Griswold, Charles L., *Self-Knowledge in Plato's Phaedrus*, New Haven: Yale University Press, 1986, p. 177.

(264c)一个有生命体的各部分是不能随意安置的,但是苏格拉底指出莱什阿斯的文章和密达斯的墓铭一样,可以把"每一行摆在开头或是收尾"(264e)。这就如同灵魂的各部分,要各安其分。①

对于另外两篇文章,苏格拉底指出"它们里面有许多东西,是值得留心修辞术的人们研究的"(264e),不过在对他的爱情迷狂说进行总结后,他又说"我们形容爱情的时候,用了一种比喻,其中我们当然也看到了一些真理,但是恐怕也走了一些错路"(265b-c)。他还说这篇文章只是在"开玩笑",是游戏之作,其原因前面也解释了,他第一篇文章太"清醒",第二篇太"迷狂",这种迷狂是极少有人能达到的。在极端的清醒和极端的迷狂之间,还有很大的空间,这就应当是真正的修辞术和辩证法的用武之地。虽然内容上是开玩笑,但形式上仍有可取之处,所以苏格拉底一反常态,转而去考察这两篇文章中形式的价值,这就是划分和综合。

认错诗中的一个主题是:没有对美的本体的爱欲人的灵魂就不能得到提升,此处问题将转换为:没有辩证法的运用人就不能在逻各斯中趋向真理。真正的修辞学必须正确地运用辩证法,引导人的灵魂。这首先就涉及方法问题,即划分和综合。第一个方法是综合(collections),"统观全体,把和题目有关的纷纭散乱的事项统摄在一个普遍概念下面,得到一个精确的定义,使我们所要讨论的东西可以一目了然"(265d),"定义"显然处于真理之途的出发点上,只能是一种意见,以后肯定是要被超越的。第二个方法则是划分(divisions),"顺自然的关节,把全体剖析成各个部分"(265e),他说自己的两篇文章就是这样,就像身体的左右两半,爱情的迷狂分成左右两部分,一直到不能分析为止,发现其中有一种"左爱情"和一种"右爱情"。

苏格拉底说,"这种分析和综合,为的是会说话和会思想"(266b),我们也许好奇,不会分析和综合,难道就不会说话和思想了吗?实际上我们如果从苏格拉底一直关注的"人如何过上美好的生

---

① 至于为什么要举墓铭,原因很简单:死亡对应于生命。

活"出发,这里指的是"人如何正确地说话和思想",那就是要学会分析和综合,能"如其本然地看出一和多"(266c),这样的人就是辩证法家。那么修辞术是什么呢,斐德若还不明白,因为这同修辞术书籍上写的完全不一样。看来,斐德若过于迷信文字,他通过文字去理解爱欲、去理解修辞,注定他只能走一条很长的上升之路,他的这种个性也正符合这里的辩证法之路。

修辞学在形式方面是一些"琐碎的玩艺"(268a),那么"在艺术上有什么性格和功用"呢,斐德若马上说功能不小,至少是在公众会议方面,至于"性格"则只字不提。苏格拉底接着以医学为例,指出修辞学在功用上的有限性。如果一个人掌握了某些处理身体的方法,可以随意使人发热或发冷,是否就能行医呢?显然他还必须知道"病人在哪些病况之下该受哪样处理,并且用多少分量"(268b),真正的医术应该两者兼备,这是在指明修辞术既应该关注技艺,又要知道正确地使用。这就是所谓"实践智慧"的问题,光学会技艺性的知识还不够,还得会用、用得好,或者说达到某种善好的目的,这才是发挥技艺的"功用"。传统修辞术知道"使对象怎么样",即说服和控制,不知"对象本身怎么样",更不知把对象带到哪里,这表明它是不知整全,无涉真理的。

苏格拉底接下来讲第三个方面,修辞术自身的整全问题。一个人能以悲惨的语调随意写出特定的演词,并不意味着就能做出真正的悲剧,因为得把各种要素安排成一个整体,"使其中部分与部分以及部分与全体都和谐一致"(268d)。那么这里就有一个前提:如果不知整体是什么样的,怎么形成一个整体,并不是随便连接要素就能产生一个和谐一致的整体的。因此不知悲剧本身就作不出真正的悲剧,同样不知音调协律本身就不能创作出真正的音乐。我们看到,谈"功用"的时候,苏格拉底以医术为例,其意在治病救人,如果只懂医道的初步而不是医道本身,就可能相反会害人;这样如果只懂修辞术的初步而不懂其本身,是不是也会祸害城邦(医术针对个人的身体,修辞术针对公共的"身体")?在谈整体的和谐一致问题时,苏格拉底又以悲剧和音乐为例，表明艺术之美在于整体的和谐，修辞术也应当如此，不应该像前面说的那样，一味关注如何说服听众，首要的是关注修辞术自身。

那么，真正的修辞术是怎样的呢？苏格拉底先讲一个出色的修辞家要具备三个条件："第一是天生来就有语文的天才；其次是知识；第三是练习。"（269d）第一个条件是先天的，是灵魂与生俱来的禀赋，属于神性的；知识是通过教育传承的，属于城邦的、公共的；练习则涉及具体的运用，是个人才能的体现。这三个条件缺一不可。

苏格拉底说"不知道全体宇宙的本质而想知道心灵的本质，你想这可能不可能"（270b），正如前面强调的，本篇对话中出现的"本质"是人的理解，不可等同于"理式"，因此穷究本质也只是为了获得真理的"形似"而不是其本身。为了确保人不偏离正确的道路，一点是神性知识的引导，另一点就是在逻各斯中运动正确的方法论。穷究本质是为了得到一个准确的定义，其中既有综合也有分析，苏格拉底指出其中的步骤："分析"纯一和杂多，纯一的"综合"其自然本质，杂多的继续"分析"，直到纯一。由此可见，穷究本质是发生在逻各斯中的。修辞术也要按照科学方法"向它说话的那对象的本质给一个精确的说明"（270e），这对象就是心灵。

因此，传授修辞术的人要做到三点（271a-b）。首先要研究心灵的纯一和杂多，以最终见出其本质。其次要说明心灵在哪方面是主动的，在哪方面是被动的，这一点意义重大。心灵在修辞面前是被动地接受影响还是主动地沿着辩证法之途上升，是传统修辞学和真正的修辞学的重要差别，因此要了解心灵的主动方面和被动方面，以使语言发挥最大效用。再次要找到文章类别和心灵类别的对应性，有的文章能说服这种心灵，但对其他的可能就无效。就像苏格拉底第二篇文章中描绘的，相爱的两个人的灵魂曾经共同追随一个神，文章和心灵之间也存在着某种契合。

这就意味着，针对不同的心灵应该作出不同类型的文章，"等到他不但能够辨明某种人会受某种文章说服了，而且碰到一个人，一眼就能看出他的性格了"（271e），再加上知道什么场合该说什么话、该用什么风格，"他的艺术才算达到完美"（272a）。这样，问题就来了。我们知道，传统修辞术主要运用于公共场合，要面对很多人，也就是面对很多种类的心灵，一篇文章"如何能适应多人的灵魂"？[①] 这样公开演说就不可能了。不过，我们回想261a-b处对修辞术边界的扩大就明白了，苏格拉底所谓的修辞术更为普遍，他暗中将修辞术的使用从公共领域转移到私人领域，这是他对修辞术的改造。由于不符合上述条件，传统修辞术在写作、教学和演讲中的运用全被他判定为失败，这就给苏格拉底带来了麻烦：这是唯一的修辞术吗？（272b）这一疑问暗示着：这种修辞术多么违背传统啊，这还是修辞术吗？

四 修辞术与灵魂提升

传统修辞术通向一条简捷但危险的道路：这就是不顾真理、正义或善行，不关注事实真相而是追求"逼真"。这些被修辞家视为法宝的原则，前面已经提及了，苏格拉底在此加上一点："逼真除掉符合群众意见以外，还有没有其他意义呢？"（273a-b）这就引出了一个问题，即这种修辞术要带我们向哪里走呢？此刻苏格拉底一再说"路径"，他不仅关注达到真正修辞术本身的路径，更关注通过修辞术我们会走上一条什么样的道路，是迎合群众意见从而走一条简捷、向下的路，还是艰难地踏上一条向上提升的路。这就再次证明面向公众的修辞术是成问题的。逼真的只是意见，公众活在意见中，也需要意见的滋养，但这并不意味着他们不需要真理。273d以下，苏格拉底指出修辞术踏上真理之路的必要性，同时也强调运用分析和综合的方法穷究事物本性是不易的，要"登峰造极""就不能不吃辛苦"（273e），只有哲人会"在所不辞"，这也意味着"真正的修辞家将是哲人"[②]。

[①] Werner, Daniel, "Rhetoric and Philosophy in Plato's 'Phaedrus'", *Greece & Rome*, Vol. 57, No. 1, April 2010.

[②] Ibid.

苏格拉底表明，这条逻各斯之路不是向下的，"不是想在言行上见好于世俗"，而是向上的，"无愧于神明"（274a）。这里可以强烈地感受到尼采的强力意志观点的源头，请看苏格拉底这句话："凡是有理性的人所要尽力讨好的不是奴隶同辈（除非是偶然破格），而是本身和祖先都善良的主人们！"（274a）这是一条漫长而艰难的道路，但是其目标是极其伟大的境界。

斐德若承认这种境界"顶美"，但是加了一句"只要人可以达到的话"（274a）。我们从前边已经看到这条路的尽头是那美本身，只有灵魂可以去观照，但这并不是说现实中的人因为不可能达到就自甘堕落，而是要正确地认识自己的灵魂，过一种正义的生活，这是现世和后世灵魂提升的内在需要。因此关键不在于是否能到达，而在于对美好境界的"追求本身"，这能使人过上美好的生活。

没有这一境界的引导，人们将失去方向。顺着这一思路，我们就容易理解下面这个埃及神话了。图提发明了文字以帮助人们记忆，国王塔穆斯却一针见血地指出，文字的功用恰恰相反会造成人们的善忘，因为人们"只凭外在的符号再认，并非凭内在的脑力回忆"（275a）。前面我们看到回忆的重要意义，对于那极少数的哲学家，他们是靠回忆通向美的本体，文字的中介只会让这条最近的路充满更多的障碍。从现实角度而言，文字所能记录的只是"真实界的形似，而不是真实界的本身"（275a），通过文字而进行的教育只会造成更大的偏离。这就表明言说相对于书写而言具有一种优先性，这也许正是苏格拉底述而不著的原因，以及柏拉图为什么用对话体进行创作。当然，如格里斯沃尔德所指出的，这毕竟还是柏拉图的文字。[1] 这可能是柏拉图的自反性写作，也正是上面所言，逻各斯之路要始终朝向那个美好的境界，相对于言说我们更容易在文字中迷失方向，陷入某种固化的意见，依靠文字辩证法往前和往上行走，走下每一步并且超

---

[1] Griswold, Charles L., *Self-Knowledge in Plato's Phaedrus*, New Haven: Yale University Press, 1986, p.6.

越了每一步,这岂不是庄子的"得意忘言"?

如此说来,言说不也是这样要被超越的?下面的对话正表明了这一点。斐德若说苏格拉底真会编故事,"说它是埃及的也好,说它是另一个奇怪的国家的也好,你都脱口而出"(275b),然后苏格拉底讲有个传说"说最初的预言是从一棵橡树发出来的"(275b)。苏格拉底强调,无论是谁说的,只要是真理就好,而斐德若最关心的却是说话人是谁,是从哪国来的,却不关心说的内容是否符合事实。这不正是表明在言说中也要追求真理,做到"得意忘言"?

苏格拉底指出,文字的坏处和图画一样,"板着尊严的面孔,一言不发"(275d),无法与人展开对话。斐德若此刻跟上了苏格拉底的思路,他意味到只有哲人的文章"既有生命,又有灵魂"(276b),虽然也是用文字写的,但"文字不过是它的影像"。苏格拉底以农人耕种为例,指出哲学家只会把关于真善美知识的文章写在"学习者灵魂中","他不会把那些知识写在水上,用笔墨做播种的工具,借助于一种文字,既不能以语言替自己辩护,又不能很正确地教人知道真理"(276c)。

这里,共同提升的主题再次出现。哲人的爱人就是像斐德若这样对文章有着极大爱欲的人,他可能会被修辞家或者是哲人的文章所吸引、说服,但不同的是,前者让他相信某种固定的观念,后者则在其心灵中浇灌真善美的营养,从而使其获得提升。通过播种这一比喻我们可以想想,在教育中发生了什么?教师的任务并不在于传授什么特定的知识,而是把种子播种在合宜的土壤里等待其发芽、生长、成熟,这也表明,教师也并不拥有真正的知识,而只是拥有"知识的碎片"①。

哲学家用三种方式写作文章。第一种只是为了消遣。第二种是真正的写作,是"毕生的消遣"(276d),或用斐德若的话是"高尚的消遣"(276e),讨论正义和德行。第三种是最高尚的写作,"就是找到一个相契合的心灵,运用辩证术来在那心灵中种下文章的种子,这种文章后面有真知识,既可以辩护自己,也可以辩护种植人,不是华

---

① Rowe, C. J., *Plato: Phaedrus*, Wiltshire: Aris & Phillips, 1986, p. 211.

而不实的，而是可以结果传种，在旁的心灵中生出许多文章，生生不息，使原来那种子永垂不朽，也使种子的主人享受到凡人所能享受的最高幸福。"（276e—277a）此处可谓是后半部分的高潮部分。从何为真正修辞术的讨论进到修辞术与灵魂的关系，再到以文章引领灵魂的上升，最后到哲学家在灵魂中种下文章的种子，指明了对文章的最大爱欲乃是一种哲学爱欲。从这段话中我们可以看到以下几点：第一，真正的修辞术是面向一个相契合的灵魂的，真正的文章也是写在这个灵魂中的；第二，运用辩证法可以保护知识，就像保护一颗种子那样，让其茁壮成长，这表明人心中的知识不可是固化的，而是生成的；第三，一颗种子可以产生更多的种子，一个灵魂可以影响更多的灵魂，一篇文章可以催生更多的文章，种子因此而获得不朽；第四，种子的主人可享受凡人的最高幸福，这是对哲学生活的最高奖赏，每一个如此播种的人都将如此。这样我们惊讶地看到，经过漫长的跋涉，我们又来到了前面那条最短的路上了。真正的修辞术借助辩证法在语言中一路攀升，最终将一个普通人带到哲学家的高度，他就可以和哲学家一样从美的形体回忆起美的本体、超越转义走向真理，使自己的灵魂得到滋养，在今生和来世都过上幸福的生活。

　　这篇对话的前后部分之间的有机关联在此终于彻底显现出来。表面上是以文章问题为串联，实际上是以哲学家为连接点；前面讲只有哲学家的灵魂可以借回忆上升，后面讲哲学家可以带领爱文章之人上升；哲学家所站的那个位置是灵魂飞跃的关键点，一个普通人不要妄想求得什么真理；首要的是借助逻各斯成为一个真正的哲学家，然后才有机会享有凡人的最大幸福。当然，在这些过程中，无论是哲学家还是普通人都必须是充满爱欲的，否则就缺少了上升的动力。还有就是无论是在第一阶段还是第二阶段，对绝美境界的仰望都必不可少，美的本体是灵魂羽翼得以滋养的源泉，真理追求是一个爱美者、爱智慧者的生命本质。

　　此后，苏格拉底为了便于斐德若把握他的整体思路，这也是柏拉图为了让我们这些走得慢的读者跟上他的步伐，把后半部分的内容又总结了一遍（277b-278b）。斐德若似乎是跟上了，他说，"我愿馨香祷祝我能成为这样一个人"（278b），成为那种最高尚文章的热爱者和传播者。

苏格拉底既然改造了修辞术，也就改造了所有类型的文章。无论是莱什阿斯这样的修辞家，还是荷马这样的诗人，或者是梭伦这样的立法者，他们都不应该去写作"逼真"的文章，而应该"根据真理的知识"（278c）去写作。如果这三类人都能够这样，他们就配得上"爱智者"或"哲人"这样的名号。但实际上这三类人往往只是文章的写手，也只能被称为"诗人，文章作者，或是法规作者"（278e）。

苏格拉底还请斐德若把这段话告诉一个人，伊索克拉底。这位历史上著名的修辞家也有自己的学校，而且一直与柏拉图进行辩论[①]，他的修辞运用一种"伪哲学"的形式。[②] 苏格拉底在结尾处似乎是在赞扬他，其实充满着反讽意味。伊索克拉底是那种貌似有、实际上缺乏真理追求的人，他的修辞术有哲学的形式却只是以此进行说服而不是推动心灵的提升，修辞手法虽比同时代人高明，但仍然华而不实，不能播下希望的种子。所以苏格拉底说"还要受一种更神明的感发，引到更高尚更神明的境界"（279a），没有神性之感发，没有真理之追求，再高明的文章作者也无法享有至高的福分。

分手的时候到了，斐德若说此刻"大热已退了"（279b），爱欲冲动暂告一段落，斐德若的心里也经用逻各斯种下了希望的种子，但是这种子的萌发和成长仍需要照料，照料者当然是斐德若自己。苏格拉底最后向潘神和其他神灵的祷告可以理解为[③]，要在爱欲的迷狂中

---

① See Nicholson, Graeme, *Plato's Phaedrus: The Philosophy of Love*, West Lafayette: Purdue University Press, 1999, p. 50.

② McAdon, Brad, "Plato's Denunciation of Rhetoric in the 'Phaedrus'", *Rhetoric Review*, Vol. 23, No. 1, January 2004.

③ 关于这里的神灵问题，可参见［奥］哥特弗里德《〈斐德若〉中的潘神和蝉》，董赟译，见张文涛选编《神话诗人柏拉图》，董赟、胥瑾等译，华夏出版社2010年版，第174—175页。"在有关潘神的传统神话里，下午是这位山羊神打盹的时候；打扰了潘神午休，人就会遭殃。""潘神的神话告诉我们在下午要休息，不要交谈；但在蝉的神话里，柏拉图却把潘神的故事做了颠倒：苏格拉底的结论是我们应该交谈，不该休息。"

保持清醒,既要如前面所讲的保持灵魂内部的和谐,也要保持灵魂与身体的内外和谐,从而使自己过上一种正义的生活,这就是对灵魂最好的照料。在整篇对话中,爱欲—修辞—智慧、身体—灵魂—神、影像—知识—真理的联结,构成了意见之路向真理之路的跨越,转义也在哲学的视野中获得了合法性,这也预示着转义今后的命运:既为哲学所用,又因偏离真理而遭打压。

第三节 柏拉图"哲学修辞"中的转义

一直以来人们都认为柏拉图是一个哲人,他的对话当然就是哲学文本。但这种看法越来越遭到质疑,因为哲学即使是柏拉图写作的第一要务,也不能遮掩其对话更为丰富的指向。由于戏剧在古希腊极为发达,柏拉图的对话也许就是按戏剧形式创作的;同时也有理由认为他虽然在遇到苏格拉底以后将自己的诗作付之一炬,但他作为诗人的情怀却得到了保留。这一方面的详细研究已有很多,如戈登认为柏拉图既是哲人也是诗人和戏剧人,"他作品对白中的戏剧和诗的成分,绝不仅仅是一种'形式',而是在本质上与他的哲学任务相连"[1]。布朗德尔指出柏拉图对话更多得益于古希腊戏剧,包括悲剧和阿里斯托芬喜剧,"柏拉图所有的作品都有一个共同点:具有'戏剧'形式"[2]。艾德尔斯坦说:"每个读过柏拉图著作的人,即使是粗心读者,也一定会注意到一个事实,那就是这位在逻辑论辩上非常敏锐的大师,同时也是一位讲述神话的行家。"[3]

---

[1] [美]戈登:《作为诗人和戏剧人的柏拉图》,黄莎译,参见[美]戈登等《戏剧诗人柏拉图》,张文涛选编,刘麒麟、黄莎等译,华东师范大学出版社2007年版,第33页。

[2] [法]布朗德尔:《戏剧与对话:柏拉图对话的戏剧形式及其解读问题》,张文涛译,参见[美]戈登等《戏剧诗人柏拉图》,张文涛选编,刘麒麟、黄莎等译,华东师范大学出版社2007年版,第71页。

[3] [美]艾德尔斯坦:《神话在柏拉图哲学中的作用》,刘晓萍译,参见张文涛选编《神话诗人柏拉图》,董赟、胥瑾等译,华夏出版社2010年版,第45页。

这就表明，哲学性和文学性是柏拉图对话的两大基本特征。当然这一表述是从今天的术语系统进行的，"文学性"问题在柏拉图对话中具体呈现为戏剧性（包括诗性）和修辞性。在柏拉图眼里这二者是紧密相关的，甚至在很多时候是可以等同的，作诗和戏剧必须注重用言辞吸引观众、打动观众并说服观众，这和智术师和演说家所从事的话语活动基本一致。在《高尔吉亚》502c 处，他将诗的特征直接归为一种修辞。如我们在《斐德若篇》中所见，他在对话中用修辞连接哲学和戏剧，前者关乎极少数追求智慧的人，后者关乎城邦中占大多数的普通民众，修辞既可以在城邦中制造快乐，也可以引导合适的灵魂"仰望星空"。如果从抽象的"理式"理解柏拉图哲学，那么修辞几无益处；但如果从城邦政治、从"我们应该如何共同生活"的角度来理解柏拉图哲学，那么修辞乃是哲学题中应有之义，而对转义的运用则是其哲学修辞的主要内容。

首先，从文本形式上看，柏拉图在对话中运用了大量转义。最常见的是隐喻和反讽，在每篇对话中都大量存在，前者我们在《斐德若篇》中已经见到：蝉、半兽人、巨人等，还有《理想国》中著名的洞穴喻、太阳喻、线段喻，以及《会饮》中的阶梯喻、雕像喻、毒蛇喻，等等；后者则如在《苏格拉底的申辩》中一样成为很多对话的内在组成部分。此外对话中的苏格拉底每每要剖析一个抽象概念如正义、勇敢、节制，总是要以打比方的形式进行，将抽象的概念形象化。柏拉图尤其擅长使用寓言或神话讲故事，如《政治家》中的宇宙反转寓言、《斐德若篇》中的灵魂不朽寓言、《高尔吉亚》中的灵魂审判神话、《理想国》中的灵魂转世神话，等等。当然，柏拉图对这些转义的运用和智术师与演说家不同，不仅仅考虑到话语形象和说服力，也关注话语指向。格里斯沃尔德用"一种新型的修辞"来称呼柏拉图对话，这种修辞就是柏拉图独特的"哲学修辞"：

> 柏拉图非凡的哲学修辞整合了诗的元素。最明显的是，他的对话性戏剧，具有若干与多数悲剧和喜剧相同的形式特征（例

如，运用作者性反讽，情节、场景的重要性，单个人物角色，以及剧中人物之间相互作用）。没有一个叫"柏拉图"的人物在他的文本中说了半个字。他的作品也讲述了许多神话故事，作品中那些形象的语言、比喻、寓言以及借用的音律和节奏，闪亮而耀眼。①

但是如果我们就此得出结论：柏拉图是非常重视修辞学的，甚至说他也可以称得上是位修辞家，就显得太仓促了。毋宁说，哲人柏拉图同时也是位诗人，这只不过是印证了尼采的观点：一切词语从来都是转义，但还不能上升到有意识地在转义修辞中进行话语实践或哲学思考的层面。

转义在柏拉图对话中的重要性在于它是具有灵魂和肉体的人追求真理的必由之路，这是由人的有限性与理式的无限性之矛盾所致，也是由于灵魂的运动性和理式的永恒性之矛盾所致。首先对灵魂的理解只能在转义中进行，在《斐德若篇》中，苏格拉底将"自动性"作为人或神灵魂的本质和定义（245b-e），但问题在于作为人的苏格拉底如何能知晓本质，尤其是神灵魂的本质。有学者指出他是从人的角度出发所作出的理解，不是"本质"问题而是偏向于"定义"问题。苏格拉底要在"叙述性的形式"和"相似性的形式"之间处理自己的言说。② 他说："至于灵魂的性质，要详说起来，话就很长，而且要有神人的本领，较简易的而且是人力所能做到的是说一说灵魂的形似。"③ 这已经暗中指出此篇对话后半部分的修辞问题，并向我们暗示，人能够知道的、能够言说的，无非就是这样一些转义，神话、隐

---

① [美]格里斯沃尔德：《柏拉图论诗和修辞》，张文涛译，参见[美]戈登等《戏剧诗人柏拉图》，张文涛选编，刘麒麟、黄莎等译，华东师范大学出版社2007年版，第523页。

② Griswold, Charles L., *Self-Knowledge in Plato's Phaedrus*, New Haven: Yale University Press, 1986, p. 92.

③ [古希腊]柏拉图：《斐德若篇》，参见《柏拉图文艺对话集》，朱光潜译，人民文学出版社1963年版，第120页。

喻以及各种形象的描述都是这样的逻各斯，关键在于如何从转义走向真理、从修辞走向哲学。

其次，在如何接近真理的问题上，如前文对《斐德若篇》所分析的，柏拉图业已表明，只有通过真理的"形似"或转义不断摆脱尘世的困扰和记忆的迷雾，并始终保持对智慧的爱欲冲动，然后借助言辞的力量逐渐上升，才能走上一条真理之路。至于最终是否能接近真理倒不一定是柏拉图最为关心的，因为柏拉图戏剧最重要的意图是带领合适的灵魂进行提升。柏拉图同样暗示了，只有灵魂可以上天追随神的队列并去观照真善美的本体，而当灵魂与肉体结合这种飞升完全成为一种比喻（因为此时的灵魂只能与真理的转义即"仿影"打交道），"正义，智慧以及灵魂所珍视的一切在它们的尘世仿影中都黯然无光，只有极少数人借昏暗的工具，费极大的麻烦，才能从仿影中见出原来真相"①。这"极少数人"就是像苏格拉底那样只关注自己灵魂的人。因此对于常人来说，现实世界到处都是转义，而对于极少数的哲人来说，必须善待这些转义，因为其中包含的微弱希望将点燃真理之光。转义和真理的这一层关系长期以来被人们忽视，这是将柏拉图思想抽象化和教条化的结果，如果回到"真理追求"而不是"真理本身"的思路上，转义就成了智慧和真理形影不离的伙伴。

再次，语言问题。修辞和辩证法是通往真理的主要途径，在柏拉图那里最理想的状态是修辞和辩证法的合一。辩证法通过语言提供向上飞升的力量，而修辞则使语言始终保持着一种吸引力，二者结合才能带领人从洞穴中上升。就像柏拉图借助寓言或神话来描述理式，哲人只能用转义展示真理的形似，而凡人也只能借语言实现灵魂提升。哲学必须和语言打交道，必须用修辞性的表述来言说所有真理性的存在，从这种转义的角度来讲，"一切语言都是修辞的"这种尼采式的命题毫不过分。通过前文对柏拉图对话的分析可以发现，语言可以指

---

① ［古希腊］柏拉图：《斐德若篇》，参见《柏拉图文艺对话集》，朱光潜译，人民文学出版社1963年版，第126页。

示我们之外的那个永恒世界，却无法准确言说其本质，因此，"根据苏格拉底的存在概念，有关事物最终本质的谈论都不可能是字面上的，最好的情况下也必定具有隐喻性"①。真理、语言、转义三者构成了复杂的同位关系，柏拉图以来的形而上学只将其一作为智慧的化身。20世纪以来的选择是逐渐突出转义，特别是在如今的读图时代或新媒体时代，人们更是在主动制造并消费"仿影"，这会不会是另一个极端？真理追求在这种情况下是否还有意义？

最后，转义修辞必须是美的。一方面，对话中的苏格拉底将"美"作为智术师或演说家们的首要外在追求，如在《伊翁》一开场苏格拉底就称赞诵诗人总是把自己打扮得"漂漂亮亮"②，但是在接下来的对话中他一直回避作诗与诵诗之"美"，而是不断对其"真"或"好"的方面进行提问，原因就在于修辞具有美的外观已经是一种共识。修辞所特有的形象塑造正是我们要讨论的转义修辞，转义修辞之美来自于其形象性、明晰性、陌生化或惊奇感。另一方面，从柏拉图的哲学修辞来看，伴随灵魂上升所发生的转义也必然是美的。真理不直接显露，而是以转义的形式出现在爱与美的"阶梯"的第一级，在《会饮》中苏格拉底指出这条上升之路的起点是对一个"美的身体"的爱欲，并"在这身体上生育美好的言论"③，然后经历美的操持（按：又译为行为）和制度、美的知识，最终到达美的本体。美的身体是灵魂上升的起点，美的言辞（美好的言论、美的制度、美的知识）是灵魂马车举翼高飞的过程，而美的本体是灵魂的最终归宿。在尘世中，美的事物（包括言辞）唤起灵魂对天上生活的回忆，

---

① ［美］辛奈柯：《古老的纷争：〈王制〉卷十中苏格拉底对诗的批评》，罗晓颖译，参见［美］戈登等《戏剧诗人柏拉图》，张文涛选编，刘麒麟、黄莎等译，华东师范大学出版社2007年版，第538页。

② ［古希腊］柏拉图：《伊翁》533d以下，王双洪译疏，华东师范大学出版社2008年版，第36页。

③ ［古希腊］柏拉图等：《柏拉图的〈会饮〉》，刘小枫等译，华夏出版社2003年版，第90页。

同样，美的事物又激起灵魂的再次回归，这表明真理追求同对美的爱欲是不可分离的。我们在分析《斐德若篇》时已经论证过这种美的言辞在作为真理的"仿影"的意义上乃是转义，此处我们只需要再次强调：爱智者的灵魂在"美"的转义修辞中朝向"美的本体"或真理，这是我们从柏拉图的哲学修辞中发现的重要启示。

当然，这一结论有意回避了以下问题：当修辞被单独使用，即不以真理为指向时，其强大的说服能力就会造成欺骗或迷惑（《斐德若篇》262a-b），或为了某种目的而向观众谄媚（《高尔吉亚》464c-e），最可怕之处则在于智术师用修辞将人束缚在意见和无知的囚笼中（《理想国》第七卷）。没有必要把这些看成是柏拉图的虚构，为了修辞而修辞的确是常事，但是更经常发生的情况是：第一，我们并不为了什么而修辞，甚至不会意识到自己在修辞；第二，为了某个美好且善好的目的而修辞。转义的发生总有一定的方向性，柏拉图所要校正的也正是这种方向性，因而将"真正"的修辞学看作是运用逻各斯和训练培植灵魂的信念和美德的学问。也就是说，修辞作为一种语言使用的技巧，它本身具有一种审美力量——这被柏拉图从负面表述为欺骗和迷惑人的力量，以转义的方式对现实和真理的表达始终是偏离或蒙蔽，这和他的"理式说"和"模仿说"是一致的。他所警惕的其实是人们对修辞的败坏，即将美与真和善相分离，这就构成了他对修辞学批判的基础。通过上述分析可以看出，他一方面通过批判另一方面通过重建，来规划一种属于哲学的修辞学，以实现真、善、美的统一。

第三章

转义修辞话语形象论

修辞格（rhetoric devices）是修辞之美最直观的体现，它以创造感性形象的方式增强话语表达的效果。通常，我们是以相似性程度来衡量修辞格中所展现出来的形象美，也就是从本义出发，以转义对本义描述的贴切程度、生动程度来评价修辞格之美。同时修辞格中的本义与转义关系往往被看成是语词层面的修饰、描述、替代等关系。本章将指出，修辞格中所发生的是话语层面的修辞现象：本义与转义分别是两套不同的话语体系，它们之间既是共同作用、相互影响的关系，也是相互对立和斗争的关系，因而修辞格的审美效果就是通过两种话语形象的对比而产生的。将本义和转义看作两套不同的话语体系还意味着，本义往往不是转义之源，一方面转义不可能还原为本义，另一方面转义与本义在同一个陈述句中出现经常是随意的，只不过这种任意性已经得到修辞论证而具有合理的形式，因而转义对于本义具有一种超越性，这就是审美超越性。

第一节 修辞格概述

在西方修辞学传统中，修辞格一般分为两类，一类是转义（trope），指比喻、夸张、拟人等这样的修辞手法；另一类是辞格（figure），指用艺术的表达形式代替一般表达形式，如重复、省略、倒装等。转义一词最早就是指比喻这样的修辞格，所以在古典修辞学著作中转义经常被用来指修辞格。但是后来又逐渐被用来特指意义发生了变化的那个词，它和辞格又有了一定的区别，这种区别可以通过

图 3-1①来说明。

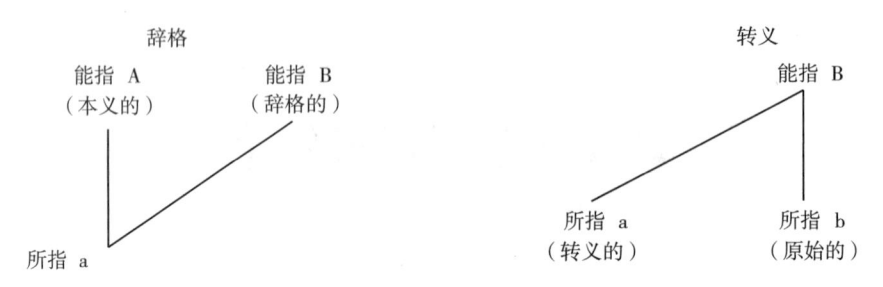

```
         辞格                          转义
能指 A        能指 B                      能指 B
（本义的）    （辞格的）                  ╱    ╲
   ╲        ╱                        ╱      ╲
    ╲      ╱                        ╱        ╲
     所指 a                      所指 a      所指 b
                                （转义的）  （原始的）
```

图 3-1　转义与辞格的区别

也就是说辞格中同时出现的是两个不同的能指，它们对应同一个所指；转义则是以一个能指包含了两个所指。我们可以从图 3-1 发现，单从意义指向上来说，所指 a 和能指 B 发生了关系，转义和辞格之间存在着交叉关系。首先，从转义来看，"转义可以有两种用法：为了填补语言的空白（误用法）或者替代已经存在的直接表达法；这后一种情况才产生辞格"②。其次，辞格也分为两类：一类是那种已经制度化、规则化了的表达方式，这种表达显然丧失了审美属性变得模式化而不引起注意，在这种意义上，一切表达都是辞格；另一类是指对规范用法偏离的表达方式，这一类可以看成是"创造性转义"。以"火焰"比喻"爱情"为例，直说爱情是本义表达，以火焰描述爱情则是辞格表达；火焰有原始义，但用来指爱情则为转义表达。所以很显然，当火焰与爱情发生关系之际，辞格表达即为转义表达。本书所讨论的主要是"转义"，但也会涉及"辞格"，取二者交集而不做严格区分。为了方便起见，我们统一把本义的或原始的表达称为"本义表达"，而把辞格的或转义的表达称为"转义表达"，辞格和转义合称为修辞格。修辞格，无论是辞格还是转义都具有双重意义指向，即它本来所能够表达的和它转换之后所表达的，时而虚拟时

---

①　此图参见［法］茨维坦·托多罗夫《象征理论》，王国卿译，商务印书馆 2004 年版，第 135 页。

②　同上。

而实在。

一 修辞格的广义与狭义

在本章中，我们从话语形象的角度来探讨人们如何积极地运用语言艺术进行表达，也就是从一般所谓修辞格的角度来分析转义的意义指向问题，以及这种意义指向的审美意义。前面提到过，"转义"最初的意思是"转动"，后用以指像比喻这样改变词语的原始意义而赋予其新含义。在拉丁文中"辞格"最初的意思是"形式"，既可以指身体的姿态和外貌，也可以指话语的形象。身体总是要在一定的形象中展现，言语也一样，一旦被表达出来就必然具有形象性。昆体利安曾经从这个角度谈及辞格，他认为："辞格就是赋予思想的某种形式，就像身体按适当的方式具有不同的姿态一样。"[1] 并且说："这样说就意味着所有的言语都有它的辞格……所以，从原来最广泛的意义上来说，没有非辞格的言语。"[2] 杜马塞进一步认为，辞格用作本义时指身体的外形，每一个身体都与众不同，都有其特殊的形象和外形，话语中的辞格表达方式也是这样，任何言语都是辞格表达法。[3] 另外，博泽、孔狄亚克等人也谈到了这种广义的定义。

表面上看，在转义问题上似乎不存在这样的情况，因为一个人说话或写作可以完全只使用词语的原始义。亚里士多德就曾指出："用普通词组成的言语最明晰，但却显得平淡无奇。"[4] 这也就没有什么可以过多指责的。在言语活动中，人们还是很容易辨认隐喻、换喻、拟人、夸张等这样的修辞手法的。但是在另外一种意义上，转义同样是无处不在的。洛克认为，词语所标记的只是说话者心中的观念，并

---

[1] Quintilian, M. F., *Instituio Oratoria*, Butler, H. E. (trans.), Cambridge: Harvard University Press 1920, p. 353.

[2] Ibid., p. 355.

[3] [法] 杜马塞：《论转义》，参见 [法] 茨维坦·托多罗夫《象征理论》，王国卿译，商务印书馆 2004 年版，第 121 页。

[4] [古希腊] 亚里士多德：《诗学》，陈中梅译，商务印书馆 1996 年版，第 156 页。

且只能直接标记这些观念，这导致的结果是我们每次使用一个词语时都是转义意义上的使用，都在无形中为词语附加了、改变了或缩减了意义。洛克说："每个人所说的话都代表他的观念，并且确实就是他们所要表达的观念。因为一个小孩只注意到所谓黄金的闪亮的黄色，而没有注意到别的什么，所以只用'黄金'一词来表示他知道的那个颜色，并由此把孔雀尾巴上的黄色也称为'黄金'。另一个人在仔细观察后，又在黄色上增加了一种重量，于是他所说的'黄金'一词，表示带有黄色和重量的物质的复杂观念。另一个人又会加上可熔性特征，因而'黄金'一词对他来说就是指一种明亮的、黄色的、可熔的并且很重的物体。另一个也可能再加上可伸展性。"① 虽然洛克认为词语所代表的抽象观念的本质是不生不灭的，但词语的实际使用却必然都是转义的。维特根斯坦明确指出"语言的意义即使用"②，在实际言语活动中意义始终是生成变化的，并不存在一个固定不变的"本义"。尼采更是强调，一切词语本身从来就都是转义，语词所传达的只能是人的"意见"，而不是对客观事物的"认识"。③

对修辞格这样的广义理解，有着重要的认识论意义，从中产生了对抗"真理认识论"的"修辞认识论"，这一问题我们后面将重点探讨。而在语词运用的意义上，这种广义的理解对修辞学来说却是相当不利的。当修辞学进入书面语，并与实践渐渐疏远以后，修辞学成为和逻辑、语法并列的纯粹技艺，话语形象自然就成了人们关注的对象，而修辞学研究也就被修辞格研究所替代。这种泛化体现了修辞学对现实的无能为力，进而局限于话语中自我膨胀，并因此认为所有话语都是平等的。我们可以认为，"白发三千丈"和"白头发很长"两种表达都体现了不同的话语风格，有着不同的话语形象，但是从审美角度来看，两种表达是有高低之分的。前一种表达法是修辞格中的

---

① ［英］洛克：《人类理解论》，关文运译，商务印书馆1959年版，第387页。
② Wittgenstein, L., *Philosophical Investigations*, Oxford: B. Blackwell, 1986, p. 20.
③ ［德］弗里德里希·尼采：《古修辞学描述》（外一种），屠友祥译，上海人民出版社2001年版，第20页。

"夸张"，它不仅指向现实中的话语形象，更重要的是激起读者想象中的审美形象；而后一种作为日常表达法，其形象性只具理论上的价值，在实际言说中，人们更注重的是其表达的内容。前者是"活的"修辞格，后者是丧失了审美属性而成为正常表达的"死的"修辞格（如果坚持广义理解的话）。

利科指出，将修辞学局限于转义理论（theory of tropes），斩断了修辞学与哲学的关系，这是"修辞学之死"的一个重要原因。[①] 在确立转义的认识论意义之前，有必要首先清理修辞格意义上的转义。为了更好地从语言运用的艺术角度考察话语形象问题，就有必要暂时摒弃这种广义的定义。虽然昆体利安和杜马塞等人认为只要有表达就会产生辞格，但另一方面又承认辞格是"修饰"或"偏离"，是一种有别于日常表达的说话方式。亚里士多德在谈到隐喻时，曾指出这种表达能使风格带上"异乡情调"，可以体现出"演说的语言的美"。[②] 所以修辞格的使用是出于审美的考虑，它是为了增加话语的感染力和影响力而在话语中所进行的变形。即使承认一切话语都有形象，但是与这种美的形象相比，那里只有"死的"修辞格，它也许曾经是有审美价值的，或者以后将具有审美价值，但是在当下话语中，其形象性是不能吸引人的。比如，"天是蓝的"这句话曾经的确是一个转义表达，因为"蓝"本来是一种植物，人们在最初是通过一个隐喻将天空和植物联系起来，就像我们今天说"蒙古包像云一样洁白"，具有鲜明的形象性。但我们现在已经体会不到这种形象性了，所以说"天是蓝的"充其量只能算"死的"修辞格。相反，具有美的形象，能激起审美感受的修辞格我们可以称为"活的"修辞格。广义的定义虽过于极端，但是却暗示了修辞格的相对性：任何"美的形象"都有可能会随时间的消逝而褪色。

[①] Ricoeur, P., "Between Rhetoric and Poetics", in Rorty, A. O.(ed.), *Essays on Aristotle's Rhetoric*, California: University of California Press, 1996, p. 324.

[②] ［古希腊］亚里士多德：《修辞学》，罗念生译，生活·读书·新知三联书店1991年版，第152页。

从审美角度出发，可以将修辞格理解为通过转义表达来制造审美效果的语言表达法，与这种转义表达相对应的普通表达法，我们称为本义表达。在话语活动中，转义表达审美效果的产生又要以本义表达为基础，它们的同时出现增强了话语的形象性，审美效果就在同与不同的张力中凸显。两种表达之间能指层面或所指层面的联系至关重要，这包括相似性同时也包括相异性。亚里士多德认为，要编出好的隐喻，首先就要能够看出事物之间的相似性。这不仅决定了修辞格的产生，也决定了修辞格的优劣，在构造隐喻时，"一个字总是比另一个字更适用，更和事物相近似，更能使事物活现在我们的眼前"[1]。但最相似的肯定是本义表达，转义表达的"相似"本身就包含着"差异"，如果用一般表达法，虽然准确地描绘了事物，但不能吸引人的注意，事物形象也就无法被人感知或认识。而转义表达则让事物对于观察他的人来说"活了"："相似"使得意义指向事物，"差异"则使得意义指向人，人不去注意事物，事物相对于他来说就是"死的"。这就是修辞格的重要意义，一个成功的修辞格要能使话语产生美的效果，不仅要求转义表达具有美的形象，还要求转义表达与本义表达之间距离的把握，在一般与奇异之间、相似与不似之间做出权衡。

但是，修辞格中的对比关系所依靠的相似性并不一定就是真正的相似性，而可能只是因为本义和转义在话语中同时出现才虚构了一种相似性（这将在第三节中论述）。不过，对比是必要的，它直接导致了修辞格审美效果的产生。[2]

二 修辞格审美效果的产生

修辞格既然是通过对比而在语言使用中产生审美效果的，那么就

---

[1] ［古希腊］亚里士多德：《修辞学》，罗念生译，生活·读书·新知三联书店1991年版，第154页。

[2] 正是由于转义与本义之间的对比，以及由此导致的二者意义上的相互影响，我们才有可能使修辞格理论摆脱语词层面的静态研究，不把意义的交织简单地看成语词对等性的替换，而是看作两种话语的相互作用和相互斗争，这样辞格的审美效果也就超越了纯粹的形式技巧，而体现在动态的转义行为中。

可以区分出转义表达和本义表达。本义表达就是指词语通常的日常用法或不加修饰的一般表达，它是转义表达的基础。它可能是一个词，也可能是完整的一句话。朱自清在《温州的踪迹·绿》中写道：

（1）岩上有许多棱角；瀑流经过时，作急剧的撞击，便飞花碎玉般乱溅着了。那溅着的水花，晶莹而多芒；远望去，像一朵朵小小的白梅，微雨似的纷纷落着。

从用词上看，这里同时出现了本义表达的词语和转义表达的词语。在一系列的比喻中，"瀑流""水花"是作为本义用法出现的，它们只是日常表达中普通的词语，而紧随其后的就是转义用法的词语。似乎可以这样认为：本义用法体现出来的是物理事物或认知内容，而转义用法体现出来的则是审美形象。由此便得出结论，将修辞格中审美效果的产生完全归结于转义的形象性。况且在本义用法不出现的修辞格表达中，我们同样会被审美力量所吸引。比如李清照《如梦令》中的一句：

（2）知否？知否？应是绿肥红瘦。

这句诗中，"绿"和"红"分别指海棠叶和海棠花，这是"借代"辞格，西方修辞学中称为"提喻"。其中，本义用法的"海棠叶"和"海棠花"并不出现，人们是从词语的转义中获得审美体验的。

我们在审美理解中，往往不是从词语的角度进行感知，而是从整个表达出发直接由转义来确立审美形象。比如鲁迅在《秋夜》中的一段描写：

（3）我记得有一种开过极细小的粉红花，现在还开着，但是更极细小了，她在冷的夜气中，瑟缩地做梦，梦见春的到来，梦见秋的到来，梦见瘦的诗人将眼泪擦在她最末的花瓣上，告诉她秋虽然来，冬虽然来，而此后接着还是春，蝴蝶乱飞，蜜蜂都唱起春词来了。

这里用的是"排比""拟人"等修辞格，即使我们能从这一段话中还原出本义用法的词，那也是徒劳的，因为不同的人对这里的描写有着不同的审美体验，从而无法确立一个公认的本义。这种情况经常出现在文学作品的修辞格中，由于对转义的理解有无限可能，本义在具体的审美活动中也就永远是不确定的。

虽然转义在审美体验中有着明显的优势，但是审美效果的产生却不是由转义表达单方面决定的，毋宁说，修辞格中存在的双重对比提高了语言的形象性，增强了话语的表达效果。在第一个例子中，"飞花""碎玉""白梅""微雨"只是普通的表达，这一段话的美并不在于这几个词或这几种事物的美，而是存在于以下的对比中：从认知上讲，是不同事物的对比；从审美上讲，是具有差异性的不同形象的并置和对照。这两方面是同时存在的，差异性的存在和对比的需要使人们更注重形象，更多的是进行审美观照，但认知上的距离也突出了事物的形象。比如第二个例子中，用叶和花的颜色来替代其本身，从审美角度感受独特的转义效果的同时，在对两个不同概念把握的过程中，产生了熟悉与陌生混杂的惊奇。熟悉的是事物及其属性的联系，陌生的是从属性认识事物所带来的新发现。所以，在修辞格中所形成的审美体验是与两种事物认知上的对比分不开的。

另一方面，修辞格审美效果的产生，还和转义表达与其一般用法的对比有关。也就是"飞花""碎玉""白梅""微雨"这些词语现在作为转义表达，已经不同于它们在"花""玉""梅""雨"这些事物上的使用了，它们现在和流水联系在一起已经似是而非了，但正是这种似是而非使修辞格具有了审美内涵。所以，这另一层面上的本义—转义对比，也参与了修辞格审美效果的形成。比如第三个例子中，粉红花"瑟缩地做梦"，这里的"做梦"显然不同于人的"做梦"，而两者的联系和差异性在话语中产生了美的形象。

第二节 转义和本义在修辞格中的美学意义

修辞格中所发生的这种转义表达与本义表达的双重对比最终会进一步超越语义层面或词语层面，而进入话语层面，形成当下的审美表达与其背后的普通表达的对比。这种普通表达又往往被看成是"中心"或"零度"，它们一直以语义上的优先性压抑了修辞格的转义在审美上的优先性。

一 转义的不可替代性

由于修辞在话语形象上的巨大吸引力，人们往往对语词层面的美感投入了过多的关注，从而将话语形式与其内容分割开来。从技巧上来看，修辞确实是对话语进行修饰和美化的最好手段，但是这种技巧却逐渐被独立出来，并试图扩张到修辞学的整个领域，这就是修辞格的泛化。古希腊修辞学的黄金时代结束以后，面临民主制度向君主制度的转变，修辞学因此逐渐退缩：工具性的隐喻转向修饰性的隐喻，人们关心的不再是话语是否有效，因为修辞学的话语权力已经被剥夺；而是关心言辞是否优美，是否能让人赏心悦目，修辞的实践追求渐渐隐匿。修辞学不再是为达成某一目标而进行话语表演的能力，它的理想转向追求话语的内在质量。于是"修饰"成为修辞学建筑的核心。

从修辞学构成上看，西塞罗曾将修辞学分成五部分：第一是演说家应该对演说主题进行构思；第二是他不仅需要对收集到的材料进行安排和布置，而且还需要对它们进行衡量和判断；第三是得用词语对它们进行修饰和美化；第四是记忆；第五是庄重而悦人的演讲。在西塞罗之前，这五部分同等重要，并且共同作用于一个目标：话语的说服力。① 尼采认为这是出自西塞罗晚年时的作品，而在《论演说家》中西塞罗把完美纯熟的演说家限定在表达风格这一方面。② 托多罗夫也引述了西塞罗《论演说家》中的有关文字，以说明修辞学向修辞格的转向："我们应该塑造出完美的演说家和高级演说术的典型。只有通过这唯一的途径，即风格，这种典型才能名符其实地形成，对其他的东西则应不予置理。因为大家并没有用'发明者（来自 inventio）''组织者（来自 dispositio）'或'行动者（来自 actio）'来称呼这些集诸功能于一身的人，而是在希腊文里用'演说家'，在拉丁文里用'雄辩者'来称呼他们，这两个名称都来自'表达'一词。确实，从演说家这词所包含的种种内容来看，上述几个方面都同它有关；但是，言语的最大威力，即表达，却是演说家所特有的。"③ 在以后的漫长时间里，修辞格创造优美话语的作用已经不可否认了，以至于有时人们将修辞格的功能简单地归于愉悦，即美化语言并通过美化使人获得形象上的享受。修辞表达已经不能行使它的"说服"功能了，已经失去了对意义的指涉，被分离出来的形式（形象）成了修辞学关注的主要对象，"修饰"则成了修辞学的主要功能。从这一方面来看，修辞学似乎转向了它的美学目标：艺术地说或写，因而创造出优美的话语。

　　古希腊修辞学的兴盛在于说什么和怎么说二者之间的协调，这就意味着语言的布局和安排并不是自我中心的，而是要在具体的话语实践活动中展现其说服力。最起码亚里士多德的隐喻并未成为风格论的全部，而风格也远不能掩盖演说者的品格和情感在说服听众方面的重

---

① 实际上这种划分并不是起始于西塞罗，在亚里士多德那里没有发表和记忆两部分，但隐约可见发表，即人格魅力和对听众情感的影响，而发表或表演是口头修辞实践题中的应有之义。

② ［德］弗里德里希·尼采：《古修辞学描述》（外一种），屠友祥译，上海人民出版社 2001 年版，第 13 页。

③ 转引自［法］茨维坦·托多罗夫《象征理论》，王国卿译，商务印书馆 2004 年版，第 67 页。原文见［古罗马］西塞罗《论演说家》第 19 章。

要性，或者说风格就处于这种重要性之中。修辞学一旦失去"说什么"这一极，柏拉图式的批判就会再度让人们警惕修辞学在道德上的冒犯。"修饰"于是被扩大化，正式成为转义——对话语中心的偏离，不仅是形式上的偏离，更是道德上的偏离。这就走向了对修辞格的限制和质疑，也成为对修辞学本身及一切修辞现象的指责。

在西塞罗之后，修辞学的目标同文学的目标不谋而合，修辞不再是一种手段，而是成了形式。修辞学的研究对象是无用无效的言语，但是它是违心的，因为说什么和怎么说这一对立无法被抛开。修辞格在话语形式上是修饰，但是人们开始追问这种形式与内容的关系，进而以本义为参照，将修辞格看成是"偏离"。也就是说，修辞格是附属于本义的，他们一方面将修辞归入语言的诗性功能，将修辞格的作用简化为对语言的美化，而另一方面又贬低这种美化——"修饰过的话语就像举止轻浮、涂脂抹粉的女人"[①]。

这样，我们就看到了修辞格中存在的两股依存而又斗争着的力量。在《诗学》中亚里士多德指出，使用隐喻词在内的奇异词，"可使言语显得华丽并摆脱生活用语的一般化"[②]，在另一处他又说，"隐喻字最能使风格显得明晰，令人喜爱，并且使风格带上异乡情调"[③]。修辞格用得好，就会为语言增添美感，而使用的限度则是"合适"。虽然亚里士多德对本义和转义的对立并不感兴趣，但可以说，这里已经初步涉及了修辞格在审美活动中的两极，即一方面要产生美的效果，另一方面又要准确地表达意义，也就是这里所说的明晰。昆体利安也有类似的表述，话语应该清晰和优美：清晰是指语词能使我们理解要说的事物，优美则是指语词要能引起我们的赞赏。这就是本义表达法和隐喻义表达法的区别，"清晰主要要求使用语词的本义，优美

---

① [法] 茨维坦·托多罗夫：《象征理论》，王国卿译，商务印书馆2004年版，第76页。
② [古希腊] 亚里士多德：《诗学》，陈中梅译，商务印书馆1996年版，第156页。
③ [古希腊] 亚里士多德：《修辞学》，罗念生译，生活·读书·新知三联书店1991年版，第152页。

则要求使用它们的移用义，这种讲法是完全正确的"①。由此，可以看到修辞格转义行为中的张力，即向心力和离心力的张力。向心力是指修辞格服务于它所修饰的中心，强调它是对某事物、某意义的偏离表达；离心力指话语审美的自为性，强调的是话语形式对本义的超越。

将修辞格看作偏离，就是强调向心力的作用，这使修辞格的审美价值无法逃离道德的评判，因为语言表达形式以转义超越本义的威胁始终存在。亚里士多德曾经指出："紫色适合于年轻人穿，至于什么颜色适合于老年人穿，就得斟酌斟酌，因为同一种颜色的衣服并不适合于这两种人穿。"② 合适的度在哪里终究是难以把握的。在词语的变化合适的时候，人们虽也能感受到偏离，但从中能见出词与物、语言与思想的统一。一旦偏离过分地陶醉在话语形式的游戏中，修辞格就会受到道德上的谴责。这源于修辞学的重心在偏向修辞格后原初根本功能的隐退：形式—内容这一组关系代替了原来的手段—目的的关系，说服不再是修辞格一心效力的目标，说服力也不再是话语修辞的本质属性。修辞只是加在"内容"上的外包装，它被看作人身体上的饰物或服装。西塞罗说："就如装束自然妥帖的女人，这种确切的风格不加修饰就招人喜欢；在这两种情况里所做的事就是既要富有魅力，又要不让人察觉。这样便要避免珠宝这类招眼的饰物，甚至连烫发钳都不必使用；至于脂粉之类，则应全部排除：只留下高雅和清晰。"③ 这虽然还是对于上面亚里士多德所说的如何保持合适而言，但已经显露出对使用美化了的语言的警惕。这完全是由形式的观点来看待修辞所致，"当说服不再在意论证时，劝诱或取悦的欲望就会挤走

---

① Quintilian, M. F., *Instituio Oratoria*, Butler, H. E. (trans.), Cambridge: Harvard University Press, 1920, p. 219.

② ［古希腊］亚里士多德：《修辞学》，罗念生译，生活·读书·新知三联书店1991年版，第152页。

③ 转引自［法］茨维坦·托多罗夫《象征理论》，王国卿译，商务印书馆2004年版，第76页。

它。风格本身就不再是外形意义上的形象,而是语词的'美容术'意义上的装饰品"①。修辞格的偏离效果沦为女性化的装扮:珠宝、脂粉、美容术……性别上的区分加入人们对修辞审美和道德上的评判。

语言形式又会进一步影响它的内容。昆体利安认为:"有些演说家的花哨外露的用词就是如此:他们把这些语词所包含的思想女性化了。"② 将优美同女性相联系,将修辞的审美功能看作女人的事,一直到康德那里还清晰可见。洛克也将修辞学看作"美女",正因为那种巨大的诱惑力,他才对以修辞格为中心的修辞进行坚决的抵制。人们深深感到,修辞格转义的偏离力量可能会动摇真理的根基,因而对于话语中心的时刻牵挂,使人们一再对语词的审美化表达全力围捕。"修辞学是有用的",亚里士多德在初创修辞学时的这句谨慎的言辞,成了修辞学两千年里难以离弃的影子,即使在说服已不再是话语修辞的主要目的、形象化的转义表达跃居修辞前台之际,人们仍要在现实之真与话语之美之间寻找一一对应的结合点,超越一旦发生,攻击便开始了。

一方面,这种对修辞格的批判的确有利于纠正人们在使用语言时的华而不实;但另一方面,修辞在书面语中,特别是在文学作品中是非常重要的,它并不是单纯的语词游戏。对转义的限制进一步表明,转义具有难以驾驭的倾向性,它不会与中心保持一致,这样转义才具有着独特的审美力量,并因此保障了修辞格生动的形象性。如果所有的言说都使用本义表达以防止对事物和思想的歪曲,那么唯一有效的就只能是一般性或概念化的语言了。所以转义在话语中是必不可少的,人们使用语言不只是为了实用目的,特别是在修辞性的表述中,愉悦人、感动人经常是至为重要的,没有这样的审美效果,人们对语

---

① [法]保罗·利科:《活的隐喻》,汪堂家译,上海译文出版社 2004 年版,第 41 页。

② Quintilian, M. F., *Instituio Oratoria*, Butler, H. E. (trans.), Cambridge: Harvard University Press, 1920, p.189.

言表达的很多内容很可能就是"听而不闻"。而且,修辞格的转义主要体现的是审美价值,其产生虽然和本义有一定联系,但它本身是不需要也不可能还原成本义的。

即使在比喻中本义表达和转义表达同时出现,也不能认为这二者是对等的,它们之间不具有可替代的关系。鲁迅《在现代中国的孔夫子》一文中写道:

> 在三四十年以前,凡有企图获得权势的人,就是希望做官的人,都是读"四书"和"五经",做"八股",别一些人就将这些书籍和文章,统名之为"敲门砖"。这就是说,文官考试一及第,这些东西也就同时被忘却,恰如敲门时所用的砖头一样,门一开,这砖头也就被抛掉了。

书籍和文章是这一比喻的本义表达,敲门砖则是转义表达。毫无疑问,这一比喻肯定造成了意义上的偏离,书籍、文章与敲门砖之间存在着很大的差别,但这比喻又是很巧妙的,它突出了书籍和文章的功利性。首先,这一偏离并不是对意义的遮蔽,反而是准确而形象地表达出了书籍和文章在特定时刻的特殊用途。"书籍和文章"以及真正的"敲门砖"这些词语作为本义和求取功名没有必然的联系,它们只是在和转义的对比中才激活了这样的意义。所以这里的偏离不仅不是对本义的篡夺,恰恰是对整个话语意义的彰显,这是任何本义表达所无法替代的。转义中所体现出来的不只是纯粹的审美形式,它是以审美的形式对事物重新认识,这样一来,修辞格的偏离就从审美和认知两个方面获得了合法地位。

不过,偏离的合法地位的确定并不就意味着割断了转义表达与本义表达的联系,辞格的审美效果只有在转义与本义的对比中才能体现出来。为了对这种效果进行衡量,人们试图确立偏离的基础,这就是修辞格的"零度"。

二 本义的虚拟性

零度，顾名思义，就是指没有任何修辞性表述的语言，其字面意义与所要表达的意思是完全相等的。零度的测量首先是为了语义上的便利，而不是出于审美的考虑，但是却从反面暗示出本义在修辞格美学价值中的意义。

首先是"绝对零度"，它标示着词语与思想的完全契合，并且一点修饰也没有。无论从词语的起源上说，还是从词与物的关系上说，这都是很难实现的，任何语词在特定的语境下都具有不同的含义，语词在使用时不仅取决于语义内容，还要受到情感等因素的影响。那么是不是可以把零度看作话语表达的前状态呢？这种零度被称为"潜在的语言"，即诗人所想到的东西，相对于诗人写出来的"现实的语言"，话语修辞的张力就存在于潜在语言与现实语言之间的断裂中。这种潜在语言是不可见的，但可以通过修辞表达"翻译"出来，于是这种间距就是可以度量的：现实语言可以通过将形象化表达翻译为非形象化表达的另一种思想来重新确认。因而热奈特又将潜在语言等同于"简单的普通表达式的语言"①。诗人所想到的东西肯定不是"简单的普通表达式的东西"，这完全是两种不同的零度，一个是处于混沌之中的思想，一个是清晰可辨的语言表达式。在虚与实之间，零度概念发生了跳跃性的转移，从因变成了果。

我们可以把"相对的零度"赋予类似最简单表达法的"语言的惯用法"，科恩用这种零度来指接近中性的语言。这种语言不太具有形象性，没有明显的风格特征，最接近的莫过于科学的语言以及绝对的散文的语言等。这种意义上的零度我们还可以列出"写作的零度""叙事的零度"等，这些语言表述中是肯定存在间距的，但被认为是最小的间距。这种看似客观的零度并不意味着在话语修辞实践中零度

---

① Genette, G., *Figures of Literary Discourse*, New York: Columbia University Press, 1982, p. 47.

和修辞格之间的距离是容易测量的，因为相对的零度要考虑到修辞格运用时表达者与接受者的交流。接受者必须能够意识到他面对的是偏离了的形象化表达，而表达者则要预见接受者是否能见出话语中的偏离。于是相对零度可能轻易地从惯用法转向特定交往情境中主体间的约定，因而这是一种非常不稳固的甚至是稍纵即逝的零度。这样，零度又从客观的变为主观的。

比利时语言学小组"μ学派"指出，给零度语言下一个能为大家所接受的定义很难，他们只是给出了一个直观定义，认为"零度语言"是指"朴素"的、没有任何做作的、没有任何暗含意义的语言运用，比如，"猫指的就是猫"，"猫是猫科动物的一种"。在这种语言中，就无所谓修辞格的存在了。他们区分了两种零度：绝对零度和实际零度。绝对零度是科学语言力求达到的一种理想状态，是其中只包含基本意素的话语，如果基本意素被削减，就会损害话语的意义；实际零度是其中包含了基本意素和降低至最低程度的边缘意素的话语。《普通修辞学》的作者因而将实际零度看作是建构的，修辞格因而可以分为两个部分，即不可改变的义素和经受了修辞学偏离的部分。[①] 这种零度是永远可以还原的，所以基本义素仍然只是修辞格表达的结果，在面对不同的语境或不同的读者时都是不同的。这在审美活动中尤其突出，比如在这样一句诗中：

春蚕到死丝方尽，蜡炬成灰泪始干。

这里使用的修辞格是拟人，按照"μ学派"的理论，如果我们现在要确定一个零度，来考察这种表达究竟是如何在偏离中产生审美效果的，更有效的办法不是去找一个表达式，而是确定基本义素。从字面意义来看，这个义素可以是"燃烧"和"消失"；但如果读者是从

---

① Dubois, J., *A General Rhetoric*, Burrell, P. and Slotkin, E. (trans.), Baltimore: The Johns Hopkins University Press, 1981, pp. 30–31.

审美角度来体会这句诗，那么基本义素就要重新建构，可以是"奉献"和"死亡"，也可以是"坚毅"或者是"忠贞"，等等。这些义素分别对应于不同的审美体验，在审美活动中永远都不会固定下来。

尽管有如此多的困难，但对零度的追寻仍给我们带来了一定的启发意义。话语中不存在绝对的零度或原义，以上所谈论的相对零度或实际零度不具备时间上的起源价值。本义是由于对比的需要而随时建构起来的，并因此参与了整个修辞格的美学构成，但其存在只具有虚拟的性质，它表明一种对立，标示着一个意义转化的可能性位置，而其本身在话语中没有实际的存在。

这种虚拟性既导致了本义的可变性、不稳定性，也为审美活动中转义行为的发生提供了便利，这可以从修辞接受上看到。一方面就像前面所说的，修辞格表达可以被归结为特定的义素，而这种零度是因人而异的，所以就会在本义与转义不同张力中产生了各不相同的审美体验；由此会产生第二方面，即以前的审美感受可能在当下语境中被视为本义，读者在审美活动中会有意无意地将自己的理解与这种本义相对照，并因而形成了自己独特的体会。这两个方面相同之处是，在接受过程中修辞格的本义并不要真的还原出来，它以自己的虚拟性支持着转义的形象性和多样性。比如《诗经》中《关雎》一诗用了比兴的修辞手法，自古以来人们对其内容众说纷纭，其美学意韵却历久弥新，而它一直没有，也根本不需要一个固定的本义，一种理解总会在新的审美阅读中被推翻。正是这样才防止人们对这首诗的审美体验向认知过程转化，也就是说本义的虚拟性有效地阻断了语言的符号化。这也进一步说明，本义在审美活动中没有超越转义的权威，它的流动性和易碎性为新的审美体验开辟了道路。

第三节　修辞格中转义对本义的超越

转义的审美超越性不仅体现在它的不可替代性和不可还原性上，即修辞格中本义没有权力限制转义在审美上的优先性；而且，本义也不能被看作是转义的源头，转义是人们对感性世界最直观的体验。一种事物或形象被随意地同另一种事物或形象联系起来，不是相似性，更不是同一性将辞格的转义和本义维系起来，而是差异性使转义不至于被本义湮没，保障了修辞格在话语形象上的独特性。

一 隐喻与强喻

对于修辞格中心的关注，不只是出于度量转义的便利。偏离所带来的美学价值不能是一种道德意义上的谋反——一个在理性掌握下的统一性的世界中，修辞如果不能被限制在纯粹的技巧上，它在话语中的权力就要被剥夺，所以对中心的强调更主要源于对话语同一性的追求。转义在何种程度上对本义施加了压力，以及转义与本义的突然相遇在何种程度上改变了意义所安逸地栖居的家园，这些在话语中暗中发生的修辞事件长期被漠视。即使转义的发散不仅是文学性的表演，也是日常话语生命力的展现，它却时刻被提醒返回无生命的本源，那个可能只是空无的本源。从另一方面看，转义的发生机制被归结为相似性，"实际上，相似性首先是借用的动因"①，它是在名称的转移中发挥作用的指代的基础，这主要是指以隐喻为中心的修辞格系统。世界的普遍联系为修辞格的使用创造了秩序，相似性不仅为对混沌世界的系统把握开辟了道路，而且以美学的光芒在话语中照亮了世界的每个角落。但是，当这些担负着组织事物秩序的相似性被深入揭示后，修辞格理论强调的中心和偏离的对立也就不再稳固了。

在《诗学》和《修辞学》中，亚里士多德就开始从偏离和借用的角度出发来描述隐喻。从偏离的角度看，一方面隐喻是"不同于普通用语的词"，另一方面这种对日常用法的偏离又可以使表达"显得华丽并摆脱生活用语的一般化"。②从借代的角度看，隐喻是"用一

---

① [法] 保罗·利科：《活的隐喻》，汪堂家译，上海译文出版社2004年版，第239页。

② [古希腊] 亚里士多德：《诗学》，陈中梅译，商务印书馆1996年版，第156页。

个表示某物的词借喻它物",这包括"以属喻种、以种喻属、以种喻种和彼此类推"。① 本义（日常用法）和转义（偏离用法）的联系似乎已经被看成是隐喻这一修辞格发挥审美作用的重要基础，无论是在《修辞学》中将隐喻作为说服的话语手段，还是在《诗学》中以隐喻引起观众对行动的注意和反思，隐喻都以一种类似"陌生化"的方法建立起本义和转义的独特联系，从而在语言甚至思想中构建了世界的新秩序。但是我们没有理由就认为亚里士多德怂恿本义和转义的对立，更没有理由认为他对偏离和借用施以道德上的指责——恰恰相反，在他看来修辞和诗对语言的使用是指向"善"的目的的。②

在特定情况下，转义超出了上述偏离和借用的限制，在一种更为开放的语境中建立和本义的联系。这表现在除了偏离和借用之外隐喻的第三种概念，即"替代"中。对此，利科认为："替代概念导致了最为严重的后果。如果隐喻项实际上是被替代项，隐喻所提供的信息就是零，因为不出场的项（如果存在的话）可以得到恢复。如果信息是零，隐喻就只有修饰的价值。"③ 比如"撒播神造的光芒"这句诗中，"放光之于太阳的关系和撒播之于种子的关系是相似的"，但太阳的撒没有一个专门的称呼，"撒播"的隐喻功能即在于填补语义空白，本义未出场但由转义使之恢复。这从反面揭示了隐喻不仅仅具有语义价值和审美价值，它还具有一种思想上的价值，即对世界秩序的重新描述和规划。这一个例子也引起了戴维斯的兴趣，在《哲学之诗》中他指出这种类推隐喻"向我们展示了不是非得限制在单个词之代换/偏移另一个词"，类推隐喻"使人有可能创造出从未经历过的新的存在"。④ 这正是隐喻的巨大魅力，如果把两个毫不相干的概

---

① ［古希腊］亚里士多德：《诗学》，陈中梅译，商务印书馆1996年版，第149页。
② "修辞术是有用的"以及悲剧的净化和怜悯作用都是"善"的体现。
③ ［法］保罗·利科：《活的隐喻》，汪堂家译，上海译文出版社2004年版，第21页。
④ ［美］戴维斯：《哲学之诗——亚里士多德〈诗学〉解诂》，陈明珠译，华夏出版社2012年版，第164—165页。

念放置在合适的语境中，就有可能产生隐喻关系，这似乎正是印证了亚里士多德所谓隐喻所带来的"异乡情调"，这就很自然地导致了语境主义的推论：所有的词都要在一定的语境中被理解，都要与其他词产生复杂的联系，因此没有词的用法是平常的或本义的，所有的语词都是隐喻的。这样一来，再讨论隐喻中本义和转义的关系显得就不合时宜了，因为一切语词都是转义。

这样的结论显然是一种"时代错误"，无论是从尼采的修辞观念还是瑞恰兹的语境理论来看待亚里士多德的隐喻观，都忽视了当时人们并不去严格区分本义和转义这一对立的情况。如果借助于亚里士多德自己的论述来分析，那么就可以看出隐喻中转义和本义之间是一种协调关系，而非对立关系。在《诗学》中，他指出"用普通词组成的言语最明晰，但却显得平淡无奇"，相反如果完全使用不同于普通用语的"奇异词"，"他写出的不是谜语，便是粗劣难民的歪诗"，所以有必要混合使用这两种词。① 但是，普通词和奇异词又不是自明的，接下来亚里士多德所举的例子，"都意在指出奇特词和平常词的相对性：它们根据对方来相互定义"②。因此本义和转义在隐喻中完全是相对的和变动的。埃斯库罗斯在《菲洛克忒特斯》中写了一句诗——"这毒疮吃我腿上的肉"，欧里庇得斯则以"享用"（thoinatai）代替了"吃"（esthiei），亚里士多德说前者平淡无奇而后者显得优雅。戴维斯指出，"吃"（esthiei）和"享用"（thoinatai）都是隐喻的，亚里士多德举这个例子就很奇怪，"也许可以通过平常的和习惯的反复结对来进行解释"③。"吃"（esthiei）是已经习惯了的用法，是那种"废弃隐喻"（dead metaphors），但必须以此为前提，"享用"（thoinatai）才能作为"活的隐喻"（vivid metaphor）而产生诗意，因此本义和转义并没有严格的界限。

---

① [古希腊]亚里士多德：《诗学》，陈中梅译，商务印书馆1996年版，第156页。
② [美]戴维斯：《哲学之诗——亚里士多德〈诗学〉解诂》，陈明珠译，华夏出版社2012年版，第176页。
③ 同上书，第175页。

这样，我们从隐喻理论的源头来看，本义中心论是不存在的，隐喻的作用机制和《诗学》与《修辞学》的核心内容是统一的。就《诗学》的"模仿"概念来说，也是让一种行动接近另一种行动，从而给行动中的人带来了新的"意义"；就《修辞学》中的"说服方式"而言，同样是两种话语形象的结合。这其中一个重要的疑惑是：似乎根本不存在本义中心论，反而明显有一种转义中心论的倾向，即模仿和说服的结果是以他者"异化"自我、以转义覆盖了本义。这也是隐喻本身的问题，如果新词更具有审美吸引力，那么本义词就会被有意抛弃。显然在亚里士多德那个时代这不能成为一个问题，他在《诗学》中同时还强调悲剧中的"突转"和"发现"，在《修辞学》中强调"修辞式推论"的作用，这都表明人必须以自己的理性与世界打交道，处理好命运与机遇、他人与自我、意义与行动的关系。这就像在隐喻当中要把握好转义和本义的距离，以天才的眼光发现事物间的相似性。本义或转义任何一方都不是单纯的中心。

那么，本章前面所说的本义中心论是从什么时候开始的呢？利科指出虽然不能指责亚里士多德设置了本义和转义的对立，但亚里士多德的隐喻理论的确"暗示"或"预示"了隐喻的修饰功能以及本义中心论。[①] 这是指将其隐喻理论中的偏离、借用和替代问题扩大化，后人正是此基础上误读亚里士多德的。托多罗夫认为本义中心论是从西塞罗时代开始的，"遣字造句（即形象、修饰）就起越来越大的作用，因为必须通过这一步才能最好地实现新的目标：艺术地说（或写），创造出优美的话语"[②]。这时修辞学从演说进入了文学，隐喻渐渐成了对思想内容的装饰，以真理之名对其进行道德上的限制也就理所当然了。当瑞恰兹在20世纪要重新恢复隐喻的名誉时，他所面对的就是这样一种历史境况。他说，纵观整个修辞史，隐喻都被当成语

---

① 参见［法］保罗·利科《活的隐喻》，汪堂家译，上海译文出版社2004年版，第62—63页。

② ［法］茨维坦·托多罗夫：《象征理论》，王国卿译，商务印书馆2004年版，第67页。

词使用的伎俩，它是"语言中优雅的、装饰性的或补充性的力量，而非本质形式"①。这正是由亚里士多德所开启、经西塞罗和昆体利安发展而来的隐喻偏离论和替代论所致。瑞恰兹认为传统修辞学在语词层面谈论隐喻，并从相似性出发来论证隐喻的合理性，这使隐喻无法脱离本义中心论。他进而指出"思想乃是隐喻性的"②，语言的隐喻性源于思想的隐喻性，也就是说转义才是思想和语言的常态，这就意味着非得依靠相似性才能创造和发现隐喻。隐喻是所喻（tenor）和能喻（vehicle）两种观念之间的"相互作用"（interaction）。"当我们使用一个隐喻时，使两种不同事物的思想共同起作用，并且这两种思想由一个单独的词或短语所支撑，隐喻的意义就是这两种思想相互作用的结果。"③这种相互作用远远不止相似性这么简单，瑞恰兹认为能喻给所喻带来的更多的是相异性。这与传统隐喻理论是大相径庭的，相似性的强调有利于维持固有秩序，有利于控制具有审美价值却有道德问题的转义；突出相异性大于相似性是和强调思想的隐喻性相一致的，这使得能喻相对于所喻具有了时间上的优越性，即后来者居上、新的优于旧的，而在传统修辞学中本义相对于转义则有着逻辑上的优越性，即先在者居上、老的优于新的。

瑞恰兹对传统隐喻理论的改造是以能喻和所喻之间的相异性取代转义和本义之间的相似性，并以两种思想的相互作用理论取代两个语词之间的偏离和替代理论，这还是隐喻吗？也许有一种更好的称呼来命名这样的修辞格，这就是福柯所谓的"强喻"，强喻这一修辞格揭示的则是"相似性"的虚构问题。

从亚里士多德开始，相似性一直是隐喻得以成立的基础，相似性不仅确保了本义和转义之间可被控制的距离，同时又通过这样的距离为世界规划秩序。在西方文化史上，隐喻不只是语词层面的装饰，实

---

① Richards, I. A., *The Philosophy of Rhetoric*, New York: Oxford University Press, 1965, p. 90.

② Ibid., p. 94.

③ Ibid., p. 93.

际上它已经深入到知识内部，在认识层面上发挥着至关重要的作用，这就是通过相似性建立世界表象的审美式联结和重构。福柯指出："正是相似性才主要地引导着文本的注解与阐释；正是相似性才组织着符号的运作，使人类知晓许多可见和不可见的事物，并引导着表象事物的艺术。"[1] 直到16世纪相似性都在建构着西方文化知识体系，福柯又将相似性总结为四种主要形式：适合、仿效、类推和交感，世界由此被编织成一个知识的网络。人们并不是任意确立相似性的，而是通过"记号"来打造世界的链条，"没有记号，就没有相似性"[2]，红枣能够补血、核桃能够补脑，必须得有某个标记使人能够揭示不可见的秘密。亚里士多德认为确认相似性是一种天赋，需要一定的智力，但他没有言明这种发现或创造的作用机制是什么。在福柯看来，这一机制就是通过可见形象去揭示事物的不可见形式，这就像通过象征和奇迹去感受上帝的恩泽，于是万事万物在光的照耀下进入人的世界。这样，在隐喻的世界里本义和转义的联结不再是单纯的智力创造，更不是偶然事件，而是成了对世界本有秩序的探索和展示，相似性最终以理性的方式规划了人们对世界的审美认识，并且有效地阻止了转义在制造偏离和替代过程中的自我陶醉。

在词与物的连接未被打断的时候，相似性充分参与了世界统一秩序的建构，隐喻也因之而成为知识体系话语形象生产方面的核心修辞格。但是从18世纪开始，福柯认为西方文化发生了第一次"认识型"的巨大断裂，即知识的建构不再遵循相似性原则，而是按照同一与差异原则，这导致了词与物的分离，理性主义的宏大设计取代了充满隐喻的诗性思维结构。

福柯认为，相似性如果不是从事物表象上去发现，而是要在命题、表达、指明和衍生的语言网络中"分析"出来，那么这就会导致更为理

---

[1] [法] 米歇尔·福柯：《词与物——人文科学考古学》，莫伟民译，上海三联书店2001年版，第23页。

[2] 同上书，第36页。

性的世界秩序规划。语言将空间中所观察到的各种各样的表象分散为片断，在理性分析的基础上从某个内在要素上、某个邻近点上、某个类似的形象上，排列出一个线性序列。比如命题是对名词之间归属关系的描述，现在不需要一种标记，只需要按照一定理据将两个名词放置在固定的位置上，万事万物就再一次在光的照耀下进入人的世界。当然这次不只是对表象的观看，更多的是一种倾听："命题展现了修辞学使之被人所见的那个辞格，并使之能被人听见。"① 这样新的等级制度在语言中被建立起来，崇拜中心和记号的起源神话最终被语言的理性分析网络取代。"当西方话语把合适的名词赋予给每个被表象的物，并在整个表象领域上布置精心制作的语言网络时，它就是科学——命名法和分类学。"② 在这种情况下，隐喻中的转义和本义关系完全成为可以测量的，转义成为一个语法问题而不是修辞学问题，它可以通过语义分析被还原、控制甚至被预测。福柯因此指出，18世纪语言领域的理性主义是修辞学的灾难，修辞学被缩小为修辞格研究，而语法研究又接管了修辞格的研究，转义成为语法问题，隐喻也似乎渐渐消失了。

当相似性被置于由同一性和差异性编织的理性的语言之网中，发生了神奇的翻转，即原来是从事物的标记出发去确立相似性，现在则是相反——从已知的相似性出发去网罗更多的事物，世界的联系更为紧密，秩序也更为理性，但却变得不那么诗性。隐喻曾是人们面对世界的主要方式，现在这种方式在更强的光亮中退场。

然而有一个修辞格在语言之网的理性规划中似乎成了漏网之鱼，这就是强喻（法语 catachrèse，英语 catachresis，又译为词语误用）。尼采在谈到强喻时说："强喻毋需采用转义，惟在此时，它方被视为转义。"③ 尼采举的例子是西塞罗用穿靴戴帽的演说表示长，用微琐

---

① ［法］米歇尔·福柯：《词与物——人文科学考古学》，莫伟民译，上海三联书店 2001 年版，第 157 页。
② 同上书，第 164 页。
③ ［德］弗里德里希·尼采：《古修辞学描述》（外一种），屠友祥译，上海人民出版社 2001 年版，第 53 页。

的心灵表示小。尼采对强喻的描述似乎很奇怪，但并不难理解。在隐喻传统中，强喻被当作语言使用的缺陷或某种无能为力对待，它是将表达两种观念的符号强行并置的结果，因为这里面并没有发生意义的偏离、借用或替代，所以尼采说强喻不需要采用转义。而两种观念并置的结果却又能表达一种原来并不存在的新观念，像山腰、桌脚、扶手，这样的称呼显然又是转义。在传统修辞学中，这些称呼的产生不是利用事物之间的相似性，而是源于某些观念表达符号的缺乏，用巴特的话说，这是"把受喻物的空白（blanc）照原样呈现出来（restitue）"①。到了 20 世纪，瑞恰兹用"喻底"（ground）来解释这些强喻产生的机制，有重新定义"相似性"的意图，这也从另一个角度证明这里没有"相似性"。19 世纪法国语文学家封塔尼埃曾认为，这些强喻虽然存在着"原则上的转义性"，但是新表达更接近于"第二根源的本义"，"纯粹引申性的比喻由于产生了第二级本义而仅仅表示（或仅仅试图表示）独一无二的观念，并且它'以赤裸裸的毫无掩饰的方式'表示这种观念"②。强喻是本义与本义间的强行对接，与隐喻相比这是缺乏诗性和理据的。没有相似性的关联，强喻可以天马行空，这与隐喻是完全不同的。但也正因为这种消极意义，强喻才没有在强大的隐喻传统中被收编，而是游离在修辞格的边缘。

　　表面上看来词语的匮乏伴随着创造力方面的无能为力，但实际上二者是矛盾的，语言的匮乏恰恰能刺激人类的创造力。问题只在于，这种创造力的源泉究竟是相似性还是其他的什么，在语词大量产生的最初时代里，人类要从混沌中建立秩序，有多少词是靠人与世界的相似性创造，又有多少词仅仅是靠感性直觉、机缘巧合或者其他而产生，这已经无法区分。福柯指出，即便不去思考起点，仍然无法分别在人类历史的长河中产生的大量语词里，哪一种是相似引起的，哪一

---

① ［法］罗兰·巴特：《S/Z》，屠友祥译，上海人民出版社 2000 年版，第 103 页。
② ［法］保罗·利科：《活的隐喻》，汪堂家译，上海译文出版社 2004 年版，第 84 页。

种是牵强附会的修辞。船最初是被帆所指明的,而"灵魂"则一开始就获得了蛾的比喻。[①] 福柯在《词与物》《知识考古学》《古典时代疯狂史》等一系列作品中业已论证:相似性本身在很大程度上是话语建构的结果,也是一种修辞,词语本身既可以是隐喻的,也可以是强喻的。正如"疯子"既可以指精神病人,也可以指穷人和小偷,因为后者和前者的"相似性"在于无法过正常的生活,因此"疯子"作为隐喻在理论层面得到某种相似性的确证,而在实践层面则按照那种相似性被落实——被当作疯子关在地牢里的除了精神病人,还有大量穷人、小偷、妓女以及各种罪犯或道德败坏者。但当我们把相似性看成一种虚构或意识形态性的建构,那么"疯子"这一概念发挥的乃是强喻的功能,人们把两种事物并置的理由是多么随意、多么荒唐,但其结果又是难以抗拒的。消除相似性的影响,使隐喻观念转向强喻观念,在一定程度上破解了话语的秘密,冲破了神学的束缚和理性的罗网,世界秩序将被重新理解。

用强喻观念取代隐喻观念以揭示相似性的虚构,这只是问题的一方面,更重要的方面则在于,如果一切语言都是隐喻,而一切隐喻都是强喻,那么词与物、语言与世界、概念与对象等之间的牢固根基可能就此被掘起了。福柯的研究表明,就算语言系统在表意上完全自足,但转义的发生以及概念的随意并置仍然相当广泛,这是语言自身活力的表现,语词不会因为被理解、被使用而固定下来,而是处于不断创新的过程中。创新是否被接受,这里也许涉及的只是相似性的度的问题,修辞格是语言的形象化表达,人们往往会将新的形象与固有的认知内容相比较,以确认新表达的合法性。当认知内容被侵犯的时候,对修辞的抵抗就发生了。因此洛克曾将强喻作为语言的错误使用而进行批判,他认为转义的不加限制和相似性的随意建构使语言使用呈现出混乱状态:"原子学者虽然给运动下定义说,'它是由一地到

---

① [法]米歇尔·福柯:《词与物——人文科学考古学》,莫伟民译,上海三联书店2001年版,第156—157页。

另一地的经过',可是他们所做的,不是只以一个同义字来代替另一个字吗?因为经过不就是运动么?我们如果再问他说,经过是什么,则他们不是仍得以'运动'来定义它么?因为我们如果可以说,运动是由此处到彼处的一个经过,则我们亦照样可以说,经过是由此处到彼处的一种运动,两个定义是一样不适当,一样无意义的。"① 但很显然,我们不就是一直在这样运用语言吗?不断用定义来修饰定义,用转义来表达转义,用精确的眼光来看待语词的理解,那么一切语言都无法逃离误用的命运,强喻就根本不是语言的无能或错误,其实就是语言真相的揭示。如德曼所言:"普通语言的随意使用,就像儿童一样要通过狂野的比喻方式来实现,这种方式足以嘲弄最专制的学术团体。我们无法定义或限制区分由一个实体名称到另一个实体名称的界限;转义不只是漫游者,更是走私者,而且是盗窃物品的走私者。"② 强喻导致语词或概念之间的转移和连通,在这一过程中所发生的转义是不可控制和难以预料的,它既是一种破坏性的力量,使语言强行摧毁了事物的边界,同时这又是一种建设性的力量,使本来遥不可及的事物通过人为的相似性而被聚拢,在碰撞中闪耀着美丽的火花。因而通过强喻,通过虚构的相似性,人们以转义的方式与世界相处融洽,这是创造世界的冲动,也是一种强大的审美冲动。

因此,强喻对事物秩序的建构并不是缺乏相似性机制,很可能是一种拟人化的表达或暂时的直觉,缺乏的是逻辑性的论证或理性的依据。在尼采看来,这恰恰是词语产生之初的情况:把人的感觉移之于物,以情感性的或偶然的声音命名之。词语的误用在当下的时刻很可能是一种活生生的转义,体现意义产生之时最为清晰的情境,这种审美冲动稍纵即逝,只在词语中留下些许痕迹,这就是呈现为转义。不

---

① [英] 洛克:《人类理解论》,关文运译,商务印书馆1959年版,第405页。

② De Man, Paul, *Aesthetic Ideology*, Minneapolis: University of Minnesota Press, 1996, p. 39.

仅像桌脚、山腰这些词语是一种转义，所有"活的隐喻"都是强喻，其中都发生着拟人化的过程，只是这种过程越是清晰，就越是用稳定性的修辞格如隐喻来称呼。语言的网络并没有精确到涵盖世界的每个角落，有太多的空白需要以转义的方式去填补，强喻因此就具有了认识论上的便利。桌脚、山腰就是那种拟人化的用词，德曼认为这里面存在一个"鬼怪隐匿的世界"①，这并不能简单地看成是相似性的缺乏而完全为了表达需要强制性地误用词语，而应该看成是"转义之畸变"，即一种突然降临的相似性点亮了两个看起来不相关的事物，在审美的光辉中一个新词诞生了，同时一种新观念也在认识论上明确了。这其中所发生的拟人化的过程，使冷冰冰的存在物变成生动可感的，转义因此制造了新概念，也重新赋予事物以鲜活的生命，拟人化——强喻的一类——"不仅是由隐喻造成的，而且是由换喻与提喻造成的"②。强喻所具有的如此巨大的力量长期以来被隐喻观念的光芒所掩盖，人们只有无法识别相似性的时候仓皇地划定一片区域，用"强喻"这一称呼来避免认识论上的沮丧。当然，这毋宁说是一件好事，强喻因为巨大的离心力而没有进入追求本义和中心的修辞格系统，而是以词语的"误用"的身份游离在修辞格的边缘，修辞学的审美冲动在其中得以保留。

"当然，语言的'滥用'一词本身就是一种转义的名称：强喻（catachresis）"，洛克在描述混合情状的名称时指出，"它能凭借语言固有的定位能力，创造出最具想象力的实体。它们可以分解现实的肌质，然后随心所欲地进行重组，把男人和女人，或者把人类和野兽组合成最不自然性的形体。于是，某种怪异的事物便隐藏于最天真的'强喻'中了"。③ 话语以出人意料的方式在一个陈述句中建构起新的

---

① De Man, Paul, *Aesthetic Ideology*, Minneapolis: University of Minnesota Press, 1996, p. 42.

② [法]保罗·利科：《活的隐喻》，汪堂家译，上海译文出版社2004年版，第81页。

③ De Man, Paul, *Aesthetic Ideology*, Minneapolis: University of Minnesota Press, 1996, pp. 41–42.

形象，通过谓词搭起转义无限散射的话语空间，其作用机制已经远远不是相似性能够概括的。而新的话语形象也已经脱离了中心和本义，无论是语法意义上的"派生"，还是美学意义上的"模仿"，都对于解释强喻的奇特无能为力。强喻更像是一种毫无目的的词语游戏，而这一游戏却又是话语形象生成的必然形式。在20世纪文论思想中，包括尼采、巴特、福柯、德里达和德曼都破除了修辞学的理性之网，以强喻作为基本修辞格，使话语形象更为鲜活，更具审美色彩而更少形而上学味道。尼采认为一切词语都是人的感觉和经验的转移，从来不会完整地表达事物[①]，巴特则从意识形态角度剥离修辞格中的强论证[②]，福柯如前所述既解构了相似性又明确以强喻取代隐喻，德里达更是通过能指的无限延异消除了逻各斯中心主义，德曼则指出整个语言都无法逃避强喻的命运。[③]

这显然是一种有别于隐喻传统的修辞式认识论，修辞格理论一直以相似性为纽带在偏离、修饰、替代等张力原则中尽力维持着本义的中心地位，转义在纵聚合关系中从本义辐射出去，即使起源变得模糊，一种向心力仍在不同程度上发生作用；而处于边缘地位的强喻却暗中掘起了这种修辞格理论的根基，话语中一种缺乏起源的、关系暧昧的两个本义的遭遇打开了能指游戏的空间，相似性的作用被搁置，甚至这种横组合的话语修辞过程也不能在邻近性中寻找根据，它被认为是观念间缺乏理性的、任意性的主观拼凑。不过，我们没有必要从整体上将语言视为强喻的汇合，而是将之视为一个修辞格，一个有别于纵聚合的隐喻系统的横组合的修辞格，在它所开辟的新的认识论模式中，一种独特的审美力量正在跃跃欲试。

---

① ［德］弗里德里希·尼采：《古修辞学描述》（外一种），屠友祥译，上海人民出版社2001年版，第20页。

② 可参见［法］罗兰·巴特的《文之悦》等著述，其中最具实证性的当属《神话修辞术：批评与真实》。

③ 德曼有时用的词是"disfiguration"，中译为转义性非比喻化，也可译为非辞格性转义；封塔尼埃称之为"catachrèse"，即强喻。

二 寓言与象征

寓言①在西方文论史上既是一种文学体裁，又是一个重要的修辞格。寓言在修辞学和文论的历史上地位不断变化，这种变化与象征又有着错综复杂的关系。作为一个修辞格，寓言和强喻一样具有非常开放性和非逻辑性的转义特征，与追求中心和本义的形而上学传统格格不入；而象征逐渐被神学和哲学的光辉所照耀，成为浪漫主义追求自我中心主义的典型修辞方式。寓言和象征的对立，同前面论述的强喻和隐喻的对立一样展现了修辞学的转向：建立在差异性基础上的横组合关系的修辞格系统对追求同一性的纵聚合关系的修辞格系统发起了挑战。

寓言（allegory）和象征（symbol）两个词从词源上看，有着某种共同的意义。寓言一词来自于希腊文"allos"和"agoreuein"，前者的意思是"其他"，后者的意思是"言说"，合在一起指"另外一种言说"。象征一词在希腊文中指"信物"，加达默尔指出象征是"古代的通行证：这就是象征的原始含义。它是人们凭借它把某人当作故旧来相认的东西"②。从词源上可以看出，寓言和象征都存在着能指和所指的分离，都表明所要表达的意义存在于能指或字面义之外，表达的重点在某个外在的隐含义，"某个东西这样地为某个别的东西而存在，这就构成了这两个词的共同性"③。因此长期以来，寓言和象征并没有严格的区别：柏拉图在对话中运用的寓言也就是理式的象征性表达，中世纪对《圣经》进行寓言式的解读也是对象征意义的阐释。黑格尔有时也会把象征和寓言等同，他曾指出："所谓'象征的'或'寓意的'就是指每一件艺术作品和每一个神话后面都有一

---

① 寓言，德语为"allegorie"，法语为"allegoria"，英语为"allegory"，国内译法不统一，或译为讽喻、譬喻、寓意，以下不再说明。

② ［德］汉斯-格奥尔格·加达默尔：《真理与方法》，洪汉鼎译，上海译文出版社2004年版，第93页。

③ 同上。

个普遍性的思想作为基础，因此在进行解释时就要把这种抽象的思想指点出来。"①

不过，寓言最初是借故事叙述来表达生活哲理，和神话一样属于逻各斯领域，通过言说"其他的"东西来使"原来的"东西被理解，无论在智术师还是在柏拉图那里，寓言都是重要的言说方式，到了中世纪基督教更是用寓言阐释法来解经释义。象征却更加强调自身的在场，即在展示自身的同时也意指了某种"其他的"东西，它并不限于逻各斯领域，"在任何情况下，象征的意义都依据于它自身的在场，而且是通过其所展示或表述的东西的立场才获得其再现性功能的"②。寓言类似于庄子"得意忘言"的语言使用方式，而象征有点禅宗"一即一切"的味道。另一方面，寓言有着鲜明的道德教化目的，特别是在中世纪，而象征有着强烈的形而上学特征，这在后来的浪漫主义象征理论中仍然表现突出。寓言与象征的这些差别是建立在一种理性主义视角之上的，从修辞学角度看，这是由本义和转义两极关系引起的。在寓言中，意义的两极没有必然的联系，距离极其遥远，完全可以看成是两个本义之间的偶然结合，只是为了达成某种话语目的而强行使一个本义发生了转向。相反在象征中，象征和所象征之物之间的距离几乎为零，感性的象征自身即包含着理念的所象征之物，这样象征就不会被认为是随意设定的。形而上学的前提为话语形象提供了理性，并且保障了意义的绝对统一性，这样来看，象征作为修辞格，其中发生的只是本义从感性到理念的内在运动，这里的转义只是谢林或黑格尔意义上的那个自我否定的"非我"或"他者"。

从另一个角度看，象征在结构上表现为以某种必然性的方式联结了本义和转义两极，因此又往往被看成是与隐喻相接近的修辞格——

---

① ［德］黑格尔：《美学》（第2卷），朱光潜译，商务印书馆1979年版，第19页。
② ［德］汉斯-格奥尔格·加达默尔：《真理与方法》，洪汉鼎译，上海译文出版社2004年版，第94页。

执着于一种对中心的信仰和追求。有时候象征的结构被看成是提喻的结构。比如谢林认为:"美是对无限的象征复现;因为这样一说,为什么无限会出现于有限之中就变得清楚了……无限怎么被引导到表层,怎么会显示出来的呢?这只是象征地以图像和符号的方式出现的……作诗(这是最广泛意义上的诗,它是一切艺术的基础)不是别的,就是不断地用象征来表示。"① 提喻即用部分来喻指整体,而象征与此相同,这就是谢林所说的用表层的"图像和符号"去"复现"无限的总体。提喻和象征的前提都是转义和本义的统一性,或者准确地说,转义本质上是本义的一部分,美就在转义对本义、有限对无限进行呈现或指称的过程中发生了。柯勒律治认为象征是形式有机的发展产物,在象征的天地里,生命和形式是同一的:"生命何所是,形式亦如是。"② 象征是其所指称的整体的一部分。象征的结构有时又被视为换喻的结构。如在《颜色学》中,歌德说:"因此,可以把这种完全同自然协调的用法称为象征用法,因为颜色是按照它的效果使用的,真实的关系马上就表达出意义。例如我们用紫红来表示威严,毫无疑问,我们找到了正确的表达法……"③ 换喻最常见的表达方式就是因果互换,紫红象征威严也是建立在因果关系上,至于为什么会有这样的因果关系,歌德认为是同"自然协调的",也就是说,自然性保障了象征结构的稳定性和意义的同一性。

因此象征接近隐喻,而寓言则接近强喻。在刚才那段话之后,歌德紧接着就指出了寓言和象征的区别:"同这紧密相连的是另一种用法,可以称它为寓意用法。这种用法更为偶然、更为任意,甚至可以说是约定俗成的,因为首先要把符号的意义告诉我们,然后我们才能

---

① [德] A. W. 施勒格尔:《艺术理论》,转引自 [法] 茨维坦·托多罗夫《象征理论》,王国卿译,商务印书馆 2004 年版,第 253 页。

② De Man, Paul, *Blindness and Insight*: *Essays in the Rhetoric of Contemporary Criticism*, Minneapolis: University of Minnesota Press, 1983, p. 191.

③ [德] 歌德:《颜色学》,转引自 [法] 茨维坦·托多罗夫《象征理论》,王国卿译,商务印书馆 2004 年版,第 257 页。

懂得它意指什么，如有人把绿色说成表示希望就是如此。"① 寓言和强喻在本义和转义的关系上是一致的，即缺乏相似性依据，随意在符号和意义之间建立联系，这在理性主义视野中是不可理喻且不被接受的。但问题在于，歌德所谓的"自然的"（象征）和"任意的"（寓言）之间界限如何确定，用紫红来表示威严和用绿色来表示希望，这二者真的有本质的不同吗？也许这不过是人为造成的对立，前者是经过强论证的修辞话语，是已经固定化了的转义表达；而后者则相对没有那么稳定，是更具诗意或审美意味的转义表达。这也表明，浪漫主义在渴求无限的时候对人的有限性关注不够，甚至将这种有限性排除在正常状态之外——寓言就是最显著的例子。

正是在浪漫主义时代，象征和寓言对立起来，不只是在修辞格的意义上，更多的是在美学意义上的对立。歌德、谢林、洪堡特、克罗伊策等人都一再强调这种对立，他们希望以此突出一种有别于启蒙时代的美学倾向，甚至可以说整个浪漫主义美学都可以浓缩为一个词：象征。托多罗夫在《象征理论》一书中指出："直到1790年，象征这词完全不表示它在浪漫主义时代表示的那种意思：或者它是一系列其他更常用的词语（如寓意、象形文字、密码、标志等）的简单同义词，或者它纯粹指完全任意和抽象的符号（数学符号）。"② 在此前更长的时间里，象征和寓言的区别都不明显，是浪漫主义美学那种以有限连通无限的热情使象征别具一格。象征体现的是诗人在特殊中展现一般、在有限中表达无限的禀赋，而寓言相反则被视为创造能力的匮乏。正因为如此，浪漫主义美学是排斥修辞学的，因为用好象征是天才的表现，不是靠语言技巧所能达到的。天才的创造活动通过灵感的爆发，洞察特殊和一般之间、有限和无限之间的本质联系，并最终使二者合为一体，形成象征。因为象征中转义的消失，以及象征凌驾

---

① ［德］歌德：《颜色学》，转引自［法］茨维坦·托多罗夫《象征理论》，王国卿译，商务印书馆2004年版，第257页。

② ［法］茨维坦·托多罗夫：《象征理论》，王国卿译，商务印书馆2004年版，第254—255页。

于寓言之上导致的语言游戏性的丧失，修辞学开始了全面的价值崩溃。

象征与寓言的对立实际上是美学与修辞学的对立。关于这一点，我们有必要再聆听康德对诗的艺术和雄辩术的区分：诗是从特殊中见出一般，修辞学是为了一般而寻找特殊。康德已经在语言艺术中为二者设定了等级，诗学是比修辞学更自由的艺术。而浪漫主义继续坚持这一区分：歌德说，"诗人究竟是为一般而找特殊，还是在特殊中显出一般，这中间有着很大的差别"。前者产生寓言，后者产生象征，并且象征"才真正是诗的本质，它表现出一种特殊，并不想到或明指到一般"①，他进而将所有的诗都认为是象征的。相反，寓言则体现出"修辞性"的特点，这是因为寓言总是被功利性地使用，它没有自身价值，而是任意地指向一个相异的他者。话语的形象性表达已经不被看作是修辞格的作用，修辞为了"说服"而不顾话语的理性要求，所以它现在被当成只与实用目的相关而与审美价值无关的话语编造。强喻或寓言成了它的标志性修辞格，而以前隐喻是其主要修辞格，但象征理论使隐喻获得了自足性，经过浪漫主义的转化后成为诗学的专利，只给修辞学保留了这些所谓强行构建的生硬的转义，并作为反面教材衬托象征在审美价值中的特殊意义。于是，修辞学制造话语形象的手段就被认为是强喻和寓言。

浪漫主义在美和象征之间画上了等号，并将寓言从美学或艺术领域中排除出去，"象征作为无止境的东西（因为它是不定的可解释的）是绝对地与处于更精确意义关系中并仅限于此种意义关系的譬喻事物相对立的，就像艺术与非艺术的对立一样"②。这一对立类似于康德提出的诗的艺术和修辞学的对立，因为修辞学为了达到目的不惜牺牲话语的诚实和准确，但是这一对立现在被更加极端化了：诗的艺

---

① ［德］歌德：《论形象艺术的对立》，转引自［法］茨维坦·托多罗夫《象征理论》，王国卿译，商务印书馆 2004 年版，第 260 页。

② ［德］汉斯-格奥尔格·加达默尔：《真理与方法》，洪汉鼎译，上海译文出版社 2004 年版，第 96 页。

术就是象征，因而独霸美学；修辞学是以寓言的方式被人们利用，因而是非艺术。在这一对立中，我们或隐或显地能见到康德对美所作出的规定性在与寓言拉开距离的过程中，如何固守着一个特殊的中心，并且由于浪漫主义的天才说美学对启蒙理性的批判，使得美的特殊性在象征中又有了新的发展。

托多罗夫指出，使浪漫主义的象征概念与寓言相对立的范畴包括"产生、不及物性、协调性、综合性、表达不可言喻的东西等"①。从中我们可以看出，第一，象征被认为是从特殊到一般的过程，它先是为自己而存在，具有自身合目的性，只是在第二阶段人们才发现它也意指什么东西；而寓言则有一种外在目的性，它全然是为了传达某种意义，因而寓言是直接指意，象征是间接指意。第二，寓言像强喻一样不是从事物之间的相似性出发，而是依据概念使用的需要，无理据地使观念在不相干的话语中表达出来，只是寓言不具有某种起源意义，它被认为是天才和艺术能力的缺乏。象征与所象征之物是以相似性联结的，因而是有理据的。并且象征不可能从概念出发，它首先体现为感性的特殊性、具体性，接着才发生一个抽象过程，达到某种理念。这是受康德的影响把象征引向总体的和直观的领悟上去的——他在《判断力批判》第59节中将象征性表现看作不是直接地表现某个概念，而是间接地表现概念的，并描述了美对道德的那种既不能隶属又不能并列的关系：美是道德的象征。②象征中包含着从感性向某种理念过渡的可能。第三，象征是不可言传、言之不尽的。象征中的意义是活跃的、生动的，它在具体的感性中无意识地融合了无限的和普遍的东西，因而它永远处于审美意义的生产过程中。而寓言由于其意义的透明性，在它被理解的瞬间其生命就终结了，一种有限性使相异

---

① ［法］茨维坦·托多罗夫：《象征理论》，王国卿译，商务印书馆2004年版，第280页。

② 康德说："人安放在先验概念的基础上的一切的直观，所以或是图式，或是象征，前者直接地，后者间接地包含着概念的诸表现。"参见［德］I.康德《判断力批判》，宗白华译，商务印书馆1964年版，第200页。

的本义与转义无法结合。

从这些对立中我们可以看出，象征具体的感性方面的特殊性，由于对无限性的诉求，它在强调自身存在的同时，也包含了康德所谓的"过渡"的可能，因而我们从转义的意义上仍然可以将象征看成一种修辞格。象征概念在向审美的普遍原则扩展的过程中，也暴露出形式和本质、表现和内容之间的不协调性，"象征不是简单地摈弃理念世界和感性世界之间的对峙关系"，有限物和无限物的"分一为二，再由二合一"正是象征的本来规定性。① 但是谢林以来的美学发展趋势试图通过现象和意义的统一，去维护那种与寓言观念截然相反的审美自主性。因而，浪漫主义的象征概念并不具有本义—转义的对立关系，虽然克罗伊策认为象征中所发生的是和隐喻中一样的替代的过程②，但是这是一种无差别的替代，因而任何时候都不可能用偏离来描述这一转义过程——象征以自我中心主义的姿态将所象征之物完全融合进来，从而产生了某种统一而不可分割的事物。在克罗伊策那里，隐喻成了象征的一个子类，他像谢林一样将隐喻的瞬间性比作"突然照亮黑夜的闪电"，③ 在直观中思想一下子全部闪现出来，感性与理性完美地融合在一起。同传统修辞格理论相同的是，象征也是对某个话语中心的固守，但是现在的中心是相当于转义位置的象征本身而不是所象征之物，因而不可能是本义放射出来的偏离之物。我们起初在象征中可以发现一种相似性，它赋予了象征一种先天的神圣性，但最终相似性被同一性替代，在完全自足性的审美话语里，一切可能性都聚集在此。并且当"瞬间性"体现在象征的审美过程中时，我们更有理由认为这是一个纵向的、共时的聚合关系的修辞格——审美

---

① ［德］汉斯-格奥尔格·加达默尔：《真理与方法》，洪汉鼎译，上海译文出版社2004年版，第101页。

② ［德］瓦尔特·本雅明：《德国悲剧的起源》，陈永国译，文化艺术出版社2001年版，第135页。

③ ［法］茨维坦·托多罗夫：《象征理论》，王国卿译，商务印书馆2004年版，第275页。

意义上而不是狭义修辞意义上的修辞格。

差异性被浪漫主义彻底地从象征中剔除出来，并分配给了寓言。本义与转义在寓言里处于断裂的关系中，任意性、约定性等特征的存在使它成为纯粹观念中的游戏。转义自身不具备任何形象因而不会引起人们的注意，以及感性直观的欠缺、概念性与目的性的驱动，使寓言与审美的关系遭到普遍的质疑。但事实真的如此吗？象征理论势不可当的潮流真的使寓言退出了审美领域了吗？人们在对这一时代的反思中发现，象征和寓言在理论上的对立绝不是自明的。加达默尔指出，叔本华在《作为意志和表象的世界》中的例子至少表明：1818年把象征理解为某个纯粹惯例性寓言的特殊情形的语言用法，在1859年也还是存在的。① 施勒格尔在《诗学对话录》中提出所有的美都是寓言的说法，德曼指出寓言一词并不是和后来的象征同义，并且正是这个词适用于该书中普遍存在的难题，"在世界呈现为现实同呈现为语言的方式之间存在着一种分离"②。即使克罗伊策和佐尔格也强调象征和寓言在统一性和断裂性上的区别，他们并没有因为这种对立而将寓言排除在审美活动之外，而是明确主张象征与寓言享有同等的权利：每一方都不应该无条件地比另一方得到更多的优越性，它们在美学领域中各有着自己的活动范围。③ 所以，把对象征的突出作为一种美学倾向是无可厚非的，但如果它以一种排斥异己的姿态走向绝对同一的自我中心主义，试图理想化地将感性与理性协调地亲密无间，那么，这种神与人相统一的神话必因人的有限性而使之无法彻底地走出寓言的传统。靠偶然性的横向组合而在语言中建立起来的寓言结构，同强喻一样并不是时代的错误，而是一种理解世界的方式，它

---

① [德]汉斯-格奥尔格·加达默尔：《真理与方法》，洪汉鼎译，上海译文出版社2004年版，第102页。

② De Man, Paul, *Blindness and Insight: Essays in the Rhetoric of Contemporary Criticism*, Minneapolis: University of Minnesota Press, 1983, p.191.

③ [法]茨维坦·托多罗夫：《象征理论》，王国卿译，商务印书馆2004年版，第279页。

在理性主义的长期掩盖后逐渐明晰。

人们在浪漫主义的创作实践中发现象征作为一个修辞格的有限性。浪漫主义诗人善于将意义读进风景里去，他们追求心灵与自然、主体与客体之间亲密无间的和谐关系，象征的统一性力量就驻足于他们眼中的大自然中。这样，人与自然之间不是靠"联想式类比"联结在一起。这不是"移情"或"拟人化"的过程，因为这样就意味着差异性首先出现，然后以主体的力量改造客体。而"契合"或"共鸣"则很好地表达了这种统一性，客体最终被视为另一主体——使修辞格得以确立的两个实体上的相似性，同样走向了本体上的同一性。无差别的主客体关系现在成了主体与自身的关系，这种自我中心主义是以柯勒律治、华兹华斯等人为代表的浪漫主义创作上的出发点，象征成为浪漫主义创作的突出特征。但是，德曼在对卢梭的作品进行分析后指出，寓言化倾向可见于1760—1800年的全部欧洲文学，并且在浪漫主义的自然传统中寓言风格重新被发现，以至于在一种"局部解剖学"的制约下，像华兹华斯这样坚持象征中心主义的诗人，也不得不在创作中放弃象征语汇的引诱和诗歌渊源，因为在其创作中主体和客观世界之间存在着错位，相似性是从自我投射出去的虚构。一种非连续的符号关系出现在寓言对幻觉式认同作用的阻止过程中，寓言符号在一个否定的时间里与前一个符号分裂，象征的同时性关系被断裂中的差异性关系打破。正是对立关系的存在，寓言才体现出一种有别于象征的美学内涵："当象征在设定同一性或认同作用的可能性的时候，寓言则首先说明同自己起源的距离。寓言放弃怀旧和重合的愿望，在没有时间差异的情况下，确立了自己的语言。于是寓言就阻止了自我与非我的幻觉式认同。现在，已经痛苦地而又充分地认识到，这一非我就是非我。"[①]

[①] De Man, Paul, *Blindness and Insight: Essays in the Rhetoric of Contemporary Criticism*, Minneapolis: University of Minnesota Press, 1983, p.207.

本义—转义关系的毫无差别，再加上天才性地创造，象征话语自恋式的表达抹平了可能性与现实性之间的界限，转义不再是话语的特殊形象，隐喻传统在转向象征的过程中发生了根本的变化。这也许正符合封塔尼埃所说的：任何话语都有形象，不过在象征里，形象和意义是一体的。而寓言则不仅超越了通过相似性确立中心—偏离关系的隐喻传统，更是直接使象征的同一性欲望得到收敛。它以有别于相似性的偶然性联想，建立一个横组合，冷静地注视着自我与他者的界限。当巴洛克艺术被重新发现以后，寓言在艺术中的角色日益重要，并且逐渐摆脱了传统的偏见。作为一种修辞格的寓言，在审美价值上同样超越了强喻。人们曾经认为，强喻的使用是出于观念的缺乏，或者是符号与意义之间的约定俗成的教条关系。寓言方法在巴洛克文学中表现为以惊人的方式在碎片的堆积中期待着奇迹，它确实具备强喻式的任意搭配的风格，但它在自然与历史的奇怪结合中看到了一种不可抗拒的衰落形式，正是在这种形式中揭露了"意义"的秘密——"意义越是重要，就越是屈从于死亡，因为死亡划出了最深邃的物质自然与意义之间参差不齐的分界线"①。只要自然始终屈从于死亡的力量，它就无法摆脱寓言。②

强喻和寓言作为以差异性为基础的修辞格，从根本上质疑了传统的修辞格观念，并将修辞学从理性主义的统一性思维中解救出来。修辞格为话语修辞带来的"美的形象"，在于转义的审美超越性，它打破了话语中心的权威，去除了本义的牵绊，在差异性中确立了新的审美原则。审美活动中的本义与转义的关系因而呈现出一种复杂性，而这种复杂性绝不仅限于修辞格问题，话语修辞的生命力更集中地体现在文学文本的建构上，它得益于修辞格理论的资源，但又有不同。

---

① ［德］瓦尔特·本雅明：《德国悲剧的起源》，陈永国译，文化艺术出版社2001年版，第137页。
② 参见谭善明等《审美与意识形态的变奏》，中国社会科学出版社2013年版，第229—230页。

三 反讽

反讽（irony）是四种基本修辞格之一，但与隐喻、换喻、提喻三种相比较有着很大差异，它在一开始就更多的是与文体风格相联系，这也是柏拉图对话的一大特色。阿尔法拉比曾经指出："柏拉图采用了象征、谜语、晦涩和笨拙之类的成法，好让知识不会落入那些不配享有、反而会使知识变形的人手中，或者不会落入那些不识货或不会恰当运用的人手中。"[①] 柏拉图一方面利用转义劝导那些对哲学有爱欲的人关心灵魂、追求真理，但另一方面他又以修辞的方式向更多的人故意隐瞒，这就是反讽修辞的两套话语。在著名的《苏格拉底的申辩》这一对话中，面对一群被意见蒙蔽头脑的"孩子"法官，苏格拉底只能采取反讽修辞，这激怒了多数法官并使之犯下更大的错误，即投票处死苏格拉底；同时苏格拉底的反讽修辞将更有价值的东西隐藏起来，在那些同样关注灵魂的人心中埋下希望的种子。因此在反讽修辞中就存在着两套既独立又交织的话语形象，每一套话语都向特定的接受者传递相应的语义信息，似乎都有所从属的本义，似乎两面都是真相，这就是反讽修辞的最大好处：双重指向与双重视角使话语充满了张力。反讽中本义和转义所建构的两种话语形象之间的关系是复杂的，一方面，两者具有明显的对立性，转义是对本义的否定和超越，而且转义表达往往是反讽修辞的关键，因为如果听众无法区分两种话语，那么这一修辞对他而言是无效的。另一方面，反讽中的转义和本义共同作用，超越各自单独的意义，重新打开一个意指空间，在新的意指面前，转义和本义都暴露出某种局限性。于是反讽又制造了双重距离，一是话语行为与话语效果的距离，二是话语与人的距离。话语坚硬的意识形态外壳在这双重距离中被击破，但又总是保持着追求更高意指的冲动。也许，正是由于反讽的这种独特性，它在修辞格

[①] ［古阿拉伯］阿尔法拉比：《柏拉图的哲学》，程志敏译，华东师范大学出版社2010年版，第56页。

系统中的地位基本没有受到影响，从古希腊到后现代一直都很受重视。

"反讽"一词源于古希腊语 εἰρωνεία，指"佯装无知""说与本意相反的事""言在此而意在彼""为责备而褒扬或者为褒扬而责备"等，从字面就能看出表达形式与意指之间的张力。反讽概念的发展大致经历了三个主要阶段：苏格拉底式的反讽、德国浪漫派的反讽和20世纪的反讽，反讽也由一种修辞格逐渐演变为创作的原则或文体的风格。

不言而喻，古希腊时期最为著名的反讽就是苏格拉底式的反讽了。虽然学术界对它的理解众说纷纭，但是有一点是确定的，即苏格拉底的反讽是有意而为之。如施勒格尔所言："苏格拉底的反讽是惟一绝对不任性的、但却绝对深思熟虑的伪装。要想故作反讽或流露出是反讽，是不可能的。谁要是没有反讽，那么即便对他做出最坦率的承认，反讽对于他仍然是个谜。"[①] 那么，如何理解苏格拉底式反讽的这种绝对深思熟虑的伪装呢？对此可以从两个方面进行分析。

首先，就苏格拉底与青年的关系而言，苏格拉底常常表现为用"无知之知"去考察青年的"知"，他"提出日常的观念来同别人讨论，装出好像自己什么也不知道，引起别人说话，——他自己是不知道的；然后做出率真的样子，向人提出问题，让别人自己说出来，让别人指教他"[②]。也就是说，苏格拉底伪装成无知的样子，以日常生活中固定的观念为契机，通过反讽式的对话，使人们得出自相矛盾的结论，从而引发对真理问题的进一步思考。而在马克思看来这是一种通向真理的辩证法："苏格拉底的讥讽，——即一种辩证法圈套，通过这个圈套，普通常识应该摆脱任何僵化，但不是要弄到自命不凡以为无所不知的地步，而是要达到它本身所包含的内在真理，——这种

---

① [德]施勒格尔：《浪漫派风格——施勒格尔批评文集》，李伯杰译，华夏出版社2005年版，第57页。

② [德]黑格尔：《哲学史讲演录》（第2卷），贺麟、王太庆译，商务印书馆1960年版，第53—54页。

'讥讽'不是别的，正是哲学在其对普通意识的主观关系方面所固有的形式。"[①] 在《苏格拉底的申辩》中，苏格拉底不断考问政治家、诗人和工匠的所谓知识，在对话过程中使这些知识逐渐被揭露为无知。正是在这种反讽的圈套和伪装下，苏格拉底引导人们从日常观念中走出来，不断地超越有限的智慧去追求无限的真理。反讽有着与隐喻不同的机制，其中本义与转义相联系的关键不是"相似性"，而是建立在超越基础上的差异性，这使转义和本义之间有着较大的距离，这就是二者的"对立性"。通过对话，苏格拉底吸引青年去思考日常理念背后更深远的哲学真理，而这便是其反讽修辞的最终指向。此外，苏格拉底式反讽也表现在他与青年的情爱关系上，以苏格拉底与阿尔西比亚德的关系而言，苏格拉底假装爱者，而所扮演的却是被爱者的角色。当原本是情人的阿尔西比亚德误以为自己的美貌可以换取苏格拉底的爱欲而碰壁时，便道出了苏格拉底反讽的奥秘："他活到这岁数，一直都在人们面前装样子，和人们玩他的搞笑游戏。不过，他认真起来的时候，把自己打开，是否有人看到过他身体里的神像……呈现在我眼前的东西那么神圣、珍贵，那么美妙无比、神奇透顶。"[②] 如此，苏格拉底假装爱者，吸引着情人的那神奇透顶的神像，除了爱哲学、追求真理，还能是什么呢？

其次，就苏格拉底与城邦的关系而言，在城邦中，他"要传达思想及德性或政治意图，言说是必要的途径，因此苏格拉底不得不言说。让不知者有所知，自以为知者有所不知，尤其是碰到'对手'时，反讽的言说方式变成了必要"[③]。而这种反讽的言说方式就成了苏格拉底追求哲学时所必不可少的面具，它是一种伪装，戴着它，苏格拉底既可以带动青年灵魂提升，又可以保护其哲人式的生活方式得

---

① 《马克思恩格斯全集》（第40卷），人民出版社1982年版，第139页。
② ［古希腊］柏拉图等：《柏拉图的〈会饮〉》，刘小枫等译，华夏出版社2003年版，第105页。
③ 陈开华：《苏格拉底反讽的政治含义》，《深圳大学学报》（人文社会科学版）2007年第2期。

以延续。苏格拉底把自己和城邦的关系比作牛虻和马,一是因为他与城邦是寄生关系,城邦提升,他亦能更好地生活;二是就像牛虻之于马的异在关系,苏格拉底又是外在于城邦的,他有着自知无知之知并酷爱哲学的特点,所以他担任着不断给城邦以刺激,促使其清醒的使命。然而,我们知道哲学和城邦这种复杂关系历来是难以调和的,所以苏格拉底一旦将其哲学式的生活方式扩展到城邦,他必将面临危险。而反讽式的面具就给了苏格拉底一个很好的屏障,可惜反讽的是,苏格拉底的生存终究是离不开城邦的,这也造成他私人反讽的不自由。由此可见,苏格拉底式的反讽又是一种面具,借助面具的保护,苏格拉底游走于城邦各处,在昏暗的世俗生活中寻找微弱的真理之光。这一副面具使得苏格拉底的言说就有了两面性,对他自己而言,面具之后隐藏着本义,通过面具所发表的修辞言说则是形象的转义,而"无知之知"又意味着这一本义是未经展开的,毋宁说只是一种爱欲冲动,引领着对话的双方借转义走上真理追求之路。

  反讽概念的形成源于苏格拉底,但是真正有意识地确立反讽哲学化形式的是德国浪漫派的弗里德里希·施勒格尔。浪漫派反讽是一种主体意识之内的反讽,转义和本义作为反讽的左膀右臂,是不偏不倚、同等重要的,它们相互作用,共同指向一个新的意旨,并不断进行超越。那么,浪漫派反讽中本义和转义又是如何相互作用的呢?浪漫派反讽的具体表现又如何呢?施勒格尔曾经谈到他有天赋和本领创造一种反讽,把那些大大小小的反讽吞而食之。① 我们可以从施勒格尔下面这一段著名的论断来理解他的反讽观念:

  哲学是反讽真正的故乡,人们应当把反讽定义为逻辑的美:因为无论是在口头的还是笔头的对话中,只要是在没有进行完全系统化的哲学思辨的地方,就应该进行和要求反讽……当然还有

---

① [德]施勒格尔:《浪漫派风格——施勒格尔批评文集》,李伯杰译,华夏出版社2005年版,第226页。

一种修辞的反讽，若运用得节制，也能产生精妙的效果，特别是在论战当中。不过这种反讽却同苏格拉底的缪斯那种崇高的机敏善变针锋相对……诗从这方面就可以把自己提高到哲学的高度，并且不用像修辞学那样立于反讽的基础上。有些古代诗和现代诗，通篇洋溢着反讽的神性气息。①

从中不难看出，相比一般的修辞反讽，施勒格尔更为推崇苏格拉底辩证法式的哲学反讽，而且他主张将哲学思辨和充满神性的浪漫诗的艺术糅合到反讽之中。由此，我们可以从哲学的反讽和诗化的艺术反讽两个层面对浪漫派反讽进行理解。

首先，浪漫派反讽具有哲学思辨性。施勒格尔认为，反讽是"自我创造与自行毁灭的永恒交替"，"它包含并激励着一种有限与无限无法解决的冲突、一个完整的传达既必要又不可实现的感觉。它是所有许可证中最自由的一张，因为借助反讽，人们便自己超越了自己"。② 也就是说，浪漫派反讽的运作离不开"创造"和"毁灭"、"有限"和"无限"的相互作用，反讽是调和两者矛盾的统一体。这一点在主体性和现实经验的关系上表现为：主体性自我不断创造经验自我，又在保持自我绝对优势的基础上，与之保持距离，以高傲的旁观者的姿态反观这一被看作客体的经验自我，嘲笑和摧毁自我的有限性，如此循环往复。对浪漫派反讽的这一运作模式，弗兰克也指出："任何界限都有违本质的无限性，因此，它必须总是逾越它给自己设置的界限，然后再限定自己，然后又逾越界限，如此无限继续下去。这就是施勒格尔反讽的模式。"③ 如此，反讽主体任意把玩着一种创造自我并摧毁自我的游戏，

---

① ［德］施勒格尔：《浪漫派风格——施勒格尔批评文集》，李伯杰译，华夏出版社2005年版，第49—50页。

② 同上书，第57页。

③ See Frank, Manfred, *The Philosophical Foundations of Early German Romanticism*, Zaibert, Elizabeth Millán (trans.), New York: State University of New York Press, 2004, pp. 215-216.

一种永无止境地超越自我界定的游戏。这不禁让人反思如果创造经验自我作为反讽本义一极，嘲笑和摧毁经验自我作为反讽的转义一极，那么，反讽的最终指向既非创造经验自我的本义也非摧毁他者的转义，而是本义和转义相互作用之外的某种东西——在浪漫派反讽这里似乎就是企图通过不断地否定经验自我的有限性，摆脱他者的束缚，来实现主体性自我无限的绝对自由。这也就是施勒格尔所说的"反讽，就是清醒地意识到永恒的灵活性和无限充实的混沌"[①] 的意义所在。

然而，仅靠哲学性的思辨和话语形式还不足以形象地展示反讽主体自我的无限性和超验性存在，而浪漫化的艺术反讽则在这一方面更为清晰。诺瓦利斯说："世界必须浪漫化，这样才能找回它的原本意义……这种做法使低级的自我与一个更美好的自我等同起来……给低级的东西赋予高尚的意义，给普通的东西披上一层神秘的外衣，使熟知的东西获得未知的尊严，让有限的东西发出无限的光芒，这就是浪漫化。"[②] 如此，浪漫化赋予有限自我未知、神秘和无限的东西，以理想的自我激发真实的自我。这使得浪漫派反讽既充满哲学化的思辨，又具有诗化的色彩，因而也被认为是一种诗化哲学的艺术反讽。在文学创作中，施勒格尔的《路德琴》是浪漫派反讽创作实践的代表，作品中呈现出的那种随心所欲的艺术，便是他所言的"反讽"。即艺术家通过浪漫化的艺术手法，创作出体现自我意志的作品，又以凌驾于题材之上的高傲和嘲讽的态度，对题材进行自由地玩弄，而后又不断取笑自己的内容、破坏自己的幻想的纯形式主义，以使主体性自我免受虚构美好的束缚，从而保持主体永恒的灵活性、清醒意识和绝对自由。[③] 蒂克和施勒格尔对这种艺术反讽的描述是："对有限世界

---

① [德] 施勒格尔：《浪漫派风格——施勒格尔批评文集》，李伯杰译，华夏出版社2005年版，第114页。

② 参见 [德] 曼弗雷德·弗兰克《德国早期浪漫主义美学导论》，聂军等译，吉林人民出版社2006年版，第242页。

③ [丹] 勃兰兑斯：《十九世纪文学主流》（第二分册），刘半九译，人民文学出版社1981年版，第59—60页。

的超越，是'凌驾于一切艺术作品之上'和'从高处俯瞰艺术作品'的轻松愉快的气氛，是人摆脱完美无缺的东西并与之拉开距离之后产生的智慧和放松感。"① 在艺术作品中，最能体现浪漫派反讽特质的便是浪漫诗了，因为浪漫派认为只有浪漫诗才是自由的、无限的，才能在既表达有限经验自我的基础上，又能呈现超验的自我，从而实现有限和无限的统一。而且，浪漫派讲究诗意地生活，所以对生活中的一切采取一种孤高自傲而又为所欲为的态度，他们用诗描述有限，又刻画无限。但是，"他们嘲讽地使用文字，以致能够重新废除它们。他们不愿意它们实实在在地摆在他们面前，表示一个宗旨或者一个目的"②。也就是说，他们反讽地创造并毁灭，不仅将反讽的旨意转移到脱离文字之外的"言已尽而意无穷"之中，而且还对抗着固化观念的束缚，保持了主体性的自由，这也是反讽艺术独特的审美意义所在。

综上所述，无论浪漫派的哲学反讽，还是诗化的艺术反讽，它们的运作机制都是本义和转义的相互作用，反讽指向两者作用之外的第三种东西，即企图实现主体性自我的无限的绝对的自由，这看上去很美。黑格尔对施勒格尔的评论也是值得深思的，他认为施勒格尔的浪漫派反讽使得一切客观的、自在自为的东西都成为虚幻的，有价值的只有"自我"本身的主体性，而这容易使主体在既渴望追求客观性、又无法摆脱抽象的内心生活的基础上陷入无法自拔的空虚之中。③ 克尔凯郭尔也认为浪漫派"反讽所提出的最高要求便是人应该诗意地生活"④，而且，"只有当我在享受之中不是居于我自己之外，而是居于

---

① 参见[德]曼弗雷德·弗兰克《德国早期浪漫主义美学导论》，聂军等译，吉林人民出版社2006年版，第315页。

② [丹]勃兰兑斯：《十九世纪文学主流》（第二分册），刘半九译，人民文学出版社1981年版，第112页。

③ [德]黑格尔：《美学》（第1卷），朱光潜译，商务印书馆1979年版，第89页。

④ [丹]索伦·奥碧·克尔凯郭尔：《论反讽概念：以苏格拉底为主线》，汤晨溪译，中国社会科学出版社2005年版，第242页。

我自己之中……只有享受的自我，才是真正的无限"①。那么，如果浪漫派们始终以观者的姿态去看待经验自我，过于美学地生活着，他们不免会把生活看成一场戏。如此一来反讽的是，虽说他们得到任意而为的快感，但是却因为对经验自我的忽略和否定而失去了生活的完整的意义。如此，施勒格尔的反讽理论遭遇了困境：创造和毁灭的游戏中，反讽不仅嘲笑了有限，其所追求的诗意地生活作为一种美学幻象也遭受了质疑。这也不得不使人反思在哲学或艺术的话语实践中，反讽的初衷是否会和它的最终指向不谋而合，同时质疑那种主体性自我的无限绝对自由实现的可能性。

伴随着语言论的转向，20世纪反讽的内涵和意义也出现了相应变化。反讽中本义和转义两极各自具有独立性，两者不再相互作用共同指向某种意图或目的，两种话语形象在分离状态中保持着审美冲动，不断解构着固化的观念。在《论反讽概念》一文中，德曼就详细地阐释了反讽的解构意义。他介绍了波德莱尔在《论笑的本质》中的观点，指出反讽就像一个跌倒的人忽然获得了分身的力量，能够以无关的旁观者的身份观看跌倒的自己②，因而反讽具有即刻性和分离性的特点。德曼把反讽界定在语言性的自我之内，他认为反讽语言建构起两个自我，一个是"沉浸于世界中的经验自我"，另一个是在区分和界定中的"符号的自我"③，或者说一个是"仅只存在于不可靠状态中的自我"和"只存在于断言认识到这种不可靠性的那个语言形式中的自我"。④ 这两种自我是在"跌倒"的瞬间产生的，是在语言中通过对原初自我的复制、分化而重新建构起来的。德曼认为这种作家和哲学家在语言中建构的反讽式双重自我是以经验自我为基础

---

① [丹]索伦·奥碧·克尔凯郭尔：《论反讽概念：以苏格拉底为主线》，汤晨溪译，中国社会科学出版社2005年版，第258页。

② De Man, Paul, *Aesthetic Ideology*, Minneapolis: University of Minnesota Press, 1996, p. 225.

③ Ibid., p. 213.

④ De Man, Paul, *Aesthetic Ideology*, Minneapolis: University of Minnesota Press, 1966, p. 214.

而形成的,也就是说,这一反讽概念不再像浪漫派反讽那样不断地忽略甚至否定经验自我,而是将经验自我予以保留。拿跌倒这一事例来说,经验自我是行动中的跌倒者,符号自我则是从一定距离对自我跌倒进行观照的旁观者,如果没有自我的跌倒,就没有对跌倒者的认识,反讽式双重自我便不复存在。因此,经验自我不再是反讽通向某一主旨的工具,而是反讽中与符号自我同等重要的一极,两者各有其独特的意义。而反讽的这一特点也避免了浪漫派对经验自我进行无限否定之后产生的某种空虚。除此以外,德曼认为反讽中产生的经验自我和符号自我之间的那种距离,是厘清现实和虚构的关系、治愈生活和艺术的一剂良药。正是因为反讽,自我才不被虚构的话语形象所束缚,才保持了主体的清醒。

虽然反讽建立的两种话语形象即本义和转义两极同等重要并且不指向任何外在目的,但是这并不意味着反讽导致自我的故步自封。符号自我的产生是一个审美过程,以符号自我观经验自我,其实是以审美的光芒回照并唤醒自我中沉睡的那一部分。经验自我在语言中的形象其实是那种包裹在意识形态中的话语幻象,作为本义它提供着坚实的地基,但又被各种杂物所覆盖,本真的自我似乎就在其中,但是掩藏得太深。反讽从经验自我中分离出符号自我,在一连串即刻性的自我复制中分解自我,这使主体内的自我得以观者的姿态不断审视经验自我的形象,以审美的方式对自我进行解构和重构,从而渐渐去除意识形态的束缚,试图不断还原自我的本真。为此,反讽需要不断进行,转义修辞作为一种话语事件必须始终处于"运动"中,否则自我将在意识形态的梦魇中沉睡。

当然,反讽语言建构双重自我形象,需要"跌倒""困境"等诱因,所以德曼说作家和艺术家那里更容易实现。这种诱因在文学作品中可以通过使用陌生化的修辞手段,甚至设置阅读阻碍,使语言处于不断地延异的过程中,以防止固化的危机。例如,巴特在《文之悦》中提到的裂缝、断裂、切断等文本中的创作手法和阅读方式,就为反讽的发生提供了可能。他认为文本可以被切分为两条边线:"一条是正规、从众、因袭的边线（着重摹写处于典型状态下的整体语言结构，譬如由学校、规范用语、文学、文化所确立者），而另一条边线则是变幻不定，空白（可采用任何外形），它仅是其发生作用的空间而已：彼处，语言之死被倏然瞥见。"[①] 显然，前者是充满固化观念的意识形态话语；后者是不断变幻外形的审美性修辞话语。两者相互对立，但都有价值，"文化及其毁坏均不引发色欲；恰是他们两者间的缝隙，断层，裂处，方引起性欲"[②]。也就是说，两种话语本身的存在和毁灭并不会引发审美愉悦，只有两条边线的"断裂"处才散发着迷人的色彩，这也许源于断裂既标明两种话语的差异和对立，又是连接两者的纽带。而"断裂"如同"跌倒""困境"均可引发反讽，所不同的是，后两者的反讽发生在自我之内，是经验自我和符号自我的关系，前者的反讽发生在文本之中，是审美和意识形态的对抗。二者的联系在于，反讽作为一种修辞格允许两种话语形象的并存，但这种并存不是和平相处，而是始终对抗，作为转义一极的话语形象的审美意义正是在对抗中得以产生。因此，审美话语和意识形态话语是反讽的转义和本义两极，它们在对抗中并存。这种对抗使人以冷静的态度与两种话语形象保持一定的距离，这样就既不会陷入意识形态的旋涡，也不会迷失于纯粹美学的生活，从而在两种话语形象解构和建构的游戏中，让本真的自我和世界能得以不断闪现。这正是反讽的独特魅力。

---

① ［法］罗兰·巴特：《文之悦》，屠友祥译，上海人民出版社2002年版，第16页。
② 同上。

第四章

转义修辞生成论

转义修辞的形象建构作用为大型的话语系统即文本的构成奠定了基础。虽然也可以将一个文本当作一个修辞格来考察，比如前面提到的寓言，但是一般的文本中却包含着远为复杂的内容。转义修辞在书面文本中广为存在，而在文学中其审美意味最为突出。本章从审美偏离和叙事修辞两个方面，分析文学文本中的转义修辞是如何产生的，从这一问题出发也就能解释转义修辞是如何参与文学文本的审美建构的。

第一节 审美偏离

文学领域的审美偏离主要是指对常规语言表达进行改造和美化的话语修辞活动，从而以陌生化的语言形式编织出审美的文本。陌生化效果的审美偏离主要体现在话语形式层面，这是一个转义的过程，目标在于追求话语的审美效果。不过这种效果不只是外在的，正如亚里士多德在《形而上学》中认为"形式因"是事物的本质因，话语形式的变动必然会影响整个文本构成，通过审美偏离，新形式不仅超越了旧形式，也对认知内容进行了革新。这是话语创新激动人心的一面，但是在陌生化理论中我们还发现了让人忧虑的另一面：从历时角度看，审美偏离往往并不是真正的创新，一种"自反式循环"设定了偏离的限度。那么，话语生成是如何在有限性中获得活力的呢？

一 陌生化的审美偏离：形式对认知的超越

当满足于本义表达的话语为我们提供最平常的视野来观看周围的事物时，或者是小说中那些最具自然性的语言在我们眼前平滑地流过时，我们的注意力不会为之停留太久，以至于对它们视而不见、充耳不闻。在文本中见到熟悉之物也许可以使我们心情愉快，但是这与在话语偏离之处目光长久地凝视，并为此新奇之物而沉醉其中并大加赞赏却完全不是一回事。文学艺术便是通过这种审美偏离唤起人们的感受能力，从而摆脱庸常观念在思维中所造成的感知的模式化、平均化和懈怠化。黑格尔在《精神现象学》中指出："一般说来，熟知的东西所以不是真正知道了的东西，正因为它是熟知的。有一种最习以为常的自欺欺人的事情，就是在认识的时候先假定某种东西是已经熟知了的，因而就这样地不去管它了。"① 熟知的东西最容易被忽略，同时人又有着变陌生为熟知的本领：人们总是习惯于从相似性或同一性入手，对所遭遇之物进行重新认识和规划，于是便轻松地理解并掌握了对象。这是一种符合经济原则的生存之道。

无论是在诗歌创作还是在散文创作中，作者都面临着如何使自己的文本别具一格的任务，他们要避免流于俗套，避免他人话语的侵越，这就要在话语表达形式上有所创新。可以发现，往往都是相似的故事内容，在语言风格和情节构建上却千差万别，修辞手法迥异。作者对话语修辞形式的运用在俄国形式主义那里被总结为"归根到底都是积累和发展运用与加工词语材料的新手法"②，这就是通过陌生化的修辞手法，首先在形式上改造、渐渐沉入本义的表达方式，以审美偏离所带来的愉悦终止审美疲惫所造成的感知上的冷漠。由此，话语形式的陌生化所造成的美学效果，是使事物在人的感性能力激发过程

---

① [德]黑格尔：《精神现象学》，贺麟、王玖兴译，商务印书馆1979年版，第20页。

② [苏]维·什克洛夫斯基：《散文理论》，刘宗次译，百花洲文艺出版社1994年版，第6页。

中重放光彩。什克洛夫斯基对陌生化的看法正是如此：

> 正是为了恢复对生活的体验，感觉到事物的存在，为了使石头成其为石头，才存在所谓的艺术。艺术的目的是为了把事物提供为一种可观可见之物，而不是可认可知之物。艺术的手法是将事物"奇异化"（陌生化）的手法，是把形式艰深化，从而增加感受的难度和时间的手法，因为在艺术中感受过程本身就是目的，应该使之延长。艺术是对事物的制作进行体验的一种方式，而已制成之物在艺术之中并不重要。①

在语言中提供"可认可知之物"就是要直接抵达本义指向的内容，而表现"可观可见之物"则是要停留在对形式的审美观照之中，这就要借助于语言的转义使用。

比如，"坚硬"一词本来是形容有一定硬度的固体，但是它却出现在这样一个组合中："坚硬的稀粥"，并且被用作一篇小说的名称，这一出人意料的组合，阻断了人们对"坚硬"本义的理解。王蒙在小说《坚硬的稀粥》中从两代人早餐习惯的冲突，引发出两代人文化观念的冲突：年老一代爱吃稀饭、咸菜和馒头，年轻一代喜欢牛奶、鸡蛋、三明治；年轻人时间长了肠胃就受不了，于是吃起了稀饭。单从"坚硬"一词的角度来看，概念认知上的阻断提醒读者对物体的这种存在形式的关注；从"坚硬的稀粥"这一组合来看，超常搭配进一步使读者在话语形式中停留；最终在整个文本的构建上，语义上的冲突、形式上的疑惑使小说充满了陌生、新奇之感，并使读者在审美体验中突破了词语的本义表达，突破了对事物模式化的概念认知。"坚硬的稀粥"在语义上所发生的审美偏离，扩充为整个文本的隐喻结构——用中国人的餐饮习惯，隐喻文化的稳固性。

---

① ［苏］维·什克洛夫斯基：《散文理论》，刘宗次译，百花洲文艺出版社1994年版，第10页。

因此，陌生化手法以转义表达突破本义表达，主要是通过修辞手段制造话语形式上的偏离，使人们停留在对话语的审美感受中，这种形式上的审美偏离可以从以下三个方面来理解。

第一，以形式上的偏离延长审美感受。各种修辞手段的运用是为了在特定事物上延长审美时间，增强审美快感。一些我们熟视无睹的事物，是因为它们太熟悉了，就像一些语词在脱口而出的同时我们却感觉不到它们的存在，这就是"自动化"所造成的观看的"零时间"。对于这种无意识的观看与陌生化效果所带来的凝视时间的延长，什克洛夫斯基建议用"自己第一次握笔或第一次说外语"和"自己后来第一万次做这些事"相比较，来体会感受上的截然不同。从语境主义的修辞观点来看，同一句话在不同时间出现在不同文本中，甚至同一文本中的同一句话出现在不同时间中，必然不具备相同的意思。但这并不妨碍人们在主观上将它们感受为具有同一性的东西，或者这种对形式的感受基本上消亡，它成为纯粹的物或符号。因而这种时间指的是审美时间，陌生化是艺术中具有的差异性的标志，"它是为使感受摆脱自动化而特意创作的，而且，创造者的目的是为了提供视感，它的制作是'人为的'，以便对它的感受能够留住，达到最大的强度和尽可能持久。同时，事物不是在空间上，而是在不间断的延续中被感受"[①]。自动化就是在某一事物或言说方式成为习惯的同时，其中的审美因素逐渐被淡化，从而才能在认知中成为透明之物，使得人们每次面对它的时候都停止思考。由于在时间上的无所用心，身边的事物就伴随着我们的生命随风而逝，不留痕迹。相反，陌生化就是要阻止时间上的急速流逝，使人们的审美感受从无意识和自动化中解放出来，于普通事物中见出不平常和新奇之处的同时，在时间中充分占有事物。转义修辞的意义就在于通过特殊的技巧，在形式上制造感受和理解的障碍，激发审美感受力，延长审美愉悦的时间："弯曲崎

[①] [苏] 维·什克洛夫斯基：《散文理论》，刘宗次译，百花洲文艺出版社1994年版，第20页。

岖的道路,脚下感受到石块的道路,迂回返复的道路。"① 这种形式上的手法最典型的就是什克洛夫斯基所谓的梯级性构造:重复及其具体表现,即韵脚和同义反复,排比反复,心理排比,延缓、叙事重复、波折和许多其他情节性手法。比如《诗经》中的一句诗:

> 蒹葭苍苍,白露为霜;
> 所谓伊人,在水一方。

从陌生化的角度来说,这句诗通过押韵和心理排比在"蒹葭"和"伊人"之间建立了联想关系,把时间性变化与发展中的思慕之情关联在一起,以形式上的曲折化和审美对象的模糊化产生了长时间的回响。

莫言的小说《爆炸》中有这样一段描述:

> 父亲的手缓慢地举起来,在肩膀上方停留了三秒钟,然后用力一挥,响亮地打在我的左腮上。父亲的手满是棱角,沾满着成熟小麦的焦香和麦秸的苦涩。六十年的劳动赋予父亲的手以沉重的力量和崇高的尊严,它落到我脸上发出重浊的声音,犹如气球爆炸。几颗亮晶晶的光亮在高大的灰蓝色天空上流星般飞驰盘旋,把一条条明亮洁白的线画在天上,纵横交错,好似图画,久久不散。飞行训练,飞机进入拉烟层。这声响初如圆球,紧接着便拉长拉宽变淡,像一颗大彗星。我认为我确凿地看到了那声音,它飞跃房屋和街道,跨过平川与河流,碰撞矮树高草,最后消融进初夏的乳汁般的透明大气里。我站在我们家打麦场与大气之间,我站在我们家打麦场的边缘也站在大气的边缘上,看着爆炸声消逝又看着金色与乌黑的树木车轮般旋转;极目处钢清色的

---

① [苏] 维·什克洛夫斯基:《散文理论》,刘宗次译,百花洲文艺出版社1994年版,第25页。

地平线被阳光切割成两条平行曲折明暗相谐的汹涌的河流,对着我流来,又离我流去。乌亮如碳的雨燕在河边闪电一般消失。我感到一种猝发的狂欢般的痛苦感情在胸中郁积,好象是我用力叫了一声。

整个事件只有"一巴掌"那么长,但是作者把瞬间发生的事在语言叙述上拉长、放慢了,审美体验的时间也就因此被延长了。这段文字写的是"父亲"打了"我"一巴掌。在短暂的瞬间里,作者使用各种修辞手法将丰富的感觉形象地描绘出来:有嗅觉——小麦的焦香和麦秸的苦涩;有触觉——从那一巴掌上感觉到父亲的手沉重的力量;有听觉——空中的爆响和脸上的爆炸。当然这里最多的是视觉:父亲的巴掌举起来又落下,空中的飞机纵横盘旋,金色的太阳与乌黑的树木,钢清色的地平线和乌亮如碳的雨燕,房屋街道,矮树高草。另外还有通感:无形的声音变成了有形的形象,"紧接着便拉长拉宽变淡,像一颗大彗星","我认为我确凿地看到了那声音"……这些感觉的对象又全是运动着的,旋转、涌流、出现、消失、猝发,凡此种种,蜂拥而来;比喻、替代、拟人、通感,使这一短暂的瞬间声色味俱全,形象生动,引人入胜。这就是陌生化修辞手法在话语形式上所产生的延长审美感受的效果,它使人们将更多的注意力放在感性体验上。

第二,强调对形式的感受而不是对概念的认知。什克洛夫斯基严格区分审美和认知,在批判形象思维时他指出了思维和诗的区别:"诗的形象是诗的语言手段之一。一般语言的形象是抽象的手段:用小西瓜来代替圆灯罩或用小西瓜代替头只是把事物的诸多品质之一抽象出来,它与头=圆球,西瓜=圆球的说法毫无二致。这是思维,但与诗毫不相干。"[①] 在自动化过程中,符号化严重阻碍了我们对事物

---

① [苏]维·什克洛夫斯基:《散文理论》,刘宗次译,百花洲文艺出版社1994年版,第7页。

的感受，它只能出现在认知中，"代数学是这一过程的理想表现，在代数学里一切事物都为符号所代替……在用这种代数的思维方法时，事物是以数量和空间来把握的，它不能被你看见，但能根据最初的特征被认知"①。思维的认知化和感觉力的衰退是紧密联系的，这是面对生活时的无意识状态，生活因此变得枯燥乏味。正是针对这种情况，他提出了陌生化的艺术手法，以便把生命从麻木的认知世界中唤醒。认知化产生的原因在于，事物被感受若干次之后就进入了概念、成为符号：事物就在我们面前，我们知道这一点，但看不见它。这就是"看"和"看见""听"和"听见"的区别，也正是"生活"和"体验"的区别——前者是自动化，是在认知时主体毫不在意的情况下发生的，后者是陌生化，是在被事物吸引后对事物本身真切的感受。为了唤醒形式的审美价值，什克洛夫斯基一再强调，陌生化的意义在于感性而不在于知性："形象不是可变谓语的不变主语。形象的目的不是使其意义易于为我们理解，而是制造一种对事物的特殊感受，即产生'视觉'，而非'认知'。"②

第三，以形式包含内容。巴赫金指出："什克洛夫斯基的文章的内涵在于：艺术仅仅是手法。"③ 他认为什克洛夫斯基对托尔斯泰的误读就是为了不惜任何代价地推行他对陌生化纯消极的理解，因为托尔斯泰的手法具有明确的意识形态功能，其基础是某种含义的内部价值成分的重新配置和变动，这和仅仅作为形式的手法是大相径庭的。但是实际上，什克洛夫斯基并不排斥意识形态、思想观念等内容方面的东西，而是同日尔蒙斯基、艾亨鲍姆等人一样强调形式与内容的不可分离性。日尔蒙斯基说："艺术中任何一种新内容都不可避免地表现为形式，因为，在艺术中不存在没有得到形式体现即没有给自己找

---

① ［苏］维·什克洛夫斯基：《散文理论》，刘宗次译，百花洲文艺出版社1994年版，第9页。
② 同上书，第16页。
③ ［苏］巴赫金：《文艺学中的形式主义方法》，李辉凡、张捷译，参见《巴赫金全集》（第2卷），钱中文译，河北教育出版社1998年版，第189页。

到表达方式的内容。同理，任何形式上的变化都已是新内容的发掘，因为，既然根据定义来理解，形式是一定内容的表达程序，那么空洞的形式就是不可思议的。"① 形式的突出有利于改变传统艺术中内容决定一切的现象，使形式摆脱附属地位，这本身也是一种陌生化过程。文学创作首先致力于形式的创造，"新形式的出现并非为了表现新的内容，而是为了代替已失去艺术性的旧形式"②。对此，巴赫金指出："奇异化概念中的消极因素同样也很强烈。在这个概念的最初的定义里，所强调的完全不是用新的积极的结构涵义去丰富词语，而是相反，强调的仅仅是消除旧的东西。由此，由于原来的涵义的丧失，就产生了词语及其所表示的客体的新奇和奇异性。"③ 但是现在的形式包括了内容，甚至可以说作品中的一切都是内容，俄国形式主义学派反对形式与内容的二元划分，在形式与内容一致的前提下以形式命名一切。这种"形式冲动"显然受到了席勒的影响，艾亨鲍姆在《论悲剧与悲剧性》一文中引述席勒关于完美的悲剧并不在其内容，而在其成功地运用悲剧形式的论述，指出艺术家就在于用形式消灭内容。④

这样，我们就要对前面谈到的作为技巧的修辞提出质疑。既然形式与内容是一体的，那么修辞就不会只是技巧层面的事情，它在进行形式革新的同时也逐渐改变了认知。这和第一章所谈到的 20 世纪解构性的修辞学走向是大体一致的：以转义修辞突破意识形态话语的围困，以一种全新的话语形式突破引不起审美趣味的自动化语言。有一幅题为《两个脱离了低级趣味的人》的漫画，画面上是两个经过变

---

① ［苏］日尔蒙斯基：《诗学的任务》，参见 ［苏］什克洛夫斯基等《俄国形式主义文论选》，方珊等译，生活·读书·新知三联书店 1989 年版，第 211 页。

② ［苏］维·什克洛夫斯基：《散文理论》，刘宗次译，百花洲文艺出版社 1994 年版，第 31 页。

③ ［苏］巴赫金：《文艺学中的形式主义方法》，李辉凡、张捷译，参见《巴赫金全集》（第 2 卷），钱中文译，河北教育出版社 1998 年版，第 187 页。

④ 这里的"消灭"应理解为形式吞并、包容着内容，内容被纳入形式，成为形式构成的元素。参见方珊《形式主义文论》，山东教育出版社 1999 年版，第 85 页。

形处理的人，下身各有一片树叶。① 从修辞格的角度上说，这一题名是"戏仿"，从字面意义上模仿了一位伟人的话，用"低级趣味"指野蛮状态，"脱离了低级趣味的人"指知道害羞、具有文明意识的人。前面已经指出，修辞格是通过本义与转义之间的双重对比产生审美效果的，而从陌生化的角度来看，转义在对比中解构了本义中的概念化认知，脱离"低级趣味"在这幅画中不再指人情操的高尚，而是在修辞重构后用于指"用树叶遮羞"。在这一认知的过程中，这幅画的审美形式被凸显出来。

在修辞制造偏离的过程中，审美形式和认知内容是同时在话语中呈现出来的。表达者在对话语意义和形式的颠覆中，会造成接受者心理期待的落空，修辞重构的话语偏离了常规表达，转义中的"对比"甚至会发展为"对立"，转义与本义的张力在陌生化中扩大了审美距离，也造成了认知上的偏离。与俄国形式主义表面上只关注"形式"的陌生化理论不同，布莱希特的陌生化理论直接将修辞的运用和其对认知的转变联系在一起，"把一个事件或者一个人物性格陌生化，首先意味着简单地剥去这一事件或人物的性格中的理所当然的、众所周知的和显而易见的东西，从而制造出对它的惊愕感和新奇感"②。感性与知性在这一过程中同时发挥作用，而不是像什克洛夫斯基所认为的只要感性不要认知："陌生化的反映是这样一种反映：它使人认识对象，但同时又使人产生陌生感。"③ 陌生化的手法有两种，其一是文本层面，即作品的布局、人物塑造的陌生化和戏剧结构叙事化；其二是舞台层面，即在表演过程中通过演员的表演、背景的设置及陌生化音乐的运用等舞台手段，制造陌生的效果。他把陌生化概括为这样一个公式：认识—不认识—认识，在陌生化之后使人们在更高阶段达

---

① 参见谭学纯、朱玲《广义修辞学》，安徽教育出版社2001年版，第36页。
② ［德］莱因霍尔德·格里姆：《陌生化——关于一个概念的本质与起源的几点见解》，君余译，参见张黎编选《布莱希特研究》，中国社会科学出版社1984年版，第204页。
③ ［德］贝·布莱希特：《论实验戏剧》，参见《布莱希特论戏剧》，丁扬忠等译，中国戏剧出版社1990年版，第62页。

到对人和事物的熟悉和理解。这样，在文本或现实中相对来说，俄国形式主义的陌生化手法只是在感性层面上唤起了人们的注意力，在纯粹的审美乐趣中强调对形式的观照，虽然认知只是修辞的结果；而布莱希特的陌生化只是借助修辞手法，实现感性层面向知性层面的飞跃，并且进一步揭示出作为形式的陌生化的修辞手法确实实现了认知改造。

二 三个层面的审美偏离

陌生化是以熟知化或自动化为前提的，正如俄国形式主义虽然取消了内容与形式的二元对立，但又要借助于材料或母题与情节的对立一样，审美偏离必须是有针对性的话语活动。从转义修辞的角度来看，审美偏离的第一方面表现为语言上的扭曲，这种扭曲是发生在针对标准语言、实用语（或称日常语言）而言的诗歌语言中——诗歌语言是一种困难的、艰深化的、障碍重重的语言，这也是形式主义学派的一贯主张，即坚持诗性语与实用语的区别。雅库宾斯基从说话人使用言语材料的目的角度来区分这两种语言，他认为"如果他们为了纯属实际交流的目的利用语言现象，那就属于日常语言的系统"，这种语言本身的声音、形象被忽略，只是作为交流的手段，另外一种语言系统就是诗性语，这一系统"实际的目的退居第二位（虽然没有完全消失），而语言学的构词因素获得独立的价值"[①]。托马舍夫斯基也指出日常语言是传递信息的手段，人们在表达思想的时候全部注意力在于交流，而不计较语言的风格；而文学作品中的语言则完全不同，"作品具有独特的表达艺术，特别注重词语的选择和配置。比起日常实用语言来，它更加重视表现本身"[②]，这样，修辞在文学中的地位便被突出了，并且具有了本体价

[①] ［俄］列夫·雅库宾斯基：《论诗歌语言的声音》，转引自［法］茨维坦·托多罗夫编选《俄苏形式主义文论选》，蔡鸿滨译，中国社会科学出版社1989年版，第25页。

[②] ［俄］托马舍夫斯基：《文学理论》，参见［苏］什克洛夫斯基等《俄国形式主义文论选》，方珊等译，生活·读书·新知三联书店1989年版，第83页。

值。这实际上否定了那种认为文学源自于生活，所以文学语言是从日常语言产生的观点。因为文学语言不仅是对日常语言的修辞加工和变形，不仅是对日常语言的延续和继承，更会是对其规范化、自动化、机械性的形式和结构的破坏。什克洛夫斯基就指出，"艺术的节奏在于对一般语言节奏的破坏之中"①，文学语言首要任务是在话语形式上超越日常语言，陌生化的审美感受正是体现在"偏离"之中。什克洛夫斯基引用鲍·赫里斯齐安森在《艺术哲学》中的论述强调了这种偏离的意义：

> 种种区别微细的印象：在选词用字，在词语组合，在句子排列和转换上的种种极微小的偏离常规之处——这一切只能为在该语言环境中如鱼得水的人所领会，他由于对常规有血有肉相连的自觉意识，对任何对常规的背离都会如同受到感官刺激一样有切肤般的感受。②

这是形式主义学派在文学史观或文学语言发展观上对传统观念的又一次陌生化，即否定了那种根深蒂固的延续发展观念，这同他们认为文学形式的陌生化是对流行艺术规范偏离的观点是一致的，"将历史视为一系列的突变，即与过去的一系列断裂，其中每一种新的文学现实都被看成是与上一代占主导地位的艺术准则的决裂"③。无论是标准语言还是艺术程序，都使审美感受不断退化为自动化的认知。作品的陌生化就在于突变和决裂中显示出独特的魅力，它不仅是与日常语言的对立，也是与其他作品和其他形式的对立。"艺术作品是在与其他作品联想的背景上，并通过这种联想而被感受的。艺术作品的形

---

① [苏] 维·什克洛夫斯基：《散文理论》，刘宗次译，百花洲文艺出版社1994年版，第22页。
② 同上书，第32页。
③ [美] 弗雷德里克·詹姆逊：《语言的牢笼：马克思主义与形式》，钱佼汝译，百花洲文艺出版社1997年版，第43页。

式决定于它与该作品之前已存在过的形式之间的关系。"① 这正是典型的修辞学特征：既要在话语本身精心雕琢，又要在说服力上——为何反对和建构什么——下功夫；而且修辞在陌生化过程中不仅是建构的基础，也是解构性的策略，以粉碎那些司空见惯、固定呆板的话语形式，以轻松和超然的审美态度重新感受世界、认识生活。

陌生化手法中的审美偏离可以从三个方面来理解。前面谈到的是两个层面，即语言上的偏离和艺术规范上的偏离，还有一个层面是指文学对现实的背离。在艺术世界中现实经历了审美改造，但是这种使事物变得陌生、使感知变得敏锐的陌生化手法只着眼于形式，内容或认知的东西被认为是包含在形式中的所以不予考虑。因此，陌生化并不意在说明任何已变成习惯并有待更新的感知的特性，它描述了适用于所有文学的一种过程，即形式上修辞性的变形。在艺术中，那些取自现实的材料必须经过艺术家在形式上进行夸大或缩小、分解和重组等修辞加工，使它们在语言中具备了崭新的形状、大小、色彩、性质等特征。因而什克洛夫斯基把艺术家看作是永远"挑起事物暴动的祸首"，事物在诗人运用的比喻、夸张、对比等修辞手法中"以新名字展现新颜"，所有的"暴动"过程和转变结果只是语言中生动的、新颖的表达，是那被亚里士多德称为"合适"的修辞学表达——"新词象新衣服一样，对象穿着很合身"②。将词语比作衣服，这是修辞学一个古老而又常见的看法。但是这个比喻在陌生化中所体现出来的意义是完全不同的，衣服不再是人体的附属，词语的转义也不是本义的奴仆，没有任何装饰的身体是千篇一律的，陌生化就是要打破这种枯燥乏味的形式，使身体展现在五光十色、千姿百态的外观中。文学艺术也就是要将模式化、抽象化的概念以转义修辞的语言呈现出来，使人们在形式中进行审美观照。因而对现实的偏离仍然是语言中的、

---

① ［苏］维·什克洛夫斯基：《散文理论》，刘宗次译，百花洲文艺出版社1994年版，第31页。
② ［苏］什克洛夫斯基：《故事和小说的结构》，参见［苏］什克洛夫斯基等《俄国形式主义文论选》，方珊等译，生活·读书·新知三联书店1989年版，第19—20页。

形式上的偏离，它是话语转义修辞的结果，是重新构建的审美现实——现实材料在作品中经历的变形，"如同艺术中的永恒规律，一切都是技巧的情由"①。不过，修辞和形式的过分追求，很容易使技巧和新奇本身成为崇拜的对象，并因此产生所谓道德上的不良影响，比如现代作品以色情、凶杀等情节制造强烈的感官刺激，这一直是审查制度监控的重要内容。但是如果修辞幻象真的激起台下的观众一怒而起，将舞台上演曹操的演员打死，即使不能怪罪观众审美距离的失控，也要做这样的反省：现实世界的游戏规则被强行用来检验艺术世界的合法性，而且这种游戏规则也只是修辞的、虚构的意识形态。陌生化所强调的并不是形式与内容二元对立基础上的形式，内容是被默认包含在内的。如何去判别艺术形式和思想内容的脱节，或者如何将展现在语言中的东西看作艺术，这本身就没有一劳永逸的标准。

当萨德的小说刚刚问世之时，那惊世骇俗的暴力与色情场面，的确是以陌生化的话语形式冲击了文学的主流话语，这首先就被施以道德上的压制，因为这种背离完全成为一种艺术对现实规则的造反，因为陌生化所造成的二者之间的鸿沟已经到了无法接受的地步。但是一段时期以后，萨德的这些小说却又备受青睐，甚至被视为某种意义上的文学经典，这不仅是艺术规则的改变引起审美趣味的变化，而且也是因为现实规则也已经发生了变革，它对艺术合法性的审查转移了方向。所以，从转义修辞的角度讲，陌生化理论反映出文学艺术话语形式始终有意无意处于审美偏离的道路上，只要它不是主动向现实规则屈服，道德上的评判就无须顾虑。现实和道德两层顾虑都被排除以后，我们可以这么认为，审美偏离是话语活动的生命所在，转义修辞不只是技巧，更是文本建构的根本驱动力。

但是，这真的是很乐观的结论吗？

---

① ［苏］什克洛夫斯基：《故事和小说的结构》，参见［苏］什克洛夫斯基等《俄国形式主义文论选》，方珊等译，生活·读书·新知三联书店1989年版，第23页。

三　审美偏离的自反式循环运动

一个很明显的情况是，并不是作品中的所有语言都是偏离的，标准语言也是必不可少的，任何话语中的偏离都需要背景的支撑，因而标准语言和艺术规范被认为是语言美化、变形的基础。陌生化理论展示了话语修辞活动的审美冲动，但俄国形式主义认为陌生化只是对作品中最关键因素或主导成分的形式上的变革。更为复杂的是，旧的修辞技法和话语形式并不会在变革中彻底消失，它们退居幕后，随时准备又一次的反击；在适当的时候，它们重新集结，从"支流"进入"主流"。所以，有必要从历时性角度来进一步考察审美偏离的过程。

从宏观上看，陌生化理论揭示了任何一种文学风格或文体在时间上的有限性，当一种形式被人们普遍接受并开始效仿时，自动化便开始了，话语也就从审美走向了认知。任何一种艺术形式都经历着从诞生到死亡、从审美感受力到习惯性认知的道路，任何偏离、任何修辞产生的转义都会有审美能量耗尽的时候，当"陌生"逐渐成为"熟悉"，话语在文学中的地位就摇摇欲坠了，它由激进变得保守，等待着其他形式的替代。就每一次的偏离而言，都是对处于麻木状态的认知的超越，使文学话语本身处于生命力充盈的生成过程中，也使文学话语在修辞的运作中激起欣赏者的审美感受力。而相反的运动却的确让人无奈：神奇必将成为腐朽！陌生化的一次运作既然不是长存的，就肯定要在转义修辞此起彼伏的翻新过程中走向自动化。但是如果从总的趋势来看，审美偏离使文学话语形式不断更新，修辞总在低迷的时刻划破阴霾，陌生化理论似乎就是以这种积极乐观的态度看待文学语言的发展。

这种历时性的演进并不意味着每一次偏离都产生与此前任何时候都不相同的话语形式，比如中国唐宋时期的古文运动和清代桐城派的古文运动，都是试图用历史上存在过的形式破坏保守的文体，匡正文学时弊。因而对当下修辞规范的背离并不妨碍某种程度的"复古"，在这种意义上，什克洛夫斯基说任何对常规的回归又被感受为区别。

由此就产生了这样一个问题：所谓"新"的话语偏离真的是完全原创的吗？它究竟新在何处？就第一个问题而言，陌生化理论实际上揭示了转义修辞在"支流"和"主流"的位置之间徘徊的规律。陌生化中的偏离因素不可能是空穴来风，它可能来自一种不受重视的居于下位的文体，就像中国文学中的词、曲、小说在最初只是下里巴人的娱乐形式。另外，在陌生化过程中，"过时的技法并没有被抛弃，而是在新的与之不相适合的上下文中重复使用，因此……使它再一次被感觉到"①。新的形式不仅是对相异的他者形式的反对，也是对之前的其他风格、文体的重新聚合，甚至还综合了被反对者的某些特征。"被战胜的'派系'并不被消灭，仍然存在。它只是从顶峰上推下来，到下面暂时休闲，可能重新生活，成为终身的觊觎王位者。而且实际情况更为复杂，这是因为新的霸主通常不是从前的形式的单纯的恢复者，它变得很复杂，既有其他晚出现的派别的特点，又有从那曾占据王位、如今起辅助作用的先行者那里继承来的特点。"② 于是，艺术形式的历史不能被简单地看成是断裂的历史，各种修辞技巧此起彼伏，相互之间有各自为政、分道扬镳，也有同气相求、同声相应，影响必然是多方面的。艾亨鲍姆也指出了文学话语形式"你方唱罢我登场"的现象，他认为新的艺术形式的创造，不是一种发明，而是一种发现，因为这些形式是潜藏在之前的某些形式之中的。③ 于是话语修辞在对形式的变革中，并不要求发明新的形式，只要能够改造被认为自动化了的艺术形式，曾经被打倒的现在又可以登上王位。

按照这种理论，艺术处于一个统一体中，所有的话语修辞形式都被网罗其中，审美偏离成了文学的自我评价和自我整合，文学因此不

---

① ［美］厄利奇：《俄国形式主义》，转引自［英］特伦斯·霍克斯《结构主义和符号学》，瞿铁鹏译，上海译文出版社1997年版，第71页。

② ［苏］巴赫金：《文艺学中的形式主义方法》，李辉凡、张捷译，参见《巴赫金全集》（第2卷），钱中文译，河北教育出版社1998年版，第323页。

③ 同上书，第326页。

断地给自己重新划定疆界，为主流的形式贴上"过时"的标签，为某些被冷落的形式贴上"审美"的标签。这显然即将导向一种结构主义的观点，即任何偏离都逃不出系统的界限，艺术规则就像象棋规则一样，从内部设置了每一次行动的合理性。从这种意义上来看，即使是解构性的修辞策略也不过是艺术形式的"自反式循环运动"。因为任何一种话语形式的偏离都是艺术手法的演替，艺术在反思中自发地改变修辞特征以更新审美感受，这一过程似乎是艺术的自主运动。"自反式循环运动"试图在系统中将不可预测的审美偏离固定下来。什克洛夫斯基曾经指出，陌生化在语言节奏上的破坏是"无法预测"的，将审美偏离加以系统化的诗学理论也是不会成功的。[1] 但是，它却以另一种方式获得了成功。这种成功已由他指出，而后又在受他所影响的一批理论家那里系统化。

雅各布森的诗学理论是以语言学和修辞学为核心的，他认为一件艺术作品，甚至某一个时期的作品中，可以找到一种主导成分，它保证了结构的完整性，也规定了整体的修辞状况。当以一种结构的观念来思考形式主义文学观时，雅各布森关注的不是这一主导成分是什么，或者它如何使文学语言偏离日常语言的，而是将重点放在主导成分与非主导成分之间的关系上，从系统的角度分析不同话语形式的升降沉浮。"诗的形式的演变，与其说是某些因素消长的问题，不如说是系统内种种成分之间相互关系的转换问题，换句话说，是个主导成分转换的问题。通常在一整套诗的准则中，尤其在对某种诗的类型有效的一套诗的准则中，原来处于次要地位的诸因素成了基本的和主要的因素。另一方面，原来是主导因素的诸因素成了次要的和非强制性的因素。"[2] 审美偏离现在是可分析的，其演变规律可以在溯源的过程中总结出来。艺术是一个转盘，它在旋转之后指针对准哪里，新的

---

[1] [苏] 维·什克洛夫斯基：《散文理论》，刘宗次译，百花洲文艺出版社1994年版，第22—23页。

[2] [苏] 雅各布森：《主导》，任生名译，参见赵毅衡编选《符号学文学论文集》，百花文艺出版社2004年版，第11页。

等级就这样定了下来。整个艺术系统具有巨大的审美潜能，它支持着自身某一成分的突出，从而产生明显的审美效应（所以是自反式的）。而其作用机制仍然是转换、变形等转义修辞手法，"换言之，艺术价值系统中的连续转换暗指不同艺术现象的评价中的连续转换。在旧系统中为人轻视的，或被认为是不完善的、弄着玩玩的、歪门邪道的，或简直是错误的东西，或者异端邪说的、颓废的和毫无价值的东西，在新系统中，则可能作为一种积极的价值来采用"①。穆卡洛夫斯基的"前推"也具有同样的倾向："藉以取得这些突然中断的手段，是经常交替使用基本意义和修辞隐喻意义两个平面。有些词在作品的某一部分要理解为修辞意义，在其他部分则须理解为基本意义。"②

　　这种狭隘的观点，限制了转义修辞的创造性。似乎偏离真的不是发明，而只是对已有艺术手法的选择。但是一方面艺术不是封闭的，尤其是从修辞学的角度看，它是与社会其他方面发生着能量交换和转换的，话语修辞在偏离过程中肯定会加入新的因素。以中国新文学史上第一篇白话小说《狂人日记》为例，这篇小说在修辞形式上较之以前的小说有了重大的革新。从文本建构上来说，它首先要革新的是作为旧伦理道德观念的载体的旧艺术形式——文言文，但小说一开始便是一段文言文：

　　　　某君昆仲，今隐其名，皆余昔日在中学校时良友；分隔多年，消息渐阙。日前偶闻其一大病；适归故乡，迂道往访，则仅晤一人，言病者其弟也……

　　而小说正文则采用白话文。这种文体的分裂，实际上隐喻了两

----

　　① ［苏］雅各布森：《主导》，任生名译，参见赵毅衡编选《符号学文学论文集》，百花文艺出版社 2004 年版，第 13 页。
　　② ［捷］穆卡洛夫斯基：《标准语言与诗歌语言》，竺稼译，参见赵毅衡编选《符号学文学论文集》，百花文艺出版社 2004 年版，第 29—30 页。

种话语系统背后价值体系的分裂：文言文包含着旧的价值观念，这种修辞形式已经与封建落后的伦理道德合二为一，造成了"狂人"思想上的禁锢；而白话文破旧立新，从话语形式上颠覆了文言文的传统权威，狂人的"清醒"正是建立在这种新的修辞方式之上的。在这场文体变革中，陌生化了的修辞形式——白话文，不仅是对司空见惯的、千篇一律、僵化刻板的旧的艺术规范和语言形式的背离，从而激起人们强烈的审美感受，同样重要的是，它在话语权力的争夺中逐渐暴露了文言文中"吃人"的封建礼教，也就是从认知上向人们展现了一种新的可能性。但是，这种陌生化的修辞方式难道不是结构中"前推"的结果吗？白话小说在明清时期不是已经形成了吗？

曾经有语言学家拿新旧白话做过比较："试把《红楼梦》一类的书和现代欧化的文章相比较，则见前者的长句子很少，后者的长句子很多，这并不是偶然的。西洋的句子本来就比中国的句子长，中国人如果像西洋人那样运用思想，自然得用长句子；翻译西洋的文章，更不知不觉地用了许多长句子。"[①] 一方面，白话文的陌生化在很大程度上吸收了外语的文体形式，这种异质因素在中国语言文学这样一个"系统"中是根本没有的，所以也就无所谓"前推"了。另一方面，假如现代白话小说是明清小说的"前推"，这种追溯还要继续下去，即明清小说是唐宋传奇的"前推"，而唐宋传奇又是魏晋笔记小说的"前推"。这已经完全跨越了文言和白话的界限，文体的每一次变化都必然会产生新的话语形式，否则现代白话与魏晋笔记小说之间的差异不会如此之大。"前推"过分强调了新旧形式的连续性和同一性，而忽视了转义修辞本身巨大的审美偏离力量：以对本义的背叛为荣，以对转义的追求为乐。

不过从另一方面来看，这种形式主义的限定性，却是对人类自高自大姿态的打击，它提醒人们似乎有一个无形的系统滋养着我

---

① 王力：《王力文集》（第二卷），山东教育出版社1985年版，第478页。

们。偏离看上去是激进而诱人的，但是又容不得任意而为，审美偏离的修辞话语如果被视为系统的产物，那就相当于有一个"生产"言语的语法；但如果被视为个人在具体语境下的发挥，那么感性直观的无限丰富性是理性永远不能把握的，这才是真正的活生生的转义修辞。这两者是相互结合的，我们在话语中既不可能摆脱本义，又不会因为其存在而失去了创造性，审美偏离总是不断开辟着新的形式。

第二节　叙事修辞

转义修辞可以在新形式中突破旧形式，但是从话语生成的角度来看还有一个问题：修辞能否摆脱语法的束缚，或者说修辞是否来源于语法？本节将从叙事的角度对此进行考察。

一　叙事语法中的"本义—转义"关系

当马原在小说中声称"我就是那个叫马原的汉子"的时候，读者一下子从那个近乎真实的世界中清醒过来，"叙事"的突然降临改变了通往文学意义的审美之途。在现实主义文学传统中，内容在认识论上的优先性引导着文学意义及其审美意蕴的生成，形式则以感性显现的姿态小心翼翼地配合内容的表演。20世纪的语言论转向包括叙事理论的出现使人们对文学中的一些基本问题进行重新定位：真实与虚构、内容与形式、故事与情节、作者与文本等，于是"讲什么"不再重要——正如《圣经》上所说，"日光之下，并无新事"，"怎么讲"才关乎作家的创造性和作品的艺术性。

即便是在现实主义文学创作中，人们也无法回避"怎么讲"的问题，文学要处理人与世界的关系，必然要经历一个"赋形"的过程。正如席勒所言，事物的实在是事物的作品，事物的显现是人的作品，"不论我们对历史追溯到多么遥远，在摆脱了动物状态奴役的一切民族中，这种现象都是一样的：即对外观的喜悦，对装饰和游戏的爱好"①。形式创造既是一种审美冲动，也是至关重要的生命冲动，是人性对动物性的超越，也是从人的基本需求向高级需求的提升。于是在传统形而上学体系中，一方面是形式作为思想内容的辅佐而服务于某种文学意图，另一方面形式也不断地尝试突破内容的束缚而获得自由。这后一方面的努力在20世纪文艺领域终得以实现，俄国形式主义、英美新批评、结构主义、后结构主义无不是将文学的外部研究转向内部研究，从对内容的偏重转向对形式自律性的考察。

不同于俄国形式主义将文学性等同于修辞性，结构主义和叙事学则从文本结构的内在规律去探索文学的奥秘。这一转变导致文学的修辞研究走向了语法研究，结构主义对话语生成规律的发掘，是对文学"变中之不变"的关注，是在忽视话语的审美性、情感性的基础上对文本的系统化、抽象化概括。其结果是文学性被缩小为结构性，转义修辞被视为系统语法的产物，而文学文本则成为结构"感性显现"的例证。这对修辞学是极为不利的，修辞学研究"言语"，而结构主义研究"语言"，索绪尔在确立结构主义语言学研究对象的时候已经将修辞学限制在边缘地带。当结构主义进入文学研究以后，叙事逻辑和叙事语法成为其解决文学性问题的关键之处。在结构主义看来，某种抽象的逻辑结构或语法结构是文学话语存在的根本，修辞依附于这一结构并在一定限度内发生转义，转义本身则成为语法范畴而非修辞范畴。以修辞格为例，具体转义修辞手段被看成是语义调整的结果。如"反复"这一修辞格在文学文本中可以被分析为话语层面上的语义重复。鲁迅在《野草·题辞》中写道：

> 野草，根本不深，花叶不美，然而吸取露，吸取水，吸取陈死人的血和肉，各各夺取它的生存。当生存时，还是将遭践踏，将遭删刈，直至于死亡而朽腐。
>
> 但我坦然，欣然。我将大笑，我将歌唱。
>
> 我自爱我的野草，但我憎恶这以野草作装饰的地面。地火在

---

① ［德］席勒：《美育书简》，徐恒醇译，中国文联出版公司1984年版，第133页。

地下运行，奔突；熔岩一旦喷出，将烧尽一切野草，以及乔木，于是并且无可朽腐。

但我坦然，欣然。我将大笑，我将歌唱。

从结构主义角度看，两句"但我坦然，欣然。我将大笑，我将歌唱"语义内容没有任何不同，这就构成了"反复"这一修辞格的基本条件。这种抽象化忽略了情感上的前后变化，同一句话的再次出现在审美内涵上完全不同——对于"死亡而朽腐"和毁灭而"无可朽腐"的"坦然""欣然""大笑""歌唱"如何等同？

同样道理，"反衬"是词或话语之间在语义关系上的对立；"递进"是一个词或某一话语在语义所指的量上大于另一个词或话语。而对于最为传统的修辞格"隐喻"，则是在相似性和差异性的语义系统中确立的两种事物之间的联系。于是，在结构主义叙事学研究中，文学"怎么讲"故事的问题就成了如何处理语义关系的问题，也就是从语法研究的角度对文学文本进行科学的分析和归纳，这就使转义被重新理解。

叙事学研究是为了发现文学的意义和形式得以组织的规律，也就是去寻找结构上的"本义"，"本义—转义"的区分仍然是这种文学研究的立足点。早在古希腊诗学中，"模仿说"就已经将现实和文学的关系进行了分层，无论是认为文学源于现实，还是强调文学比现实更真实，都确立了一个文学转义活动的起点。叙事学对本义和转义的区分不仅设定了转义活动的起点，更用某种转换生成的机制框定了转义运作的过程和方向。在修辞学中，转义是话语生成的动力，而在叙事学中作为本义的"结构"才是文学生命力的内在原因，转义成为结构的枝叶。实际上，从俄国形式主义开始在文学研究中就采用了故事和情节的二分法，有学者认为这一区分是什克洛夫斯基"最富有成果的观念之一"[①]，不过俄国形式主义把情节看成文学形式的有机因

---

① [英] 特伦斯·霍克斯：《结构主义和符号学》，瞿铁鹏译，上海译文出版社1997年版，第96页。

素，情节的编织特别是转义修辞手法的运用在形式创造中具有决定性作用。顾名思义，"故事"是指事件本身，而"情节"则是围绕故事所进行的形式处理，故事是材料，情节是对材料的组织加工。不过在叙事学中，故事也指从文本中还原出来的事件或者准确地说是"结构性"的事件，这相当于"本义"；情节相应地是指事件结构的填充和扩展，相当于"转义"。无论是从修辞学的角度还是从语法学的角度看，故事和情节的关系与本义和转义的关系都基本一致。

托多罗夫用"故事"（histoire）和"话语"（discourse）的二分法来区分作品的素材和表达形式，此后出现了一系列相似的二分法，以及热奈特和里蒙-凯南等人的三分法。对于叙事修辞而言，三分法有着非常重大的意义，这种区分是将叙述话语与产生话语的行为或过程区分开来，具体在后面会谈到，二者分别相当于转义和转义行为，所以三分法仍然可以放在"本义—转义"模式中。二分法衍生出来的各种模式有：

  俄国形式主义：情节（sjužet）—故事（fabula）
  托多罗夫：故事（histoire）—话语（discourse）
  罗兰·巴特：行为（action）、功能（function）—叙述（narration）
  米克·巴尔：故事（histoire）—叙述文本（texte narrative）、叙述（récit）
  查特曼：故事（story）—话语（discourse）
  热奈特：故事（histoire）—叙述行为（narration）、叙述（récit）
  里蒙-凯南：故事（story）—叙述（narration）、文本（text）[①]

---

① 参见徐贲《小说叙述学研究概观》，《文艺研究》1988年第4期。

首先在"本义"这一边,"故事"不能被看成是现实世界中发生的事件,它是作品中虚构出来的一系列行动的总和,但是在话语的表达中我们不可能面对纯粹的故事。在形式主义那里,故事可以是像普罗普那样对作品中各种功能的还原和重构,或者像什克洛夫斯基那样认为在艺术创作前有一个故事的模型或"大纲"以供阻缓、穿插等修辞手段来编织情节。这似乎违反了形式主义的一个原则,即形式就是内容,他们反对的那种二元对立现在转换成"故事"和"情节"的对立,如果作品的叙述话语就是其内容,那么预设一个与此话语形式对立的故事有何必要呢?显然,这是为艺术的陌生化提供参照,为审美偏离提供一个起点,当然我们可以把"故事"和标准语言一样看作一种虚拟的形式,但是故事的相对稳定性和建立在此之上的叙事话语的无限可能性的关系,无异于现实及其艺术再现的关系。就形式主义学派自身的理论重点而言,他们关注的是在这种对立之上审美偏离是如何产生的,形式如何不停地为自己生产内容,只是当我们从结构主义叙事学的角度回头看时,这个问题才凸显出来。

那么修辞学在话语生成方面的转义作用在叙事学中究竟怎样呢?通过上述二分法我们会猜测修辞学应该在"话语"或"叙述"一极加入到叙事行动中,然而"故事"及其得以组织的规律对转义修辞活动施加了很大的限制。普罗普在研究民间故事的过程中,划分出各种功能并勾画了功能之间的逻辑关系,布雷蒙称之为"对所叙故事起支配作用的那些规律的研究"[1]。这些规律在普罗普那里是指特殊事件本身所具有的逻辑:从功能到上一级单位序列,由序列组成叙述的网络即图表,由功能标识出可能性,再以可能性为联结分析是否变成现实、是否达到目的。故事于是就在一种严密的逻辑结构中得以展开,而叙事话语则似乎成了逻辑发展的必然呈现。叙事学研究又进一步将研究的视野扩展为对任何叙事作品都适用的逻辑,这导致了叙事

---

[1] [法]布雷蒙:《叙述可能之逻辑》,张寅德译,参见张寅德编选《叙述学研究》,中国社会科学出版社1989年版,第153页。

话语成为事件发展的结果、修辞成为逻辑的附庸。布雷蒙感慨道："正如植物学家或博物学家在确定其对象时使用精确的结构特性一样，对各种叙事领域进行分类的工作也建立在同样精确的结构特性基础上。"① 虽然这种叙事研究方法后来得以改进，但重叙事逻辑和叙事语法而忽视叙事修辞的倾向仍然延续下来。

托多罗夫曾经对"叙事逻辑"研究进行过归类，巴特在《叙事作品结构分析导论》中做了介绍：

> 第一种是比较正规的逻辑方法（布雷蒙），旨在重建叙事作品运用人类行为的句法，描述在故事的每个点上某个人物必然要遵循的"选择"路线，以此来阐明也许可以称之为有效逻辑的东西，既然这种逻辑在人物决定行动的时刻抓住人物。第二种是语言学的方法（列维-斯特劳斯、格雷马斯）。这种研究方法主要想在功能中找到纵向聚合的对立，这些对立符合雅各布森的《诗学》原则，沿着叙事作品的纬线"展开"（但大家将看到格雷马斯为纠正或补充功能纵向聚合说所做的新的发挥）。第三种是托多罗夫提出的方法，稍稍有些不同，因为这种方法把分析放在"行动"（即人物）层上，试图拟定叙事作品赖以将一定数量的基本谓语加以组合、变化和转换的规则。②

巴特本人的叙事研究也是采用逻辑方法，不过他认为上述这三种相互竞争的方法无法把握叙事作品中许多基本单位，还需要更详尽的办法来说明叙事作品"所有单位及其最小的切分成分"。于是他确定了功能、行动和叙述三个描述层，以逐步构成一个完整的逻辑序列。功能分析涉及一些微型序列，向上结合为行动层，以至叙述层。并不

---

① ［法］布雷蒙：《叙述可能之逻辑》，张寅德译，参见张寅德编选《叙述学研究》，中国社会科学出版社1989年版，第153页。
② ［法］罗兰·巴特：《叙事作品结构分析导论》，张裕禾译，参见伍蠡甫、胡经之主编《西方文艺理论名著选编》（下卷），北京大学出版社1987年版，第487—488页。

是所有的功能都重要，有些功能是叙事的关键，有些则只是填补，前者称为"核心"，后者是"催化"。巴特的独特之处在于，他认为如果取消某个核心肯定会使故事发生变化，而如果取消一个催化也会使话语发生变化。功能的另一类单位是标志和信息，前者与核心一样重要，只不过是在纵向而不是横向上发挥作用，标志指向某种含蓄的所指；而信息同催化一样只有着微弱的功能性。核心/催化、标志/信息构成了功能层的结合关系。此外巴特还强调叙事作品形式的基本特征具有两种能力："将其符号沿着故事膨胀开来的能力和将无法预见的扩展纳入这些畸变的能力。"①他这里提到的叙事作品中的"畸变和扩展"似乎就是我们关注的转义修辞，但实际上巴特限制了转义的自由，指出这两种能力是由叙事话语自身的逻辑所紧紧维系的。功能的核心之间会形成一个个间隙，理论上间隙可以被无限量地填补，但是叙事作品的创造性在一个逻辑体系中得以稳定："作品从编码最严密的部分（音位层，甚至音素特征层）开始，逐步扩展到灵活结合的终点——句子，然后又从还很灵活的小句组（微序列）出发，伸展到大的行动，大的行动形成一个严密的数量有限的代码。"② 在这样一个逻辑序列中，话语生成有着明确的方向性，修辞的转义作用也就缺乏自主性，修辞被逻辑所围困。

　　这一类叙事研究从故事出发勾勒作品的逻辑结构，但故事的分析是为了得出更普遍意义上的叙事语法。话语层或叙述层的研究只是为了弄清故事生成的具体结构，然后以此为基础去寻找叙事作品中共同存在的叙事语法。虽然叙事学后来逐渐重视话语，关注叙事人物、叙事时间、叙事视角等问题，但叙事语法研究仍然是其内在追求。自从索绪尔将结构主义语言学的研究对象确定为"语言"而非"言语"起，普遍语法就有着极大的诱惑力。发展到结构主义叙事学，学者们

---

① ［法］罗兰·巴特：《叙事作品结构分析导论》，张裕禾译，参见伍蠡甫、胡经之主编《西方文艺理论名著选编》（下卷），北京大学出版社1987年版，第500页。

② 同上书，第504页。

仍然是以文学的"语言"研究为使命，从故事发展的逻辑中探寻情节的发展潜能，"探索结构主义者所谓的叙述的组合，或生成故事的结构是如何构成的，亦即生成故事情节那种叙述能力，简言之，文学的语言"①。托多罗夫和格雷马斯都认为存在一种深层的叙事语法，故事都是来自于这一语法；在此之上，各种语言中还存在着一种"普遍语法"，这反映出人类在语言活动和心理活动中有着不可思议的一致性。由此推而广之，结构主义还假设，普遍语法在语言之外同样发挥作用，人类生活的诸多方面都是建立在深层语法之上，列维-斯特劳斯的结构人类学已在这方面做了较深入的探索。因此从这一思路展开的叙事作品研究将目光聚焦于结构上而不会考虑作品的美学意义。

  托多罗夫在对《十日谈》一书的研究中，从句法分析角度确定了叙事结构的两个基本单位：陈述和序列。陈述相当于句子，是叙述基本单位的最简化行为，它由名词（人物）和形容词（特征）或者和动词（行动）组合而成，特征简化为三个形容词：状态、特质和身份，行动简化为三个动词：更动、犯罪与惩罚。陈述依附于五种语式：直陈式、命令式、祈使式、条件式和假定式。序列由陈述按时间关系、逻辑关系、空间关系汇集排列而成，又分属性与惩罚两类，前者主要涉及人物描写的故事，后者主要涉及法律、违法以及对违法者的惩罚。② 在这一个叙事语法的体系中，故事和话语的二元划分只是为了揭示作品清晰的结构，不再具有对立关系，因为故事被简化为最基本的陈述句，话语则是这些陈述句的联结和扩充。后来托多罗夫干脆放弃了二分法而采用了一元论，他在《文学作品分析》中写道："在文学中，我们从来不曾和原始的未经处理的事件或事实打交道，我们所接触的总是通过某种方式介绍的事件。对同一事件的两种不同的视角便产生两个不同的事实。事物的各个方面都由使之呈现于我们

---

① ［英］特伦斯·霍克斯：《结构主义和符号学》，瞿铁鹏译，上海译文出版社1997年版，第96页。
② ［法］托多罗夫：《从〈十日谈〉看叙事作品语法》，黄建民译，参见张寅德编选《叙述学研究》，中国社会科学出版社1989年版，第177—188页。

面前的视角所决定。"① 事件在话语中的具体呈现一方面要受制于叙事语法规则，另一方面又因视角等因素的不同而发生变化。当叙事语法的研究进一步和文学作品结合的时候，人们开始反思：在陈述句中发生的事件，是否因叙事行为差异而发生转义，并对叙事语法构成了压力甚至威胁，即叙事修辞将获得某种程度的自由。从前面的分析可以发现，叙事学从故事结构研究开始一直到叙事语法研究，都未曾给修辞学留下活动的空间，反而从词语到篇章都将文学语言抽象化了，那么在话语层面上叙事学为转义修辞提供了怎样的创造性场所呢？

二　叙事语法基础上的叙事修辞

美国学者普林斯将叙事学家划分为三类，其中第一类学者的研究就是采用前述重故事结构和叙事逻辑的方法，这是受到普罗普的影响，围绕事件功能、结构规律、发展逻辑进行探索。第二类学者则以法国叙事学家热奈特为代表，研究重心从"故事"转向"话语"，考察作品话语层面上对叙事视角、人称、语序等的运用。第三类以普林斯本人和查特曼等人为代表，他们认为事件的结构和叙事话语都很重要，因而两者兼顾。② 我们前面所分析的是第一类，即叙事语法的研究。

现在我们转向以热奈特为代表的第二类叙事学家。热奈特围绕修辞学准则、叙事技巧、诗歌结构等问题对文学作品的话语形式进行了深入研究，发表了大量文学批评文章，并分别于1966年、1969年和1972年出版了《辞格一集》《辞格二集》和《辞格三集》。他认为文学作品就像一连串的修辞格，编织成一个意义生成的内部空间，热奈特把这种话语层面的叙事研究称为"辞格"（figure）研究，主要包括对作品时间、语式、语态等进行的研究，而托多罗夫1966年发表的

---

① ［法］托多罗夫：《文学作品分析》，王泰来译，参见王泰来等编译《叙事美学》，重庆出版社1987年版，第27页。

② 参见申丹《叙述学与小说文体学研究》，北京大学出版社2004年版，第4页。

《文学叙事的范畴》中将同样的研究称为"语法"研究。这一称呼上的差异已经暗示了热奈特所谓的"辞格"的限度。他对叙事话语的分析涉及两种关系的研究:"一种是话语和它所记录的事件(第二层意义上的叙述)的关系,另一种是话语和产生它的行为的关系,这个行为可以是真实的(荷马),也可以是虚构的(尤利西斯),即第三层意义上的叙述。"① 也就是说,叙事话语分析包括:研究叙事文和故事之间的关系,叙事文和叙述行为之间的关系,以及故事与叙述行为之间的关系,这是借鉴了托多罗夫的划分方法。就具体内容来看,二者的研究有着很大的相似性,如托多罗夫将叙事视角分为三类:叙述者>人物(全知)、叙述者=人物、叙述者<人物(限知),热奈特相应地称为:无聚焦或零聚焦叙事、内聚焦叙事和外聚焦叙事,研究思路大体一致。

热奈特所讲的辞格是强调作品的话语形式,这与前述重视故事的结构和发展逻辑不同,一个是结构的扩充,一个是逻辑的抽取。但这种叙事研究与叙事语法有着千丝万缕的联系,他认为一切叙事作品,"都是连贯一个或若干个事件的语言产物","我们有理由把叙事文可以看作是随心所欲地无限制地发挥某一个动词形式,从语法意义上讲,即一个动词的扩充"②。在这一表述中热奈特已经很明确地将"扩充"视为叙事语法。第一类研究也很重视动词在叙事结构中的作用,功能及序列的核心就是动词的联结,托多罗夫分析的陈述句就是以名词加谓语的形式构成的。热奈特以动词的扩充来对待叙事作品的话语,与第一类研究路径相反,更多地关注语法之上的转义行动,这使得叙述行动被看成是有着一定自由度的话语生成过程。话语生成到底有多大的自由度呢?在扩充问题上,热奈特仍然是把最简化的"故事"作为初级的叙事话语,例如"我走路,皮埃尔来了"这一表述。

---

① [法]热奈特:《论叙述文话语——方法论》,杨志棠译,参见张寅德编选《叙述学研究》,中国社会科学出版社1989年版,第189页。

② 同上书,第193页。

叙事修辞则是一个相反的过程，通过叙述行动使叙事话语不断扩张，他举例说："《奥德修纪》或《追忆》只不过是在某种方式上扩充了（从修辞意义上讲）'尤利西斯回到了伊大嘉岛'或'马赛尔成了作家'这两个陈述句而已。"① 由此可以见出叙事语法和叙事修辞的基本差别，即叙事语法关注"动词的扩充"，研究叙事作品"是什么"的问题；而叙事修辞则关注"何种方式上的扩充"，研究叙事作品"怎么样"的问题。不过叙事修辞的基础仍然是某种语法结构，即使关注"怎么样"，也更多是逻辑意义上的，这就大大限定了话语生成的空间，使转义运作无法超越本义的束缚。从热奈特接下来对叙述话语如何扩充问题的分类上就能发现这一束缚，他写道："这个观点或许允许我们利用动词语法的分类法来组织，或至少来表述叙述话语分析的各个问题，在此，归纳为三大类：第一类关于叙事文时况和故事时况之间的关系，我们归为'时况'类；第二类，关于叙述'表现'的方法（形式和程度），我们称为叙事文的'语式'（距离和视角）；最后，关于叙述行为本身在叙事文中被牵连的方式，也就是说，叙述的情境或主体，以及它的两个主角：叙述者和真实的或潜在的叙述接收者。"② 单纯在"动词的扩充"意义上讲，叙事修辞在话语生成中有着一定的自由度，这也是转义发生作用的重要方式（换喻层面上），但是由于热奈特强调按照"动词语法的分类法"来对待叙述行动，这就使得转义完全成为语法意义上的话语组织，因而叙事修辞依然无立足之地。

前面在讨论审美偏离时遇到的问题现在再次出现：转义修辞的生成在多大程度上已经由话语系统本身所决定了？如果过分看重系统或结构的本身，那么修辞就只能是外在的装饰，对话语生成只起到辅助性作用，这样叙事修辞之于叙事语法的意义，就是在结构的每个环节

---

① ［法］热奈特：《论叙述文话语——方法论》，杨志棠译，参见张寅德编选《叙述学研究》，中国社会科学出版社1989年版，第193页。

② 同上。

都确定以后进行有限的扩充、调整等行为。所以热奈特仍然是以故事的基本序列为基础来确定叙述行动的时间状况，比如他用公式的形式对停顿、场景、概要和省略四种叙述运动进行的概括，就是通过"故事时间"和"叙事的伪时间或约定时间"表达出来的。① 因此热奈特的叙事研究仍然表现出叙事语法的忠实，仍然无法脱离故事来分析叙事话语和叙述行动，这就使得叙事作品语法意义上的转义就只能是围绕本义所进行的有限的偏离和扩充。难怪德曼曾指责他和托多罗夫的新修辞学一样都是"新语法"，将修辞看成是一种工具性的装饰，没有将之看成是语言内部的"转义或修辞格"②。这样修辞学的地位就和之前一样是从属的，它在话语生成中的能产性仅限于语法框架之内，无论是普罗普、格雷马斯的叙事语法研究还是热奈特这种辞格研究，为修辞学保留的空间都是极其有限的，纵向上是选择，横向上是组合和扩充，其中心都被预设为某种稳定的故事或结构。于是话语中转义行为所制造的偏离不会给中心带来威胁，甚至在结构主义视野中偏离也有着某种系统化的路线。

在谈到叙事作品的形式基本特征时，巴特分析了畸变和扩展，前者是指符号按照某种逻辑使故事膨胀开来，这使叙事作品保持着连贯性和整体性，比如"悬念"增加了故事结构的张力而更吸引人，但只是形式上的威胁因而不会从根本上破坏叙事。扩展则是在对因畸变留下的间隙进行填补。无论是畸变还是扩展，在话语生成方面的自由都是被限定在结构之中的，如巴特所说，"这两种能力看上去好似两种自由，但叙事作品的特性正在于把这些'差别'包含在自己的语言之中"③。热奈特和巴特在这方面基本上是一致的，区别仅在于热奈特是从句法学出发，巴特则是从语义学出发，这就使得前者的研究

---

① [法] 热拉尔·热奈特：《叙事话语 新叙事话语》，王文融译，中国社会科学出版社1990年版，第60页。
② De Man, Paul, *Allegories of Reading*, New Haven: Yale University Press, 1979, p.6.
③ [法] 罗兰·巴特：《叙述结构分析导论》，张裕禾译，参见伍蠡甫、胡经之主编《西方文艺理论名著选编》（下卷），北京大学出版社1987年版，第500页。

显得更加"微观",更关注话语形象和话语生成,这也许就是热奈特将自己的研究称为辞格研究的原因之一。以扩充为例,巴特认为"功能的核心由于膨胀开来而露出一个个的间隙,这些间隙几乎可以无限量地加以填补"①,这一无尽的"催化能力"为转义修辞的话语生成活动提供了可能,但是结构的有限性和稳定性又使这种填补活动只能围绕在"功能"四周。巴特曾分析过弗莱明的小说《金手指》,其中一个片断是邦德等飞机的时候要了一杯威士忌,威士忌作为功能的单位点经过诸多的中间环节一步步推进(喝掉,等候,启程,等等)并走向最终的意义。一方面叙事作品靠功能单位的畸变使整体性得以维持,另一方面扩展既聚集在第一功能周围,又在填补过程中顾及其他功能和更高一级的行动层。这些畸变和扩展维系着叙事话语的生成,但同时也被叙事结构所"吸收"。相应地,在分析《追忆逝水年华》时,热奈特指出普鲁斯特的叙事变得越来越不连续,越来越被切割,庞大的场面用巨大的空白隔开,故越来越偏离叙述等时的假定"规范",普鲁斯特对作品的不断扩充使作品失去了平衡性,"形势虽能解释细节的'填充',却不能分析整体的写作"②。从这样的批评可以看出热奈特对叙述行动规范性的看重,以及对填充方向性的强调。叙述话语中的"内插""扭曲""浓缩"这些偏离是有严格规律的,叙事结构同样"吸收"了这些偏离。如果我们所说的叙事修辞就是这种挤在语法缝隙中的话语偏离,那么话语生成究竟还有多大的审美冲动呢?

三 叙事修辞中转义的可能性

叙事语法研究将故事及其意义简化为公式,把修辞的转义行为控制在一定范围内,文学话语所具有的个性和差别被严重忽视;而当叙

---

① [法]罗兰·巴特:《叙述结构分析导论》,张裕禾译,参见伍蠡甫、胡经之主编《西方文艺理论名著选编》(下卷),北京大学出版社1987年版,第502页。

② [法]热拉尔·热奈特:《叙事话语 新叙事话语》,王文融译,中国社会科学出版社1990年版,第58页。

事语法暂时放下普遍原则去关注情节的组织时，马丁指出他们仍然没有跳出语法化的思维模式，"叙事分析家们却往往容易忽略表面的含混，并将单一的结构描述在具有不止一种意义的诸故事的头上"[①]。严格地说，这些叙事研究者不是无视偏离问题，而是从一种静态结构出发将偏离看成是话语可测量的变量，因而对话语生成的转义特性缺乏足够的关注。叙事学的结构主义视角使研究者们过多停留在作品中，而对文学的其他要素视而不见。从作家创作到读者阅读，文学活动中的审美反应都不能由逻辑和语法提供，只能说它们是话语存在的基础，至于文学性话语生成则必须超越这一基础，转义的冲动、偏离的欲望使话语创造成为可能。

叙事学这种结构化、语法化研究在文学活动中来说与创作和阅读实践是相反的，它致力于揭示叙事作品某种表层或深层的抽象结构，但这是滞后的，不能由此来制定修辞的路线，文学性审美话语的生成是在转义活动中不断实现的。约翰·霍洛韦在对《十日谈》所做的讨论中指出："当我们在一个故事中前进时，每一个新场面都被解释为对于至此为止的整个序列的一个修正（一个诸集合的集合），它又导致有关结局的期待受到修正。"[②] 他还强调，从读者的角度来说，意义是我们"制造"出来的东西，而不是我们试图"获得"的一种产品。从行动到功能再到序列，即使假定存在着前后组合关系，但并不意味着新情境的出现总是为序列的完成和转换提供支持，这就像并不能由行动的先后来确定因果关系一样，叙事话语的开放性很可能使叙述行为不是建构而是解构了故事本身，由此导致了异质性成分的产生，使叙事错综复杂。美国学者卡勒对此曾指出："叙事学假定事件存在于话语之前，一种等级体系便由此建立起来，但叙事作品在运作时经常颠覆这一体系。叙事不是将事件表达为已知的事实，而是表达

---

① 参见［美］华莱士·马丁《当代叙事学》，伍晓明译，北京大学出版社2005年版，第97—98页。

② 同上书，第100页。

为话语自身。"①从结构主义叙事学转向后经典叙事学，叙事才真正和修辞建立了紧密联系，因为在后经典叙事学理论中，故事本身的存在只是一种权宜之计，它是完全虚拟和不稳定的，叙事学研究关注的应该是叙述过程中所呈现出的事件，而这并不依赖于也并不指向某一结构中心。文学是充满"或然性"而非"必然性"的，从叙事修辞的角度研究作品并不是要还原事实和建构故事，而是要揭示故事在话语层面上的生成状态，即使认定某一叙事作品有真实故事背景，但叙事话语的转义特性很可能使这一故事面目全非。因此故事只存在于话语中，而不具有某种客观性，修辞在转义中不断编织故事、创造故事。这和俄国形式主义认为形式为自身创造内容的观点有一定的相似性，只是这种叙事形式未必具有系统性。奥尼尔在谈到叙事时认为："换句话说，话语就是故事。虽然表面上看是对故事进行了至少99次表达——谁又能要求更多次数呢？——实际上话语（芝诺的影子）已设法将故事完全排除在外，话语在读者的注意力中成功地完全篡夺了故事的位置。"② 布莱恩·理查森也指出："被消解了的故事向叙事理论提出了另一个引人入胜的问题。具体来说，就是在《莫洛伊》这样的文本中，故事与话语怎能区分开来？如果像里蒙-凯南所说的：'"故事"指的是从文本中推导出来，按照时间顺序重新建构的所述事件'，那么当话语在叙事过程中拒绝、否定和抹去先前叙述的事件时，我们又如何重新建构故事呢？"③从这一意义上说，故事是不可能从叙事作品中推导出来的，因为这一努力本身就是再一次地"创作"，这样故事与话语的二分法在叙事过程中就失去了意义，我们真正面对的只有话语。由此可见，叙事过程乃是转义修辞的过程，这样的过程使作品呈开放和未完成状态，因而为话

---

① Culler, J., *The Pursuit of Signs: Semiotics, Literature, Deconstruction*, New York: Cornell University Press, 1981, p. 172.

② 转引自申丹《"故事与话语"解构之"解构"》，《外国文学评论》2002年第2期。

③ Rhichardson, B., "Denarration in Fiction: Erasing the Story in Beckett and Others", *Narrative*, Vol. 9, No. 2, May 2001.

语生成提供了无限可能性。

从这种意义上说，叙事作品的话语生成不能看作完全以结构性的语法为基础，修辞以情感化、形式化和陌生化的语言编织着审美的话语体系，故事本身只有虚拟的中心地位，甚至在转义修辞活动中这一中心是被消解在话语中的，因为一句话说出来就是叙事，一个故事说出来就已经在话语生成中发生了重组、偏离或改造。语法研究则将动态的话语生成抽象为静态的逻辑结构，其本义是要探究话语生成的根本规律，但这在话语层面上意义不大。把叙事看成修辞活动，一方面要突破语法的暴力，超越那种把话语生成的奥秘看作是可以通过类似自然科学的手法得到破解的观念，更要警惕理性主义在文学研究中的霸权地位，因为虽然20世纪理性开始没落，但是其余音在结构主义理论中仍然绕耳不绝。另一方面还要打破将修辞作为话语的"填补"和"扩展"的定位，修辞不是话语生成的辅助，而是话语无法分离的一面；修辞以转义的方式使话语不断获得新形象，任何话语本身都是修辞。如德里达所言，文学和哲学都根植于转义之中，真理又何尝不是转义！

在文学领域，转义修辞在话语生成中的超越性尤为突出。文学的语言既来自创建形象的转义冲动，又将目标定位于推陈出新，这使得文学独具魅力和生命力。托多罗夫后来将那种对作品固定不变结构的研究称为"基于对一个绝对的不在的起因的追求"，并认为文学作品都具有改变它所蕴含并已经制造出来的整个系统的潜能，这不是复述已有范畴并以新的方式组合，而是相反——修改它所包含的东西；文学文本能够颠覆它所继承的语言系统，不仅是展示包含着它的语言的独特形式，还扩展和修改那种语言。因此，"文学就像是一件语言用来自杀的致命武器"[1]。而这种语言的"自杀"或转义冲动只有当读者进入作品才真正得以实现，缺乏对读者的关注也是结构主义叙事学

---

[1] 参见［英］特伦斯·霍克斯《结构主义和符号学》，瞿铁鹏译，上海译文出版社1997年版，第107页。

的一大弊病，相反修辞学则是面向观众和读者的。托多罗夫后来对叙事语法研究做了深刻反思，他指出：

> 结构并不是评判作品的惟一要素。可以设想，要更好地理解作品的审美价值，就必须抛开这种虽说首要的、必不可少的，但却会给人枯燥乏味之感的领土分割，这种分割切断作品和作者，作品和读者之间的联系。如同有一天人们将在结构范围里重新提出作者和作品的关系问题一样，审美价值问题也同样只有在作品和读者之间统一的前景里才能提出。审美价值存在于作品的内部，但只有当读者阅读时，作品的审美价值才能体现出来。阅读不仅是作品的一种表现行为，还是作品的一个增值过程。①

将作品看成是封闭自足的结构，将意义看成是结构的衍生物，这完全忽略了文学最重要的价值即审美价值，也忽略了文学活动中作者和读者在话语生成过程中的建构意义，作者的创作个性和读者接受过程中的再创造都会产生不同的作用力，使作品的结构和审美风貌错综复杂。托多罗夫和巴特等这些结构主义忠实的追随者，后来都跳出结构主义重新思考文学的意义何在，如果通过逻辑研究或语法研究就可以一劳永逸地得出叙事元素结构配置的规律，那么文学作品也就此失去生命力了。文学性意指文学的开放性，而不是可以用几个公式就可以归纳出来的东西，这种开放性集中体现于文学话语的生成特性，只有在读者的阅读行动中话语生成才成为现实。当叙事学转向对读者的重视，叙事修辞研究才真正替代了叙事语法研究，因为修辞学的两个目标一是关注面向接受者的说服能力，二是关注如何进行说服的话语运作能力。巴特用"文本"（文，Texte）概念来代替"作品"，以强

---

① [法]托多罗夫：《诗学》，沈一民、万小器译，参见赵毅衡编选《符号学文学论文集》，百花文艺出版社2004年版，第255页。

调文学话语的生成特性。作品是已完结之物，而文本则需要读者不断地去编织意义。他写道："文的意思是织物；不过迄今为止我们总是将此织物视作产品，视作已然织就的面纱，在其背后，忽隐忽露地闪现着意义（真理）。如今我们以这织物来强调生成观念，也就是说，在不停地编织之中，文被织就，被加工出来……"① 这样读者的阅读就成了对文本的再创作，巴特将之看成是不断创造转义、主动寻求差异的写作，读者由此得到的是"文之醉"。与此一致，托多罗夫认为只有阅读活动开始，作品的审美价值才得以呈现，读者的参与一方面使作品形象和意义具体化，另一方面又给作品添加了新东西，使之"增值"。读者此刻介入叙事，转动了转义修辞之轮，这一活动不是对原有话语的重复，而是不断重新阐释、制造偏离，在对既定话语的接受和解构中创造新的话语。不过，这种充满活力的话语生成活动不是任意而为的，既有观念与审美体验、影响与创新、作者与读者之间的对话和较量使文本成为意义聚集和扩散的"场"，无法预测但又有痕迹可循。

不同于巴特"作者之死"的观点，布斯的叙事修辞研究是建立在作者、叙述者、人物和读者互动关系基础上的，他认为这种关系就是修辞关系。他在传统叙事学框架内讨论了展示和讲述、戏剧化叙述和非戏剧化叙述等问题，这仍属于叙述语式或视角研究的范畴。不过他在《小说修辞学》中力图表明，通过引入作者和读者才能使叙事研究超越语法模式，才能展示话语生成活动的内在张力和开放性。不过他将作者对读者的"控制"这一观念贯穿文章的始终，并由此在叙事理论中注入了亚里士多德的修辞学思想。控制和修辞学中的说服也许相距并不遥远，但是这一立场确实会惹怒一些人，而由此发展而来的叙事作品的交流模式相对就比较民主了。布斯认为作者的介入是绝对必要的，因为基于这种假设，"读者需要知道，在价值的世界中，他站在什么地方——也就是，知道作家想

---

① ［法］罗兰·巴特：《文之悦》，屠友祥译，上海人民出版社 2002 年版，第 76 页。

让他站在什么地方"①。这是由"隐含作者"来承担的,"隐含着作家第二自我的每一笔,都会有助于形成适合欣赏他的作品的读者。这种交流的行动,是文学存在的根本原因,但在当代批评中,却遭到漠视、悲叹和否定"②。因而话语生成源于这种交流的需要,以及通过转义修辞过程实现特定的意图。"虽然某些人物和事件能够以其自身向读者传达他们的艺术信息,因此,以较为弱的形式带着自身的修辞,但是,如果作家不将全部力量用来使读者看到这些人物和事件,那么,这些人物和事件决不会清晰和有力。作家不能选择是否运用修辞来加强效果。他唯一的选择是运用哪一种修辞。"③ 修辞是话语的本性,没有哪一种话语表达不带修辞,因此作家试图客观地再现或展示什么,根本上不可能的。只要有修辞就会发生转义,更何况在文学创作中,话语生成更具创造性,在这一修辞境况下,作者不对读者产生影响或控制都难。所以控制问题必须还原为一种修辞事实,只有这样,作者制造话语的力量就不会是自我表现或自我发现,因为读者的存在有形或无形地对话语生成产生压力,最终和作者一起牵引着话语生成的方向。"写小说这个概念本身就意味着找到表达技巧,使作品最大可能地为读者所接受"④,这种情况在叙述者和人物之间同样存在。这样看来叙事活动中的转义修辞既和作者的创造性和控制力有关,又和读者的影响力有关,而在阅读活动中读者与文本、读者与作者的对话仍将延续,话语也因而始终处于生成之中,这是解释学和接受美学最为关心的论题。

当读者加入到叙述行动中后,叙事语法的局限性马上暴露出来,即它在对作品故事或结构的还原过程中使文学的审美活动抽象化为认知活动,使动态的话语生成凝固为静态的语言结构。叙事作

---

① [美] 韦恩·布斯:《小说修辞学》,付礼军译,广西人民出版社1987年版,第80页。
② 同上书,第97页。
③ 同上书,第123页。
④ 同上书,第111页。

品存在的首要价值是其文学价值或审美价值，这不是数学公式可以解决的，文学研究的科学主义只能导致文学性和审美性的丧失，文学因而就不能成为文学。语法在话语生成中一定是发挥着作用的，这不容置疑，但文学语言已经上升到更高层次，它不只是语言存在的问题，更是人存在的问题。只有把叙事看成是人的行动，看成是作者、叙述者、人物、读者、文本之间的交流对话，叙事才能获得其文学或人类学的意义。叙事修辞而不是叙事语法在话语层面推动着叙事作品的形象建构和意义生成。马丁在《当代叙事学》中对布斯的小说修辞研究进行总结，"为了体验再现的言语和思想的效果，我们不必先认识它的语法特征，正如为了运用语言，我们无须一定要研究音素一样"①。他对布斯所坚持的这一观点给予肯定，并指出布斯的小说修辞研究采取一种"交流模式"，这是对叙事语法研究的真正超越。

布斯认为叙事作品对人的影响不仅发生在感性层面，还包括道德层面，由此他把叙事研究从纯形式、纯结构中拯救出来。当然叙事中的道德与现实中的道德不同，不是一种说教，也不是指某些固化的价值观念，而是由作品激发起的特殊情感，立足于文学作品的作者、叙述者与读者等之间的互动、认同或对话关系。读者对叙事作品不是纯粹冷静客观的，而是主动介入的，从而在审美和道德上都会产生情感反应，这也是亚里士多德意义上美和善的统一。这样我们也就不难理解布斯在《小说修辞学》中为何再次将"道德"问题置于叙事研究中。一方面从话语活动本身来看，"在人物身上，许多看起来是纯审美或纯智力的性质，可能事实上都有着道德的层面"，道德因素是叙事本身无法避免的；另一方面，从目的因角度来看，"善"不只是以其自身为目的，它也是形式之"美"的必要成分——"小说的结构本身，因而连同我们对它的审美理解，就经常建筑于这种实用，就其

---

① [美]华莱士·马丁：《当代叙事学》，伍晓明译，北京大学出版社2005年版，第152页。

本身来看是'非审美的'材料之上"①。我们不必担心这样会导致狭隘的道德主义，价值实现是人类活动不可或缺的部分，通过艺术形式而获得美的愉悦、真的感悟都是和善的目的是一体的。在这种意义上，道德无非是指一个追求完善的人对作品所进行的价值判断，这涉及作者的责任问题，也涉及读者的责任问题。这一完善本身是作品审美特性的有机部分，因而建基于"形式"范畴之上的叙事本质上必然是美善统一的。这一点无论是在亚里士多德的《修辞学》还是《诗学》中，都是很明确的。在《修辞学》中，亚里士多德认为修辞学技巧的运用涉及人的性格和美德的分析、人的情感及其产生原因和方式的分析，所以修辞学"也是伦理学的分枝"②。这种理解为文学叙事审美维度的确立奠定了坚实的基础。

当布斯在《小说修辞学》中试图拯救形式主义文论的危机而重提道德的时候，便是基于审美意义。查特曼就认为布斯在书中常常提到道德价值，实际上是似是而非的，他强调的不过是美学价值，因为该书考虑的是道德价值如何为某部作品服务，而非将道德价值与真实世界中的行为相联系。③ 布斯所关心的是如何通过各种叙事技巧建立起作者、叙述者、人物和读者等之间的关系，并由此达到某种特殊的效果，所以他才强调作者的介入和控制，作者或叙述者对读者情感的干涉和影响。这样就回复了亚里士多德意义上的叙事技巧与道德判断之间的联系，将动力因和目的因内含于叙事活动中。同样，布斯也强调叙事活动中的审美距离问题，作者可以通过控制距离来使读者接受其特定的信念和规范，而不是通过审美距离来孤立"情节和情感"。所以距离本身不是目的，而是为了使读者和某些趣味、某些价值增加联

---

① [美] 韦恩·布斯：《小说修辞学》，付礼军译，广西人民出版社1987年版，第138—139页。

② [古希腊] 亚里士多德：《修辞学》，罗念生译，生活·读书·新知三联书店1991年版，第25页。

③ 参见申丹《修辞学还是叙事学？经典还是后经典？——评西摩·查特曼的叙事修辞学》，《外国文学》2002年第2期。

系，从而增加情感效果，最终达到叙事的形象性与情感性的统一。

"控制"这一概念就像修辞学的"说服"一样容易使人产生误解，如果从话语生成的实际过程而不是单纯从话语要达到的目的上来看，它指的是作者在与读者的互动中对叙事作品审美因素和道德因素的双重考量，是作者对作品的积极建构。但由于对读者的作用突出不够，作者的控制作用容易被放大，因此布斯之后的一些叙事学研究者们把这种交流模式从作者一极移开。詹姆斯·费伦是这样定义叙事修辞的："当我谈论作为修辞的叙事时，或谈论作者、文本和读者之间的一种修辞关系时，我指的是写作和阅读这一复杂和多层面的过程，要求我们的认知、情感、欲望、希望、价值和信仰全部参与的过程。"[①] 他强调叙事修辞作者、文本和读者三要素之间复杂的循环运动，而不是作者的单向"控制"。在后经典叙事理论中，叙事因充满了转义，因而被认为轻易就会脱离作者控制，语言中的差异性、不稳定性以及文本结构的矛盾性和断裂性，使叙事修辞处在无限生成的途中。

因而叙事修辞中转义的发生不只是语言本身的运动，还是对话意识或"他人"意识推动下的话语生成过程。从主体间性的角度来说，进入叙事的作者和读者都不是独立自主的，而是要处于和"他人"的对话交流中，这就使叙事修辞活动充满着开放性和无限可能性。这不像在演说活动中话语的影响和说服力有一边倒的趋势，叙事活动中的修辞具有双向或多向的交流互动性。加达默尔指出，语言只有在对话中，在相互理解的实行中才有根本的存在，只有通过对话作者和读者才能实现自我，语言才能达到其现实性[②]，对话使叙事的价值在话语层面真正得以实现。

任何话语中都有特定的声音在其中回响，都表达着一定的意见，

---

① [美] 詹姆斯·费伦：《作为修辞的叙事：技巧、读者、伦理、意识形态》，陈永国译，北京大学出版社2002年版，第23—24页。

② [德] 汉斯-格奥尔格·加达默尔：《真理与方法》，洪汉鼎译，上海译文出版社2004年版，第578页。

而绝不会是一片空白，否则话语就成了一个不具生命力的句子。这不仅意味着叙事过程从题材和表达上受到他人意识的影响，而且从整个修辞格局上看，一种叙事要想确立自己的地位，就得在"他人"面前更加生动形象、与众不同。在巴赫金看来，任何话语都具有"内在对话性"，并且同样要承受来自两方面的压力。一方面，任何话语总是处在社会的、历史的脉络中的某个点上，总是带有其他时刻停留在里面的声音，不管我们的一段对话看起来多么具有独白性，实际上它都是对他人话语的回应，都同先于它的其他话语处在程度不同的对话关系之中。"它或反驳此前的话语，或肯定它，或补充它，或依靠它，或以它们为已知的前提，或以某种方式考虑它"①，总之，它都是先前话语的继续和回响。另一方面，任何话语都希望被人聆听、让人理解、得到应答，都诱发和期待着他人话语的回应。这种情况下，面对"他人"而进行的叙事修辞既有模仿的成分，更有竞争的成分。因为一种话语的确立是建立在与众多的话语的对话、交往以及斗争的基础之上的，它要以自己的独特性和重要性为自己赢得一席之地，这就促进了转义的发生。话语中广泛存在的一个基本事实是，用话语表现的一切对每个人来说都可一分为二，一个是自己话语的狭小世界，一个是他人话语的无边世界。两者的边界交错不清，在边界上经常有着对话式的紧张斗争。巴赫金说："我所理解的他人话语（表述、言语作品），是指任何他人的任何话语，不管是用自己语言（即我的母语）还是任何别的语言说的或写的；换言之，是指任何非我的话语。"②每一个主体的我都不得不生活在他人话语的世界里，没有对他人话语的积极理解，任何言语交际、思想交流都是不可能的。这种紧张关系的存在，使得任何一种话语的生成都充满着论辩的色彩，充满着对立和斗争。

---

① [苏]巴赫金：《言语体裁问题》，晓河译，参见《巴赫金全集》（第4卷），河北教育出版社1998年版，第177页。

② [苏]巴赫金：《1970—1971年笔记》，晓河译，参见《巴赫金全集》（第4卷），河北教育出版社1998年版，第407页。

由于话语中存在着这样的压力，任何叙事修辞都不会是自足的，都要在转义行为中克服他人话语的阻碍。这同时也是一种动力，任何言说都不同程度地有他人话语的加入，因而一种内在的话语表演通过转义，给话语的所有方面增添了活力和戏剧性。于是这成为一个个审美的事件，修辞外在的说服作用返回话语自身，即转义表达汇合了各种话语，并通过特殊的言说方式表现出自己的优越性。所以叙事修辞中的转义并不是来源于某种语法或结构体系，而是来自特定社会历史语境下具体的话语活动。这也再次表明，转义不是由本义派生，话语生成是在具体的实践活动中进行着审美建构，在文学活动中也未尝不是如此。[①]

[①] 参见谭善明《论叙事修辞对叙事语法的超越》，《外国文学》2009 年第 2 期。

第五章

转义修辞认知论

转义修辞不仅在文本建构中发挥着积极作用，而且参与认知的形成，这在前面已经有所涉及。本章将进一步指出，转义活动不是单纯的形式技巧，形式塑造或改造同时发生着认知内容的变化，修辞中的审美过程和认知过程应该是统一的。

第一节 转义修辞中审美与认知关系概述

审美和认知的关系问题在修辞学史上是一个古老的话题。由于转义修辞活动充满着偏离、替代、超越等特点，在形而上学话语体系中，修辞一直被看成是真理的绊脚石甚至是对立面，因而转义的审美过程被判定成导致了错误的认知过程。另一种观点则认为，人在感知世界或认识世界的过程中，修辞具有本体性，是转义而非本义才是世界或生命的真相，修辞使得知识、真理成为可能，因此"人不可避免地是修辞的动物"[①]。从第一种观点看，"转义修辞"之外还有一种相应的"本义修辞"，这是科学或哲学的语言；而在第二种观点中，"转义"和"修辞"构成了同位关系，修辞就是在审美偏离中创造新的认知。转义修辞之"美"与"真"之间的关系需要进一步厘清。

---

① Ehninger, Douglas, *Contemporary Rhetoric: A Reader's Coursebook*, Glenview, IL: Scott Foresman, 1972, p.9.

一　审美与认知的错位

在柏拉图的对话中，苏格拉底站在追求智慧和真理的立场上，经常指责智术师们不顾事实，用华丽的言辞迷惑和欺骗听众。修辞言说被认为是美的，但由于缺乏正确知识和观念的引导，因而偏离了真和善，这样的修辞学在城邦中就带来了最危险的转义：把人们囚禁在黑暗的洞穴中。《高尔吉亚》中对修辞美偏离真的批评尤为激烈，例如苏格拉底将修辞学与取代体育的美容并列，称美容是"以形状、颜色、光滑、着装来欺骗我们，使人们追求一种外在的美，而忽视通过健身术而获得的自身的内在美"①，相应地，修辞学则是在灵魂方面产生欺骗，使人们远离真理和正义。在这样一种理解中，真理是一种客观存在，是认识活动的目标；修辞学由于过分关注话语形式之美，忽视了真理追求，成为对认知的严重干扰。苏格拉底的"无知之知"虽然暗示任何人都不可能拥有绝对正确的知识，但他强调在追求真理的道路上只要遵从理性的指引，人就会不断接近真理达到更高境界。相对而言，他认为智术师们的修辞学是制造转义的源头，其结果是让人们陶醉在美的幻象中，并使其灵魂在虚假的营养中沾沾自喜，最终将因缺乏真理之光的照耀而走向枯竭。

修辞活动导致美与真的断裂一直与语言有限性的认识相联系，中国道家也强调语言之美会遮蔽事物的本真状态，大美之言恰恰不需要任何人为的修饰，所以庄子说，"天地有大美而不言，四时有明法而不议，万物有成理而不说"②。修辞因其强大的审美效果让人们停留在语言形式制造的幻影中，特别是当转义修辞活动是在某种既定"成见"的影响下，极易左右人们的认知，传递错误的信息。老子所谓"信言不美，美言不信"③，正是对话语修辞审美效果的警惕和批判。

---

① Plato, "Gorgias", in Cooper, J. M. and Hutchinson, D. S. (eds.), *Plato Complete Works*, Indianapolis: Hackett Publishing Company, 1997, p. 809.

② 《庄子·知北游》。

③ 《老子·第八十一章》。

当然，无论是在柏拉图那里，还是在道家这里，都强调有一种和修辞表达相区别的话语形式可以通向真，实现美与真的统一，这就是"辩证法"的语言或"至言"——前者是让转义修辞之美以真或善为目标，后者则是放弃修辞、返璞归真。

在另外一种意义上，这恰恰表明修辞话语相对于普通话语而言有着巨大的吸引力，因此转义是迷人的。但"迷人"的东西往往被认为会在道德上产生不良后果，经过修饰加工的语言可以影响人的理智和判断，因此修辞学在历史上经常被喻为花枝招展的女人。显然，人们更愿意亲近美的事物，更容易理解并接受美的言辞。例如以下两句关于"真理"的转义式表述：

最好是把真理比做燧石，——它受到的敲打越厉害，发射出的光辉就越灿烂。

真理是磨光了压花现在不再被当作硬币而只被当作金属的硬币。

以隐喻的方式，第一句话描述了真理的某种巨大蕴意或"丰富性"，第二句则描述了真理的抽象性或某种"贫乏性"。二者都在转义修辞中突出了"真理"的某种特性，其形象化的表达方式比那种概念式的表达法更能吸引眼球，更容易左右人们对"真理"一词的理解。但是从另一个方面说，这两句话的"修辞性"太过明显，稍微会思考的人也许会将其看成是文学性的表述，不会把作家的话太当真，于是我们需要调整一下：

最好是把真理比做燧石，——它受到的敲打越厉害，发射出的光辉就越灿烂。（马克思）

真理是磨光了压花现在不再被当作硬币而只被当作金属的硬币。（尼采）

于是这两句话就不再是文学的游戏，而是出自伟大思想家之口的哲学话语，将会有更多的人深信不疑。这就表明，转义修辞审美效果的实现往往伴随着某种强论证，使之在话语竞争中更易获得认同。我们对马克思和尼采的至理名言基本上不具备免疫力，在认知上轻而易举地被这种审美表达所捕获，殊不知在特定的语境中这些关于真理的描述都有一定的指向，假如我们将其中一种奉为圭臬，不亦谬矣！

因此转义修辞中审美对认知的干扰不只在于用美丽的谎言进行欺骗，言者有心，但听者可能并不领会此意，因为修辞活动不能脱离具体的语境或者离开感知的瞬间。转义修辞是面对当下情境的一种审美言说，如果这一转义太具有吸引力和说服力，被固定下来使其在另外的时间空间中继续发挥作用，那么就发生了认知上的僭越，也就是说审美干扰了认知。庄子所谓的"言者所以在意，得意而忘言"[①] 并不是完全出于对语言的不信任，而是考虑到语言的固定性阻碍了"物化""随成"的自然之道，所以他接下来说"吾安得夫忘言之人而与之言哉"，只有"忘言"、彻底打破固化之言，世界的本真状态才向人的生存境域敞开。

巴特在《S/Z》一书中为我们提供了一个这种审美与认知错位的很好例子。萨拉辛是巴尔扎克同名小说中的主人公，他是一个很有天分的雕塑家，从巴黎来到罗马。他在剧院被舞台上的歌唱家赞比内拉深深吸引。巴特剖析了萨拉辛如何借助强大的文化符码塑造了赞比内拉的美好形象，而这一形象则只是一种修辞幻象，因为赞比内拉不是女性，而是一个被阉割的男性，萨拉辛用凝固的修辞符码构建了一个内在空无的审美形象。萨拉辛第一次见到赞比内拉，他见到的是一种"理想的美"：

> 拉·赞比内拉展示与他的，是浑成，活生生，柔弱，这些绝妙的女性形态，恰是他那般炽烈地渴望着的，对此，一位雕塑家

---

① 《庄子·外物》。

是最严苛也最多情的鉴赏者，富于表情的嘴，漾着爱意的眼，溢出耀目白光的皮肤。细部之种种，足可使画家发狂。加之具备维纳斯体态的一切美妙，这是古希腊人的凿刀所崇拜并表现的。与上身融为一体的双臂无限优雅，颈脖圆活得不可思议，双眉、鼻子勾勒出谐和的线条，无可指摘的卵形面庞，轮廓生动而纯净，浓浓的弯睫毛，妖娆的宽眼睑，庄重之色，性感之相，交并相生。艺术家的赞叹之情，不曾稍歇。这岂止是个女人，简直是件杰作！①

赞比内拉的身体呈现出的理想的美源自萨拉辛的双重建构，其一是"女人"，其二是"杰作"。作为"杰作"的赞比内拉是由艺术家萨拉辛对这一身体进行"重装"的结果，他把分散在他处的局部美质整合到赞比内拉的身上，巴特将之看成是一种修辞的审美化建构过程："意义'充盈'于肖像描绘中，并经由某种形式而迸散飞扬开来，然而这一形式控制着意义：这形式亦为修辞学序列（预告及细节），亦为解剖学分类（身体及脸面）；这两类规程本身亦均为符码；这些符码叠印于无序的所指上，即呈现为自然或理性的控制者的面目。"② 这一过程充满着转义：堆叠、重组、并置、互啮，经由萨拉辛一个审美化的身体形象跃然而出，这就是巴特所说的"恋物"。作为"女人"的赞比内拉是萨拉辛从文化符码中提取认知材料，在话语中构建起一个赞比内拉的女性修辞形象。文化的认知如何影响了现实中的观看行为呢？或者更进一步说，文化如何参与了现实？巴特称之为"挪用"。文化在人的观念中已经根深蒂固了，人在现实中的行动在很大程度上是基于文化的行动，我们觉得自己具有完整的主体性，其实更多时候我们在重复着一些陈规旧套，将文化的东西挪用到

---

① [法]巴尔扎克：《萨拉辛》，参见[法]罗兰·巴特《S/Z》，屠友祥译，上海人民出版社2000年版，第361页。

② [法]罗兰·巴特：《S/Z》，屠友祥译，上海人民出版社2000年版，第139页。

现实中而已。这种挪用用修辞学的术语来说就是省略式三段论，即亚里士多德所谓的"修辞式推论"。萨拉辛就是以此种方式去认知一个女性身体，并一步步将自己诱入圈套的。他使用了如下三个省略式推论："自我陶醉的证据（我爱她，所以她是女人），心理学的证据（女人是柔弱的，既然拉·赞比内拉是柔弱的，因而……），审美的证据（美丽纯属女人的领域，所以……）。这些伪三段论可合并起来，从而增强它们的错误，形成一种连锁推理（或复合三段论）：美丽属于女性；既然只有艺术家能明晓美；既然我是艺术家；因而我明晓美，并因而明晓女人。"① 但这一推论是成问题的。

作为艺术家的萨拉辛是充满创造力的，他以审美的方式观看着世界并塑造出美好的形象，但当艺术与现实结合，审美与认知就轻易产生了错位。文化符码是由那种固化的意识形态所组成，它们曾是修辞式的意见，由于在话语中获得了强论证而被普遍接受——上述修辞式推论即这种直接被当作大前提使用的文化符码。这样的文化符码是社会共同体得以存在并正常运转的话语基础，但当文化符码遭遇艺术，就如同用抽象性去收拢具体性，或者将过时的审美移植到当下，认知与审美、现实与理想的矛盾即刻显现。

因此萨拉辛所塑造的审美形象完全只是修辞的幻象，他眼中的赞比内拉是艺术品与文化产品的叠加，正如赞比内拉的本性一样缺乏现实性——他的中心乃是空无。这一审美形象源自错误的认知，因为萨拉辛将作为大前提的文化当作了必然性的真理，他对这一形象的认知内容毫不怀疑，并无视一些相反的细节。这样，错误的认知导致了错误的修辞，错误的修辞又引发了错误的行动，最终萨拉辛不得不面对可怕的虚空。巴特警告那些将文化教条当作真理的人们，那些活在自己亲手编织的审美幻象中的人们，终要付出惨痛的代价。这也从反面表明，人们的认知很多时候是依赖文化编码得以确立的，文化的缺失

---

① [法]罗兰·巴特：《S/Z》，屠友祥译，上海人民出版社2000年版，第273—274页。

或误用同样是危险的甚至致命的。巴特对此文化修辞符码的认识是极其深刻的:"所有文化符码……合成为一种奇特地拼接而就的百科全书式知识的缩微形式,一种大杂烩:此大杂烩构成日常'现实',主体适应环境及生存与之息息相关。若在此百科全书内有某个缺陷,在此文化织品上有某处脱线,就可能导致死亡。"① 萨拉辛在一个新的时间与空间场域中,仍然用自己旧的文化对赞比内拉的审美形象进行修辞编码,这种认知的固化却相反导致了审美形象的破碎——在罗马剧院的舞台上,女性角色都是由阉人承担的。萨拉辛初来乍到,又很少参加社会活动,对此一无所知,完全沉浸在自己塑造的修辞形象中,最终导致悲剧。

审美与认知的错位,关键在于当某一语境中的转义修辞被固化下来作为本义使用,转义原本塑造的审美形象不再符合新的认知内容,"美"的挪用就导致了"真"的遮蔽,这使修辞成为通向"理式"或"道"的重大障碍。

当然,最明显的情况是有意的欺骗,或者只以华丽的言辞为要务,但如果在这个层次上指责转义修辞混淆是非,致使审美与认知发生断裂,是不值得严肃对待的。武器被制造出来可以自卫,也可以杀人;可以在战场上杀敌,也可以用于谋杀;这不是武器本身的错。高尔吉亚在与苏格拉底的论辩中也指出,修辞学技艺不是邪恶的,有错的和应受谴责的是那些不正义地使用此技艺的人。② 当人们指责修辞学不道德的时候,这种指责本身就是不正义的。

修辞在转义中制造美的话语形象,是话语生成的内在冲动,是话语实践得以展开的基本保障,这就表明美的形象一定伴随着特定的认知内容,而上述审美与认知的错位问题引发了对转义修辞活动本身的反思:修辞如何立其"诚",转义是否能在审美与认知的统一中开启

---

① [法]罗兰·巴特:《S/Z》,屠友祥译,上海人民出版社2000年版,第298页。
② Plato, "Gorgias", in Cooper, J. M. and Hutchinson, D. S. (eds.), *Plato Complete Works*, Indianapolis: Hackett Publishing Company, 1997, p. 802.

自由的生存境域？

二 转义修辞参与认知

第一种情况表明，如果转义修辞的发生是以某种固化的认知观念为基础，就容易导致当下话语活动中审美与认知的错位。但人若是以生成的姿态敞开生命迎接世界，以"现在"为基点重新开启时间之链，那么我们在转义修辞中见到的将是另一种情况，即转义修辞以审美的方式参与认知建构。

从这一意义上说，转义修辞发生的同时，就在话语形象中确立了一种认知，审美与认知二者是无法分离的。据说曾国藩有次带领湘军出战，屡吃败仗。在给朝廷上书时，曾国藩言及"屡战屡败"，后接受部下建议改为"屡败屡战"。如果从"事实"的角度看，"屡战屡败"和"屡败屡战"没有根本区别，但是修辞上的变化重建了另一种真实，"屡败屡战"展示了人面对困境毫不气馁的斗争精神。从这一例子可以看出，传统形而上学认定有某种客观真实，而修辞学则强调只有话语中的真实，这一真实是与人的存在一体的。"屡败屡战"的审美效果即在于对自身形象的修辞建构，以转义的方式重塑了一种生存论意义上的认知。可想而知这一转义表达必将激起全军士气，他们面对的不再只是连续失败的"事实"，而是对在失败后仍然坚持战斗的"叙事"，这一转义修辞在认知上的影响上是巨大的，它势必将鼓舞士气，为获取今后的胜利提供了强大的精神动力。

不需要否认有事实本身的存在，但是对于人而言只有对事实的经验、感知、认识和言说，即关于事实的话语。事实与话语的关系同我们所讨论的本义与转义的关系一样，都以二元对立的方式确立了某种优先性和中心性。只有从这种形而上学的模式中跳出来，才能摆脱认知层面的真假判断，才能将认知的对象确立为"修辞的真实"，即在审美过程中建构起来的真实。修辞的真实与"本真"的事实距离甚大，前者为存在论意义上的真实，与之伴随的是一种审美化的认知，审美与认知是一体的；后者为本体论意义上的真实，与之相联系的是真理式的认知，审美与认知存在着断裂。20世纪以来的修辞观念认为，人所面对的正是这种修辞化的世界，"人对外部世界的感知、人的价值观的建立、评价系统的产生，在很大程度上是通过语言获取思想资源的，而语言提供的，是修辞化的世界"①。修辞参与着我们对世界的建构和解构，在这一循环中人不断面向话语形象获得修辞化的认知，并在转义的生成之流中更新着自己的生命。

尼采是这种现代修辞观念的开创者。在传统形而上学体系中，修辞一方面是与语法和逻辑并列的工具，一方面又因转义的"不道德"而被视为真理的绊脚石。但当形而上学逐渐式微，修辞学迎来了继古希腊之后的伟大复兴：修辞不再只是言说的工具，更是认识世界、感知存在的根本方式；真理不排斥修辞，修辞在转义中不断构建存在的"真理"。在上帝、实体、自我等所有的大写真理被重新估价以后，人类的生存在话语游戏中以审美的方式得以展开，在建构—解构循环的生成之流中，不是认知引发了审美，而是审美造就了认知，因而转义修辞不是消极的偏离和转移，而是立足于真理批判基础上的积极建构和创造。

从这个角度看，自明性的真理只是话语的一种预设。现实和事物本身也是一样，在具体的话语活动中，这种自明性被生成性和建构性所取消，而不是任由那些既定的观念之物操控认知。人在话语实践中结合时机和情境给予对象以生命，在建构世界的审美冲动中使世界和自我具有意义。这一意义的获得相对于生成之流上的任何一点都是转义修辞，但对于行动中的人而言又是生命的真相。转义修辞因而是强力意志的体现，是艺术家和孩子的审美游戏。尼采曾对此有精彩论述：

> 生成和消逝，建设和破坏，对之不可作任何道德评定，它们永远同样无罪，在这世界上仅仅属于艺术家和孩子的游戏。如同

---

① 谭学纯、朱玲：《广义修辞学》，安徽教育出版社2001年版，第184页。

孩子和艺术家在游戏一样，永恒的活火也在游戏着，建设着和破坏着，毫无罪恶感——万古岁月以这游戏自娱。它把自己转化成水和土，就象一个孩子在海边堆积沙堆又毁坏沙堆。它不断重新开始这游戏。它暂时满足了，然后需要又重新抓住了它，就像创作的需要驱动着艺术家一样。不是犯罪的诱力，而是不断重新苏醒的游戏冲动，召唤另外的世界进入了生活。孩子一时摔开玩具，但很快又无忧无虑地玩了起来。而只要他在建设，他就按照内在秩序合乎规律地进行编结、连接和塑造。只有审美的人才能这样看世界，他从艺术家身上和艺术品的产生过程体会到，"多"的斗争本身如何终究能包含着法则和规律，艺术家如何既以静观的态度凌驾于艺术品之上，又能动地置身于艺术作品中，必然与游戏、冲突与和谐如何必定交媾而生育出艺术品来。①

艺术家和孩子一样都是按照内在生命冲动对世界进行修辞式的"编结、连接和塑造"，转义修辞在形成之时旋即走向毁坏，意识形态风险在生成中随时化解，认知伴随着审美从转义走向转义，生命也因此不断绽放。尼采说："其实，解释乃是用于主宰某物的手段。"② 海德格尔指出："依照这个视角，一切照面之物都是根据生命体的生命能力而得到解释的……因此，生命体进行着一种对其周遭环境的解释，从而进行着一种对整个生成事件的解释；这不是附带的，而是生命本身的基本过程。'透视乃是一切生命的基本条件。'"③ 解释就是从生命意志出发对世界的修辞创造和赋形，使世界和生命本身由固化状态或混沌状态在话语中获得一种秩序，因此在尼采的意义上，转义修辞是生命的基本过程。

---

① ［德］尼采：《希腊悲剧时代的哲学》，周国平译，商务印书馆1994年版，第70—71页。

② ［德］尼采：《权力意志——重估一切价值的尝试》，张念东、凌素心译，商务印书馆1991年版，第194页。

③ ［德］马丁·海德格尔：《尼采》，孙周兴译，商务印书馆2002年版，第233页。

就修辞学的发展情况来看，18世纪修辞学的一些转变已经为人们重新认识修辞中审美与认知的关系开辟了道路。这时候修辞学正面临着第二次危机：它一下子被宣判无罪，被释放了，但同时它却真是被处死了。这是因为，浪漫主义对审美自足性的强调使话语本身成为欣赏的对象，每个人都是艺术家，他可以不按照既定的规则而是根据个人的灵感，生产出令人赞叹的艺术品，似乎艺术不需要技巧，思想与表达也就无法区分了，这种情况下修辞学再无立身之地。但这种意义上的所谓"终结"实际上给了修辞学喘息的机会，而且这种浪漫主义的审美观恰恰是为修辞学蓄积了能量。当修辞学在这一阶段的研究转向辞格理论时，辞格泛化的倾向越来越明显。如果将辞格看作形式，这本身就是一种转义用法；话语和身体一样，怎么可能不具备外形和姿态呢？按照这种思路，辞格就必然不是话语的修饰或偏离，"而是没有辞格的说话方式（如果在话语里能够只用非辞格的表达方式的话）背离了人们的普通言语"[①]。一切话语都成了辞格，并且认为一种感情或激情就可以产生辞格，话语的表达怎么会没有感情呢？因而一种浪漫主义的"情感"修辞学迅速取代了"装饰"修辞学。问题也许并不在于主观性的无限扩大造成个体价值取消了普遍价值，使得修辞学在把多样性当作规范的世界里无所适从，而是在于某些语言特权的取消使修辞学有可能突破真理的封锁，渗透进自我中心的话语中，并因而促使修辞学重新介入认知，使其地位日益上升。

三 审美与认知的变奏

如果将上面两种情况结合起来就会发现，转义修辞中审美与认知形成一种变奏。从话语生成的那一刻看，审美与认知是一体的；但从历时角度看，转义的发生可能是源于前在的某种固化的认知观念。如此说来，将审美与认知的关系区分为干扰还是统一，不具备分类学上

[①] ［法］杜马塞：《论转义》，转引自［法］茨维坦·托多罗夫《象征理论》，王国卿译，商务印书馆2004年版，第121页。

的意义。任何一次转义的发生，既是与当下情境相关的言说，又必然带有过往话语的痕迹；既有审美的创造，又有既定认知的阴影。话语本身有着很强的惰性，在这一点上柏拉图和道家都没有错，以陈规旧套为前提的话语修辞必然将人束缚在黑暗的洞穴中，审美的光芒也因之昏暗不明。如何解决这一困境？

第一种解决方法：庄子的忘言与卮言。语言中的成见把人束缚在他人意见中，"不囿"的最好办法就是达到"忘言"或"不言"，即"知而不言，所以之天也；知而言之，所以之人也；古之至人，天而不人"①。但是庄子本人对于寓言、重言、卮言的运用又表明，忘言或不言是一种极致状态，作为"人"必须有所言，"三言"是庄子摆脱常人意见的方法，其核心是"卮言"。无论是寓言还是重言都是呈开放状态的修辞，其意义飘忽不定，这种语言用法易于让人在生存境域中达到"物化"与"随成"，最终用自然流露的卮言言说。

第二种解决方法：柏拉图为修辞学的正常运用做的两个改造。其一是设定真善美的目标，使之从意见之路走上真理之路；其二是以辩证法作为其方法论，注重理性的影响和说服。有了更高远的目标，修辞学就不会再以占有意见为荣，而有了方法，修辞学就有了从意见中超越的动力。这样在灵魂提升道路上的每一步都是审美与认知的统一，只不过每一步都是带有有限性的，而在无限真理的照耀下，任何有限的哲学修辞又都是闪亮的和充满希望的。

第三种解决方法：尼采以来的西方修辞观念强调转义修辞中审美过程与认知过程的变奏，既认定语言的生成性，又不忽视其顽固性，在此基础上将话语活动看成是解构—建构的修辞游戏，即解构原有认知的同时建构新的认知，这是转义修辞得以发生的内在审美冲动和意义之源。转义修辞总是以审美的方式制造话语形象，开启新的认知内容或生存体验，但这一审美形象具有即时性，如果脱离了产生的情境而继续被使用，就逐渐走向了固化的认知观念或者叫"意识形态"。

---

① 《庄子·列御寇》。

处在解构—建构游戏中的转义修辞在化解意识形态风险的同时，推动了话语的不断生成，在推倒旧世界的同时建立新秩序，在这一意义上转义乃是话语的灵魂。

因此，转义修辞活动中审美与认知的变奏在一定程度上克服了话语的有限性，为自由生存境域的开启提供了可能。这样一种理解，也为重新认识并发现修辞学的合理性提供新视角。

第二节　意见和可能性在话语中的审美建构

意见在智者学派那里是指人们对事物的感觉、看法、见解，这关系到语言使用的艺术；可能性（或然性）在亚里士多德的《修辞学》中是指通过修辞式推论所得出的结论，它包含复杂的结构和内容。二者都是转义修辞所建构起来的未得到普遍认同的话语，仍需要借助审美过程对自身进行强论证。

一　强论证在意见中的说服作用

在修辞学刚刚诞生的时候，审美与认知就在修辞中建立了紧密的联系，它在认识论上具有与真理追求完全不同的取向。智者学派（前期，主要指高尔吉亚和普罗塔戈拉）的修辞学是从事物的多样性和相对性出发，将价值判断与主体的感觉联系起来，在这一点上他们与18世纪的修辞学走向没有太大的区别。但是智术师们把修辞与论辩术联系起来，他们能从一个命题中得出互相反对的两个论断，然后使弱论证变为强论证，或者是提出与论辩方相反的观点，并进行有说服力的论证以战胜对手。也许我们在这里首先看到的是智者们对语言形式和论证技巧的重视，而相信苏格拉底或柏拉图对他们不顾事实真相的批判，即智术师只是从形式上论证善和恶、正义和非正义的正反论题，而不考虑究竟什么是真正的善和恶、正义和非正义。但是这并非是从智术师出发的认识论，他们并不是没有考虑究竟什么是善和恶、正义和非正义，而是他们只是从修辞学的角度来认识事物，持一种本体论上的相对主义观点。普罗塔戈拉那句名言"人是万物的尺度，是存在者如何存在的尺度，也是非存在者如何不存在的尺度"，就是从感觉论和相对主义出发，认为知识就是感觉、看法、见解，即"doxa"（意见），我们思想中所存在的只是人对万事万物的感觉。"人们既不可能思想不存在的东西，也不可能思想他没有经验到的事情，全部经验都是真实的"①，因而智能低下的人的想法和正常人的健全思想并没有本质的区别。所以，所谓公正和美好的东西只不过是"被认为如此"，而并不是有着客观的标准，因而修辞学的任务就是利用语言手段和论证技巧将那些"被认为如此"的东西变为强论证。高尔吉亚在《海伦颂》中也有类似的观点，他说："因为如果每个人都记住过去、知道现在、预见将来，那么语言的力量就不会那么大了；但是实际上人们并不能记住过去、知道现在、预见将来，所以欺骗就容易了。"② 他在这里的观点是符合他具有浓厚怀疑论色彩的"三个命题"的，事物的真实情况是不可知的，我们只有在不可靠的"意见"中听从语言的安排，而语言也是不可靠的，它在表达的时候必然和事物或思想产生距离。修辞就是在这种情况下发挥作用的，它不需要考虑事实究竟如何，而是"在人们灵魂上随心所欲地制造某种印象"，语言的诱惑就如同暴力的劫持，强迫人们接受强论证的"意见"。与普罗塔戈拉不同，高尔吉亚指出人们是在无奈中生活在修辞建构的对世界的认识中的，这反映出人类最初的对自身生存状况的忧虑，但这并不必然导向对理性和真理的服膺，渴望一种神性的救赎，这种忧虑一直埋藏在人类精神深处，只是等待全面爆发的机会。

强论证的确立取决于语言使用的艺术，它所表达的虽是一种意见，但这种意见往往对人的认知有很大的影响甚至决定作用。当然，修辞学所论证的范围并不是无所不包的，它只涉及那些需要做出主观判断的事情，因而强论证是在证明、论辩以及表演中被强化了的主观

---

① 苗力田主编：《古希腊哲学》，中国人民大学出版社1989年版，第182页。
② 汪子嵩等：《希腊哲学史》（第2卷），人民出版社1993年版，第125页。

意见，和它相对的是弱论证，不同的意见没有真假错对的区分。比如针对"好人对其朋友都行善"这样一种意见，我们可以反驳说"恶人也并不对其朋友都作恶"；针对"吃够苦头者总是愤恨不平"，我们可以回应说"尝遍甜头者并不总是满怀博爱"。这种针锋相对的意见，如果只是这样单独被提出来，它们所具有的说服力是没有差别的（不考虑话语权力等因素）。如何能说服对方，而使自己的观点成为强论证，这就是修辞艺术所要做的。这既依赖于论辩的逻辑性，更取决于语言本身的运用。这意味着修辞学所关注的不只是语言华美的外表，它也需要一定的现实基础，和修辞表达者的主观感受和评价也是不能分开的，正如我们对风是冷的还是热的所进行的表述，是与我们对风的感受不能分开一样。至于后来人们只玩弄语言游戏而不顾语言"真实"的主观性，那是把这种早期修辞思想狭隘化、极端化的后果，他们只注重形式而忽视了主观的见解、感受、意见。

修辞演说的目的是要说服听众，演说者必须竭尽全力将自己的观点在语言中完美地表达出来，从而建立一种强论证，能使听众信服。所以他在演说中就要对主要观点不断进行美化、强化，或者对相反的观点进行辩驳、抨击，这都是出于一个目的，即让自己的观点成为强论证，而将别人的观点变为弱论证。伊索克拉底写过一篇《海伦颂》，以反对高尔吉亚在同名颂辞中的观点。他采用了正面强化的方式，不断对海伦进行赞美，对忒修斯的爱进行赞美，并且认为神的参与也是为了她那至高无上的美。"彼处，美的的确确是最为高贵和神圣之物；无论什么，凡缺少美，便受鄙视。甚至美德可得赞颂，亦惟因其为最美丽的努力目标而已。"[①] 因而海伦不仅没有错，还应该受到人们的尊重和赞美。通过这一论证过程，伊索克拉底就质疑了高尔吉亚的辩护词（见第一章第一节），海伦之所以没有错不是因为她受到诱惑，而是因为这件从始至终就不是错的，是人们对美的自

---

① ［德］弗里德里希·尼采：《古修辞学描述》（外一种），屠友祥译，上海人民出版社2001年版，第123页。

然追求，甚至连神都受其左右。这样，一种强论证就在语言中确立起来了，它改变了人们对海伦的看法，并使高尔吉亚的论证成为弱论证。

从上面的分析我们可以看到，就智者学派的修辞学而言，审美的因素在话语中参与了意见的建构，而意见所体现的正是主观的认识，所以修辞与认知是紧密结合的。总体来说，智者学派的修辞学是和他们的认识论一体的。智者学派的"意见"和"转义"有着共通之处，在他们眼中语言和世界上的事物一样，不表达永恒不变的原义，而是只体现思想观念中相对的意见，是修辞建构起来的转义。但是话语修辞将这种转义变为强论证，因而被人们所接受，被信以为真，于是转义便进一步演化为本义。人们身边一切似乎毫无疑问的对事物的看法实际上不过是强论证的"意见"，在修辞话语的包围中人们认识了现实。也许这是一种现代性的阐释，但不管怎样，修辞与认知的特殊关系在此时已初见端倪：修辞学最初就在建构一种对世界的认知方式，它强调我们的知识都是"意见"而不存在客观的真理。

二 意见与真理的对立

正是因为修辞所体现的是相对的意见，它与人的主观感受不可分离，这使它与真理观势不两立。理性主义的大行其道迫使修辞学接受真理的审查，并在一片斥责声中举步维艰。这首先当然指的是苏格拉底—柏拉图对修辞学的批评。

从智者学派的修辞观念中可以看到，语言和思想、修辞与认知是无法完全分离的，人们所知道的是对世界的感觉、见解、看法。但是苏格拉底和柏拉图从他们的真理观出发，将语言和思想剥离开来，因而认为话语的表达包括所有的艺术是对现实和真理的偏离了的模仿，修辞学更是因追求华而不实的辞藻和玩弄文字游戏而成为话语层面纯粹的技巧。在《斐德罗篇》中，苏格拉底引用斯巴达人的一句话说：

"我并没有强迫过哪一个人不知真理就去学说话。"① 真理性是远远高于艺术性的，修辞学只是用言辞来影响人心。在《高尔吉亚》中苏格拉底又指出，智术师们不需要懂得关于事物的知识，他们在语言中制造虚幻的影像，并以此想在无知者中显得比专家更有知识。② 在柏拉图看来，修辞学家的话语与知识无关，完全不需要对真理负责，因而修辞学只会搅乱人们对事实和真理的认识。不过反过来看，这同时也是对修辞所包含的巨大力量的惧怕，因为修辞以在其话语中的说服力影响着甚至于改变了听众的观念，一种更形象、生动的审美话语更容易获得人心，一旦人们接受了审美的劝导，便同时也就是接受了其中的认知观念。对话中的苏格拉底认为，对于一般人来说，肉体中的灵魂是难以窥见理式的，他们因为缺乏真理的标准而接受了修辞的"真"，这是他不能容忍的。修辞的力量是如此之大，以致它将人们眼里审美式的"虚构"的东西变为主体观念中的"真"，他这种力量是不可小觑的，因此要对修辞学进行"招安"，迫使修辞学放弃对意见的表达而为真理服务。

的确，话语形式与话语内容是能够分离的，但前提是在语言之后预设了一个不可动摇的内核，就像我们认定存在着客观真理一样，那么，这种分离就是必然的。但是就一门作为艺术的修辞学而言，其话语形式中就包含了对世界的认识，这种认识是变动不居的，因而形式与内容又是不可分的。修辞学的意义就在于，它用相对的"本义"替换了真理这一绝对的"原义"，在话语的"转义"中不断生成相对于"本义"的不同见解、感受、观点，也就是主观性的意见。所以，"分离"和"变动不居"就是一回事，话语的审美形式中就包含了认知内容。真假判断不属于修辞学关注的范围，实践中的价值判断才是修辞学的领域。

---

① ［古希腊］柏拉图：《斐德若篇》，参见《柏拉图文艺对话集》，朱光潜译，人民文学出版社 1963 年版，第 143 页。

② Plato, "Gorgias", in Cooper, J. M. and Hutchinson, D. S. (eds.), *Plato Complete Works*, Indianapolis: Hackett Publishing Company, 1997, p. 804.

但这又引发另一个问题：这种道德追求是修辞本身就有的，还是被附在作为转义的审美形式上的？

在《高尔吉亚篇》中，苏格拉底批判了智者学派的修辞学无视真理，以任意性和主观性的意见混淆是非之后，为修辞学的合法性指出了道路：真正的修辞学应该关心"如何能使正义在公民的灵魂中产生，而使不义离去；如何使节制在灵魂中产生，而使放纵离去；如何能使其他的美德在灵魂中产生，而使邪恶离去"[1]。修辞学应该放弃其对两面性或多面性的依恋，从此改邪归正——为正义、善和真理服务。苏格拉底在《斐德罗篇》中还进一步提出所谓真正的修辞学以反对智术师们作为骗术的修辞学，他认为真正的修辞学应该能够指出事物的正误，必须准确地分辨相似与不相似，必须知道事物的真正性质，要为真理服务而不能只追求意见。真正的修辞家首先要有天赋的才能，然后再加上知识和实践，如果缺少其中任何一个便不能达到完善的程度。经过这么一番改造之后，修辞学的话语运用与训练培植灵魂的信念和美德结合起来，现在修辞家在通晓如何用话语煽起听众激情的手段之外，还要让自己掌握真实之物，"他必须具有人类灵魂的正确知识，并了解能摇撼人类心灵的所有话语形态"[2]。修辞学的目的则成了在论辩术的协助下获得对事物清晰的认识，作为工具为真理的通达服务。修辞学只有在接受这样的改造之后才能在知识体系中有容身之所。修辞学本身并没有是否道德的问题，它既然只是工具，也就移除了修辞与认知的关系。现在话语在认识论上的作用由辩证法来完成，虽然辩证法最初是在对话中进行的，但它关心的是如何达到"真理"的认识，而审美形式只是一种手段。这和改造之前的修辞学是正好相反的，智术师们的修辞注重如何提高话语的说服能力，并将个别的意见作为话语的内容。柏拉图正是取其形式技巧而废其认知方

---

[1] Plato, "Gorgias", in Cooper, J. M. and Hutchinson, D. S.(eds.), *Plato Complete Works*, Indianapolis: Hackett Publishing Company, 1997, p.849.

[2] [德]弗里德里希·尼采：《古修辞学描述》（外一种），屠友祥译，上海人民出版社2001年版，第7页。

式，以防止修辞学对理式世界的侵扰。柏拉图的本意并非要废除修辞学，而是积极利用其转义力量为哲学服务，但后人过多停留在柏拉图对话的表面，开始将修辞学限制在形式技巧层面，然后修辞学的噩梦就开始了，它从此背井离乡，在被利用的同时又遭受唾弃——外衣、装饰、妓女等等，这些称呼让修辞学时刻保持着一种原罪感。它虽然只被借用了形式，却根本无法摆脱在认知上的罪过。但这种对修辞学的改造却是不成功的，在为真理服务时，修辞学始终带着对偏离的渴望和转义的冲动，它现在只是被限制了活动的范围，而认知上的取向却没有根本转变。并且在受到压制后，主观性和相对性的意见消失了，但其基础即转义却使修辞继续以偏离的方式在话语中起作用，这仍然符合修辞的认知方式。关于这一问题，下文会再详细论述。

最明显的例子是在《理想国》中苏格拉底区分了两类言说，一是真话，一是谎言，接着他论述说，说谎在特定情况下对人类是有用的，必须允许统治者为了其城邦公民的利益使用谎言。[①] 谎言实际上就是一种有别于真理的"意见"，这完全就是发挥修辞在话语中的强大影响力以使听众接受特定的观念。就修辞本身而言，这仍然是在表达主观的见解。它为真理服务，也只是为一种强势观念所长期租用，它的性质并没有根本改变。

也许对修辞学这样的遭遇，人们可以说是修辞学自身存在的问题导致的。任意性和相对性似乎不利于稳定的生活，事物的多样性和流动性也可能会使人们面对蒙昧的自然而感到危机四伏。并且修辞学本身也存在着解构性，即这种对世界的认识方式也不过是一种成为强论证的意见，它总会有一天在别的论证面前变为弱论证——柏拉图就成功地实现了这一转变。但是我们不禁要问，为何真理的认识论就能长期成为强论证，而修辞的认识论必然要受到排斥呢？当我们这样质问的时候并不是想拟构另一条可能的人类思想史的发展方向，而是要为

[①] [古希腊] 柏拉图：《理想国》，郭斌和、张竹明译，商务印书馆1986年版，第88页。

对修辞与认知关系的重新考察铺平道路。

三 可能性的审美建构作用

修辞学的论辩术是为了取胜，为了在话语中将一种可能性的意见变为强论证，而柏拉图的辩证法是为了求知，它通向真善美的理式。二者的根本分歧在于到底是要意见还是要真理，这同时也是"可能性"与真理两个原则的抗衡对立。但是，亚里士多德在试图为修辞学正名的时候，他所采用的"可能性"是与智术师们的"意见"大不相同的。在讨论这种不同之前，我们先看看这里一直关注的问题，即修辞与认知的关系。非常奇怪的是，亚里士多德在将修辞学定义为"一种能在任何一个问题上找出可能的说服方式的功能"① 的时候，他并没有谈及话语内容和话语真实性的问题②，而只是说"修辞术是有用的"，这似乎还是重复了柏拉图的观点，因为他进一步说"造成'诡辩者'的不是他（指演说者）的能力，而是他的意图"，修辞学在形式上与认知无关，只是可以被用来表达真理。但是与柏拉图不同，亚里士多德更关心修辞的说服方式。摆脱了真理认识论的羁绊，修辞学才有可能从技术上升为艺术。话语到底是如何进行说服的现在终于可以得到仔细的研究了，修辞学也终于可以获得合法的地位了。

亚里士多德将修辞学定义为"一种能在任何一个问题上找出可能的说服方式的功能"，这就意味着修辞学不是还原现实、发现真理的工具，它作为一门语言的艺术，是要在话语之中对事实进行艺术地论证，它反映出来的只是"可能性"。这种可能性包含了复杂的内容：既要有事实的依据，又要有逻辑的论证，还要有语言运用上的合适、优美，以及演说者品格的保证。这里的"事实"当然不是事件一成不变的固有状态，而是被认识到的"事实"。演说中的逻辑论证分为

---

① ［古希腊］亚里士多德：《修辞学》，罗念生译，生活·读书·新知三联书店1991年版，第24页。

② ［法］米歇尔·福柯：《主体解释学》，佘碧平译，上海人民出版社2005年版，第396页。

"修辞式推论"和"例证法"两种，亚里士多德更看重前者，它是从"普遍被认为或多半被认为是真实可靠的命题推出另一个与它们并列的命题"①。下面通过一个例子来分析修辞是如何从可能性出发进行说服的。

在《伊利亚特》第二卷②中，奥德修斯发表了一翻极具辩才的演说。当时希腊人攻打特洛伊人的城堡，已经有九年之久，很多人想返回希腊去。奥德修斯在演说中毫不避讳这一事实：

> 确实，此事艰难，让人带着沮丧的心情还家。
> 任何人出门在外，远离妻子，只有一月时光，
> 受阻于冬日的寒风和汹涌的海浪，便会焦炙于
> 带凳板的舟船，坐立不安。而我们，我们
> 已在此挨过了第九个转逝的年头
> 所以，我不能责备阿开亚人，在弯翘的船旁，
> 你们有焦烦的理由。

奥德修斯在对这一事实的叙说中，运用了典型的修辞式推论，其前提是：任何人在外面待上一段时间都会坐立不安，据此，战士们离家九年肯定会"焦烦"。但是，这并不能推论出希腊人必得班师回家，奥德修斯在此只是展示了一种可能性，他的话中包含着另一种可能的事实，即希腊人既然在战场上熬过九年，说明他们有不同常人的毅力，所以他只是说"你们有焦烦的理由"。紧接着，他又推出了另一个修辞式推论，他说：

> 然而，这事总不光彩，

---

① ［古希腊］亚里士多德：《修辞学》，罗念生译，生活·读书·新知三联书店1991年版，第24—25页。
② ［古希腊］荷马：《伊利亚特》，陈中梅译，译林出版社2000年版，第39—41页。

在此磨蹭许久回去，两手空空，啥也没有。

希腊人是很看重荣誉和尊严的，出征在外毫无收获是一种羞耻，从这一前提出发，九年征战却一无所获则更是莫大的耻辱，所以不该回去。然后他又以卡尔卡斯的预卜为证据，劝大家留下来，卡尔卡斯在卜释中曾说：

所以，我们将在此苦战等数的年份，
直到第十个年头，攻下这座路面宽阔的城堡。

现在已经过了九年，他的卜释眼看就要实现了，所以奥德修斯勉励大家振奋精神，夺取胜利。

奥德修斯从以上三个方面强化了自己的论证，认为战士们有必要留下来直到攻陷特洛伊人的城堡。但是，事实和逻辑只是为演说提供了背景和材料，若想最终影响、改变战士们的观念，还是要落实到语言表达上。他在这篇演说辞中的用词既准确又生动，比如他用一个比喻来唤起希腊人的耻辱感：

现在，像一群不懂事的孩子或落寞的妇人，
他们互相抱怨，哭喊着要求返航。

在描绘卡尔卡斯的预卜时，更是在语言渲染上下了很大的功夫，对祭祀的描写既形象生动，又庄重威严，深深地吸引着战士们，在无形中取得了他们的信任。演说结尾的那句话更是慷慨激昂，在战士们的观念逐渐转向时，奥德修斯最终将他们的斗志全部点燃：

振奋精神，胫甲坚固的阿开亚人，让我们
全都留下，抢夺普里阿摩斯宏伟的城堡！

从这篇演说辞中我们可以明显地看到，一种可能性的确立不是轻而易举的，它需要演说者在事实、逻辑和语言三个方面进行努力，这样才能将说服力体现出来，才能最终改变听众的观念。当然荷马的时代修辞学尚未产生，但是这说明人们对修辞的使用由来已久。修辞学从智者学派到亚里士多德，虽然经历了许多变化，但他们共同关注的都是人在实践中的语言表达，这是语言的艺术，更是生活的艺术。亚里士多德在将修辞学上升为一门艺术的时候，将修辞学的功能从"说服"转向了"在每一种事情上找出其中的说服方式"，这一重大转变意味着修辞学具备了特定的形式，从而能正式成为一门学科。

这门学科的意义要在实践中体现出来，它不是在真理中，而是在"可能性"中确立人们的认知。第一，从事实这一方面看，亚里士多德说，"我们应当根据事实进行论战，除了证明事实如此而外，其余的活动都是多余的"……①这里的事实不能理解为固定不变的东西，更不可理解为必然性，因为这些是不需要修辞学涉足的领域。修辞学所关注的事情往往都有另一种可能，"作为我们所审议和考虑的题材的行动就是这种性质的事情，一般说来，这些行动没有一件是必然性的"②。亚里士多德的那句话实际上是说从事实的可能性出发通过修辞手段来论证这种可能性。在《论题篇》中，亚里士多德说："当推理由以出发的前提是真实的和原初的时，或者当我们对于它们的最初知识是来自于某些原初的和真实的前提时，这种推理就是证明的。从普遍接受的意见出发进行的推理是辩证的推理。"③ 修辞学就是后者，它依照现象或他人的认同，亦即他人的意见，论辩地处理某个主题，从事物的可能性出发表达一种意见。所以，第二点，从逻辑这一方面看，修辞学的论证是"辩证的推理"，它不同于哲学证明，不是从

---

① ［古希腊］亚里士多德：《修辞学》，罗念生译，生活·读书·新知三联书店1991年版，第148页。

② 同上书，第27页。

③ ［古希腊］亚里士多德：《论题篇》，徐开来译，参见《亚里士多德全集》（第1卷），苗力田主编，中国人民大学出版社1990年版，第353页。

"原初的和真实的前提"进行推理,它与真理无关,"只有或然式证明才属于修辞术(学)范围,其他一切都是附属的"①。综合第一点和第二点,修辞学所处理的事实、所依据的前提都只是"可能性",而没有"必然性"。但是这种可能性要在演说中成为类似于强论证的意见,就还需要第三个方面,即语言表达上的强化。因此,亚里士多德在《修辞学》中不仅强调"讲什么"的问题,而且非常重视"怎么讲"的问题,整个第三卷都在谈论语言的风格与安排。因为观众如果不能被演说吸引住,那就谈不上说服了,这就要求演说家在语言表达上独具匠心,既明晰而又生动地将"可能性"展现在观众面前,使他们相信这种可能性具有主观真实性,从而最终影响和改变了他们的判断。当然,不能忽视这一切必须要有演说者自身品格的保证,否则强论证很难真正形成。这也正体现了语言形式和认知内容的统一,因为只有高尚的人说出的话才配称作高尚的,他对事情的认知和判断也是高尚的。

可能性是否如意见一样强调了事物的多样性和相对性呢?是的,因为可能性也同样注意到了事物的不确定性。不过首先,我们要看到二者存在的差别。普罗塔戈拉说任何命题都有两个相反的判断,其中每一个都是一种意见,都可以通过修辞论证变为强论证。比如关于风是冷的还是不冷的问题没有一个确定的答案,只能说:风对于感到冷的人来说是冷的,风对另一个人来说是不冷的,② 对事物的认识就是相对的感觉。类似这种相对主义的论调在《修辞学》中也不难发现,比如"勒俄托马斯控告卡利剌托斯时,他说,出主意的人比执行的人更有罪,因为如果没有人出主意,事情就不可能执行。与此相反,当勒俄托马斯控告卡布里阿斯时,他却说,执行的人比出主意的人更有罪,因为如果没有人执行,主意就不可能成为事实,人们出主意是为

---

① [古希腊]亚里士多德:《修辞学》,罗念生译,生活·读书·新知三联书店1991年版,第22页。

② Plato, "Theaetetus", in Cooper, J. M. and Hutchinson, D. S. (eds.), *Plato Complete Works*, Indianapolis: Hackett Publishing Company, 1997, p. 169.

了别人去执行"。又比如,"较少的东西比较多的好东西更好,例如金子比铁好,尽管用处比较小,但因为得来比较难,所以更有价值;从另一方面看,较多的好东西比较少的好东西更好,因为用处比较大。所以诗人说:水最可贵"。① 这里不仅仅在于主观感觉的确实性与修辞手段的可利用性或与价值判断的合目的性之间的区别,可能性(或然性)肯定是一种意见,但是在亚里士多德这里,它却包含着复杂的结构。

  首先,修辞式三段论用来建立或然式证明的题材很少是有必然性的,"因为我们所要判断和考虑的事情大多数都有另一种可能,作为我们所审议和考虑的题材的行动就是这种性质的事情,一般说来,这些行动没有一件是有必然性的"②。所以当亚里士多德给出许多貌似合理的前提时不必惊讶,因为这些只是被普遍接受的"可能"的观点,比如他说,"许多人追求和竞争的东西,是好东西","能产生更好的东西的东西更好。同样,从更好的东西里面产生出来的东西更好……本身是更可取的东西比本身不是更可取的东西更好","更好的人所具有的品质,也是更好的东西",等等。我们不必讨论这些前提是如何成问题的,因为它们并不就是事实本身,如果从智者学派的修辞角度来看,这些只不过是意见,亚里士多德自己也承认"大多数都有另一种可能"。但是,这不是一般的意见,在这里我们从亚里士多德修辞学中看到了闪光之处:这些被人们普遍接受的东西,它们之所以能被当前提来用,是因为它们是已经成为强论证的意见,它们在人们的思维方式中取得了相当稳固的地位之前就经历了一场修辞学的话语建构——先是在话语中被表达的主观感觉,在充分发挥了说服作用以后被众人认可,这种认可最终又被固定下来成为普遍的观念,我们对事物的判断往往就是受这些强势意见的影响。所以,修辞式推论的前提是审美与认知的结合,它是转义修辞建构起来的强势意见,只

---

  ① [古希腊]亚里士多德:《修辞学》,罗念生译,生活·读书·新知三联书店1991年版,第39页。

  ② 同上书,第27页。

是在被人们普遍接受以后，审美因素渐少，而认知成分增加。比如"更好的人所具有的品质，也是更好的东西"这一前提本身可能是来自于某个论证：苏格拉底是个好人，他善于同别人辩论，所以善辩这一品质就是好东西。这样的论证可能出于某篇演说辞中，或者是在某种场合下的谈话中，本来只是为了加强语言表达的效果，但在被人们广为引用之后，就被抽象为一个普遍性的结论。而在可能性的证明过程中，又发生了审美与认知的结合，语言表达的合适与优美，一方面是出于审美的考虑，另一方面也是为了让听众更直接更迅速地认同演说者的观念。比如奥德修斯的这个比喻，"现在，像一群不懂事的孩子或落寡的妇人，他们互相抱怨，哭喊着要求返航"，其中话语形式与认知内容是不可分离的。

这比智术师的修辞观念大大迈进了一步，因为他们只考虑到了纯粹的主观性，而忽略了影响认知的其他因素，这就是已在认知中稳定下来的普遍性意见，以及审美在修辞话语的认知建构中的积极作用。当然，亚里士多德的本意只在于修辞而不在于认知，但是却点出了修辞与认知的特殊关系，这种关系在尼采以来的修辞学传统中被高度重视。

亚里士多德和智者学派在修辞观上的差别还有着更为重要的意义。前提的确立是为了对当下情况的证明，所以我们找到"较少的好东西比较多的好东西更好"这个前提，是为了说明我面前的"金子"比"铁"好。而普罗塔戈拉的论证方式是，风"对于觉得冷的人来说是冷的，对不觉得冷的人来说则是不冷的"。后者是从主观性表达意见，前者却似乎从普遍性来表达对事物的看法，这样就轻易地使修辞学摆脱了"任意性"和"相对性"的指责，这是修辞学具备体系性后的又一进步。但这种客观性只是一种形式，因为演说者完全可以从需要进行论证的可能性出发，寻找一个合适的前提——勒俄托马斯正是这样做的[1]，智术师也会为论证一种意见而去寻找论据，只是到

---

[1] ［古希腊］亚里士多德：《修辞学》，罗念生译，生活·读书·新知三联书店1991年版，第38—39页。

了这里才在形式上固定下来。但是在相反的情况下，主观性却受到了确实的限制，因为成为强论证的意见为人们对事物的看法指点了方向。所以，从形式和内容两个方面，修辞学超越了主观性的相对主义，从意见走向了可能性，成为一门真正的艺术。

四 从意见和可能性到转义

亚里士多德从形式和内容两个方面对修辞学进行了规定——形式上从属于论辩术，内容上则是伦理学的分枝，但因为修辞学被看作是关于话语实践的学问，所以审美和认知上的一体性并没有被打破。不过这种区分却为修辞学此后的发展奠定了基础，因为当修辞学从演说、辩论等话语实践转入书面语言以后，在文学、美学等领域的转义活动中，审美形式与认知内容发生了越来越严重的分裂。这一方面是分别赋予形式与内容的合法性，造成二者的疏远；另一方面又迅速将修辞学限制在修辞格的研究中，希望以此摆脱道德上的指责。但这一退缩只起到了相反的作用——修辞无法摆脱偏离的境地：转义威胁着中心的地位，修辞学本身是对认知的损害。修辞学现在既不将说服作为目的，也不再致力于研究说服方式，本体性或工具性的修辞学转向了装饰性的修辞学。托多罗夫指出："新的雄辩术同老的区别就在于它不再是为某个外部目标服务的一种能力，它的理想是追求话语的内在质量。"① 这种新修辞学试图在新开辟的领域中只把注意力放在话语本身，而不与外界发生关系，但是柏拉图式的警惕又重新出现，人们担心修辞干扰对真理和现实的认识，从而又极力贬低它的地位。即使在话语中，修辞与认知的关系依然无法摆脱，因为修辞学现在关心话语的转义是如何产生的，什么样的偏离能带来审美上的愉悦，它因而成为事物在词语层面的可能性描述，这本身就是一种有别于理性主义的认知方式。

---

① [法] 茨维坦·托多罗夫：《象征理论》，王国卿译，商务印书馆2004年版，第66页。

关于修辞格问题前面已经论述，这里要指出的是，当修辞学被限制在审美形式一极后，出现的一个奇怪现象：话语中的转义，虽然专注于形式技巧，却正因此背负了破坏理性的罪名。因为修辞学在真理和知识面前的花言巧语，正如第一章所提到的，洛克指责其只能暗示错误的观念，只能打动人的感情，只能够迷惑人的判断，它是错误和欺骗的最大工具。我们并不反对这一看法，只是转义在话语中的特性并没有进一步被揭示：形式上的偏离难道没有伴随着认知上的偏离吗？并且这种偏离一定是在人们的认知中固定下来——否则洛克不会指出词语的误用和滥用是如此广泛，因此修辞和认知如何能够分离？而且，这种认知并非只具备消极意义，不是真知的反面教材，而是以审美的形式为自己规定了认知方向。从柏拉图开始的对修辞学的改造因此是不成功的，在为真理服务时，修辞学始终带着对过去的记忆，主观性和相对性的意见虽不能明显地在形式层面表现出来，但转义却成为修辞学新的活动领域。它表现为对真理认知的反对，即使是建立在相似性基础上的偏离，人们也清楚地意识到它与中心存在着距离，并且由于这种距离的难以把握，使得转义与意见或可能性有着一定的亲缘关系。转义的无处不在，以及它对真理有意无意的破坏，预示着一股巨大的力量将使修辞学冲破形而上学的束缚。话语秩序倒错之日，便是转义发挥作用之时。

第三节　转义修辞的审美建构与解构作用

虽然转义与意见和可能性有着这样的亲缘关系，但转义中的内容却是更为复杂的。本节所要指出的是，转义修辞在审美建构与解构的过程中，不断改造我们的话语，不断翻新我们的知识和观念，它所有的活动都是在为一种新的话语寻求合理性，这反映了转义修辞是审美与认知的统一。

一　以转义修辞的方式认识世界

在古希腊之后漫长的西方修辞学史上，转义始终在话语运作中居于从属地位，这一方面源于柏拉图对智术师的批判和对修辞学的哲学改造，另一方面也是由于很多智术师和演说家完全将修辞作为形式技巧，使修辞成为十足的卖弄和美饰。当修辞学最终进入书面语，就从实践领域中退出来，转义的力量就集中于对语法意义上的本义服务了。这种情况自18世纪起有所改观，修辞在话语实践中的作用再一次被重视。如果说黑格尔和浪漫主义作家们对象征的理解还朝向某种无限知识或精神，那么维柯和孔狄亚克的研究则聚焦于有限的人性去探索知识与观念的起源，而这样一种探讨一直延续到当代。

在《新科学》一书中，维柯论述了语言在起源阶段就建立在人与世界的诗性关系上，词语与事物之间没有必然的联系。更重要的是，维柯从转义出发揭示了人类理解和认识世界的修辞学模式，从而颠覆性地革新了修辞与认知的关系，使转义在话语实践活动中的重要性得以呈现，同时修辞也被视为人类诗性智慧中最原初的冲动。人们曾经认为存在着一种符合事物本性的"自然语言"，维柯称之为"幻想的语言"："神学诗人们所说的那种最初的语言并不是一种符合所指事物的自然本性的语言（象当初由亚当所创造的那种神圣的语言，上帝曾赋予亚当以神圣的命名功能，即按照每件事物的自然本性来给事物命名的功能），而是一种幻想的语言，运用具有生命的物体的实体，而且大部分是被想象为神圣的。"①神学诗人们把每一种事物想象成一种神（这些神是"忠实于人们感官的"），然后用该神的名字来称呼事物，例如用"Flora"（花神）来指一切的花，用"Pomona"（果神）来指一切的果木，这是一种换喻（或译为转喻）的转义手法，事物因此具有了人格化特征，人与世界的密切关系由此得以建立。

维柯借此强调，人们在与世界打交道之初就在虚构与想象中进行

---

① ［意］维柯：《新科学》，朱光潜译，人民文学出版社1986年版，第178页。

转义修辞活动，把人的感觉和情欲转移到事物上，使事物具有人格。这样，一直以来人们给语言设定的"本义—转义"关系开始发生断裂，本义在最初就是根本不存在的。但如果将本义看成是事物尚未抵达的实在，仍然可以把转义修辞看成是对实在的偏离，其虚构性妨碍了对世界的认识，应该存在着某种客观的或科学的认识方式，使我们更接近事物本身。维柯从认识论的角度指出这是不可能的，因为"人在无知中就把他自己当作权衡世间一切事物的标准……正如理性的玄学有一种教义，说人通过理解一切事物来变成一切事物，这种想象性的玄学都显示出人凭不了解一切事物而变成了一切事物"①，而当人不理解事物时就自己造出事物，并把自己变形成那种事物。比如以下词语就体现出这种可称为"移情作用"的转义：针"眼"、矿"脉"、锯"齿"、洞"口"，等等，语词在起源阶段莫不如此。所以，人所认识的并不是所谓的"客观"世界，而只是自己感觉和情感的对象，是在转义修辞中建立的一种想象的世界。从这一意义上说，认识世界其实是在感知自己，坚固的事物对人始终保持沉默，其外在属性和特征在与人遭遇时就被变形或转化。这样转义终于开始挣脱本义而在认识论中获得独立性，维柯所描述的这种原初的诗性思维，是在转义修辞中对世界所进行的审美式认识，是人的生命与事物形象的统一。诗性智慧建构起人类的审美化世界，是转义而非本义才是这一世界的意义基础。我们用来命名事物、认识世界的词语必然是转义，这是因为我们对事物的感知是在想象中进行，因而从起源角度看，在转义中形成的语言是审美与认知的统一。

维柯将人类命名事物和认识世界的诗性思维模式总结为四种转义：隐喻（metaphor）、提喻（synecdoche）、换喻（metonymy）和反讽（irony）。隐喻是其中最重要的转义，"在一切语种里大部分涉及无生命的事物的表达方式都是用人体及其各部分以及用人的感觉和情

---

① ［意］维柯：《新科学》，朱光潜译，人民文学出版社1986年版，第181页。

欲的隐喻来形成的"①，例如用"头"表示开始，用"肩"表达山的部位。提喻和换喻从广义上说也是隐喻，提喻是用事物的局部代全体或全体代部分，如用"头"指"人"，用"尖"指"刀"。换喻是指用行动主体代替行动、用主体代替形状或偶然属性以及用原因代替结果，比如"丑恶的贫穷"。贫穷本身无所谓丑美之分，而是其结果被认为是丑恶的，所以就反过来用结果来修饰原因，另外的例子如"凄惨的老年""苍白的死亡"等。怀特对换喻和提喻两种诗性思维模式的差别进行过比较，他认为："正如换喻代表思想从最感性的观念到不那么感性的观念的运动，抽象的东西从而被体验为切实的或者具体的实在，所以，维柯认为提喻是思想从最特殊的观念到最一般观念的运动，从而导致了个别向一般、部分向整体的'提升'。"② 最后一个转义反讽是在人进行反思的时候才出现的，即在人们能够意识到比喻再现与其试图描述的对象之间的距离后才出现。把反讽作为一种基本的转义，意味着语言陈述与其再现的实在之间有着根本的差距，"任何特定的比喻语言在描述世界时都存在偏差，或者不能充分地描述世界"③，而前三种转义虽表明人们在描述世界时自认为是"忠实的叙述"，但反讽却揭示了语言言说世界的有限性。

如果不是从起源阶段而从语言的一般使用情况看，从审美的角度讲，转义修辞是为了优美和新奇，而从认知上讲则是体现了话语中事物理解的可能性或意见，二者同样不可分离。但转义若被看作是对本义的偏离，其认知维度就是欠缺的。不过在修辞学领域，这种状况在杜马塞的时代已经开始受到质疑，他曾经指出：断言修辞格远离通俗的说法这一点是不确切的，因为"再也没有什么比修辞格更自然、常见和通俗的了：在集市上，在广场上一天所用的修辞格要比在学术会

---

① [意] 维柯：《新科学》，朱光潜译，人民文学出版社1986年版，第180页。
② [美] 海登·怀特：《话语的转义——文化批评文集》，董立河译，大象出版社、北京出版社2011年版，第222页。
③ 同上书，第223页。

议上许多天所用的修辞格要多得多"①。维柯也说:"每种语言里精妙艺术和深奥科学所需用的词,都起源于村俗语言。"② 转义才是正常表达法,而相反本义表达法则是对普通语言的背离。即使杜马塞从形式上发现了转义的优先地位,但是他仍然无法摆脱"本义—转义"这一认识论上的对立,他还是认为"思想比表达更为重要,就像精神比物质、内部比外表更为重要一样"③。但是奇怪的是,人们偏偏不去使用最精确的语言表达法,而是要以话语的独特形式来显示自己的与众不同;在日常交流中,这种话语表演随处可见,因为人与人之间的交流不只是为了传意,还具有动情和愉悦等目的。转义的最全面体现当然是在文学艺术中,在这里,人们对审美的需求完全搁置了本义,转义才是最正常的表达法。但是,只要将本义和原义相混淆,文学艺术便无法走出模仿和再现的角色,人们承认其中转义的优越性,却又同时将其本身作为一种偏离。

将转义看作是语言的正常表达,这体现出话语实践活动中的人类中心主义,是人为世界规划秩序、制造意义,而不是要固守某一中心。沿着这样一种思路,尼采的"意识现象学"将事物及其规律看成是感觉的形象展示,"不是事物移入意识,而是我们面对意识之际所取的样式,是似真性、说服之力,方移入意识"④。感觉只能把握事物的某些方面而不可能拥有事物本身,在感觉发生之际,事物已经被"拟人化",人已经在形象创造的过程中把自己投射到事物上。所以一旦人与世界打交道,转义修辞活动就立即展开了,对事物的审美赋形与意义构建在感觉阶段已经统一了。古典修辞学强调相对性的感

---

① Dubois, J., *A General Rhetoric*, Burrell, P. and Slotkin, E. (trans.), Baltimore: The Johns Hopkins University Press, 1981, p. 10.

② [意] 维柯:《新科学》,朱光潜译,人民文学出版社1986年版,第180页。

③ [法] 茨维坦·托多罗夫:《象征理论》,王国卿译,商务印书馆2004年版,第123页。

④ [德] 弗里德里希·尼采:《古修辞学描述》(外一种),屠友祥译,上海人民出版社2001年版,第20页。

觉和意见，尼采注意到这正是对抗理性主义的重要思想源泉，他使这一修辞传统得以延续，指出修辞所传达的无非只是意见，而不是系统的知识。不过"意见"这一说法容易和某种固化的观念相联系，尼采使用"转义"一词以突出话语修辞的漂移性和生成性。尼采指出一切词语从来都是转义，"转义不仅仅为偶然地添附到词语上去，而是形成了词语几乎全部固有的特性"①，人们在转义修辞活动中感觉事物、认识世界，以审美化的方式建立起人与自然的同位关系。这样一种转义修辞观念在尼采后期思想中得到进一步扩展，他在对真理和道德观念进行重估的时候，就是将其看成是转义修辞强论证的结果，看成是借助审美过程确立合法性而渴望永恒的、失去审美冲动的意识形态。甚至尼采本人的写作也是充满转义修辞的，这是对传统哲学话语的反抗。②

  古希腊的智术师们确立了感知和言说的相对主义修辞观，曾在雅典民主制中风光一时，最终不敌苏格拉底和柏拉图的理性主义哲学观念。时过境迁，面对强大的形而上学传统，尼采再次扛起修辞学的大旗，要对一切价值进行重估。德曼指出，尼采反对形而上学的关键就在于这一"转义修辞学模式"③，人类认知的美学特征和转义盛况在其中全面呈现，真理和道德作为谎言的修辞戏剧终于落幕。普罗塔戈拉从相对论的角度指出"人是万物的尺度"，而尼采质疑真理的一个重要立场也是"人是事物的固定不变的尺度"④，语言是转义修辞的

---

  ① ［德］弗里德里希·尼采：《古修辞学描述》（外一种），屠友祥译，上海人民出版社2001年版，第21页。

  ② See Céline Denat, " 'To Speak in Images': The Status of Rhetoric and Metaphor in Nietzsche's New Language", in Constâncio, J. and Mayer Branco, M. J. (eds.), *As the Spider Spins: Essays on Nietzsche's Critique and Use of Language*, Berlin: Walter de Gruyter, 2012, p. 13.

  ③ See De Man, Paul, "Rhetoric of Tropes (Nietzsche)", *Allegories of Reading*, New Haven: Yale University Press, 1979, pp. 103–118.

  ④ ［德］F. W. 尼采：《哲学与真理：尼采1872—1876年笔记选》，田立年译，上海社会科学院出版社1993年版，第120页。

产物，真理则是话语生成活动最大的艺术虚构，其中只有人的尺度，而不是任何超越之物的尺度。与维柯的观点大体一致，尼采也认为人在感知事物并对事物进行命名时，就以自身的尺度打量事物并为之剪裁形象，词语的创造是人的感觉和观念的投射，人在认识世界的时候其实回到了自身。尼采指出任何词语都不是对事物本身的指称，而只是从人出发所建立的隐喻，一种"与原始实体相去十万八千里的隐喻"①，我们其实是在这样的转义修辞中认识事物的，也就是在自我意识中构造世界的审美形象，但是却错误地以为外部世界才是认识的基础，并把认识的任务指向某种客观实在性。因此在认识世界这一问题上，主体和客体之间根本没有什么因果联系，最多也只能是一种美学关系，我们不过是以自己打动自己的方式为自然创造规律，为世界带来秩序。

二　以转义修辞的方式构造观念

词语在产生之初因为充满着人的感受性，便是以转义的方式审美地传达着人对世界的形象创造。这并不意味着这一审美世界完全是主观的，但所谓的客观事物只能作为"质料"进入人类创造世界的审美赋形活动中。一旦词语被固定下来，其中原初的审美感受性就逐渐淡化。比如"蓝天"一词的形成就是维柯所谓"诗性思维"的结果，"蓝"本意是一种草，人们以颜色上的相似性建立了蓝草与天空的审美联系，可想而知这一说法在最初是多么动人。又如"嘴""皮""肉"最初是用在动物身上的，用在人身上的则是"口""肤""肌"，二者不混用，但后来语言在演变过程中前一系统也用在人身上了。当最先有人把"口"称为"嘴"时，就像我们今天说"闭上你的鸟嘴"，会是多么可笑的一个场景，但今天"嘴"已经没有任何附加的意味了。这是因为转义修辞产生最初有着强烈的审美意味，而

---

①　[德] F. W. 尼采：《哲学与真理：尼采1872—1876年笔记选》，田立年译，上海社会科学院出版社1993年版，第104页。

这一用法一旦固定下来，人们就认同了其中的认知观念，审美过程就被概念认知的过程所取代，曾是诗性的词语最终成为抽象的概念。"一旦词不被设定用作它从中产生的独特和全然个人的原始经验的提示物，它就立即成了一个概念，或更确切地说，当词需要同时适应数不清的多少相似——实际上就是从不相等因而完全不等同——的事例时，它就成了一个概念。"① 这样就产生了"二次转义"，转义修辞本来的有效性是短暂的，现在却固定为长期有效的抽象概念，用"一"去表达"多"，因此概念本身就是一种转义，但却是生成的反面。

在《人类知识起源论》中孔狄亚克从对词语的滥用出发考察了抽象概念的这种转义特性，他指出："抽象概念乃是不去就使事物相互区别的属性进行思考，而仅仅就使事物相互适从的品质进行思考而形成的。"② 前文所说的转义修辞是发生在感知具体事物的时候，每一次感知都会伴随着新的转义，于是对事物的认识就会时刻处于流动中，人类为世界创造秩序的另一倾向就是通过相似性去寻找同一性，将某些转义固定下来以便给差别之物划分种类。这就是从多样性中寻找相似性，再从相似性中发现同一性，克服差别，用"一"去统摄"多"，将某一转义固定为通用概念，以使一类事物得以命名，这正是一种典型的隐喻结构，因而概念是"二次转义"。于是，经过二次转义语言和实体之间的距离越来越遥远，我们对世界的认识只能在无限偏离的转义概念中兜圈子，如此一来，真理之途谈何容易?! 人先是通过转义修辞对感性世界进行了拟人化的构形，然后用同一性克服差异性和个体感受性，在二次转义中形成概念，概念形成以后就具有了自足性，进入了自我运动的逻辑体系，构建稳定的理性世界，最终遗忘了人类认识的转义之路。虽然转义之路清楚地标示着人类认识的非本质性，"但他们却没有怀疑到自己的无能为力，因为他们对于被

---

① [德] F. W. 尼采：《哲学与真理：尼采1872—1876年笔记选》，田立年译，上海社会科学院出版社1993年版，第105页。

② [法] 孔狄亚克：《人类知识起源论》，洪洁求、洪丕柱译，商务印书馆1989年版，第109页。

他们实物化了的,而且随后又被他们看作为事物本质的自身的抽象观念是先入为主的"①。

尼采也指出,语言创造者命名的只是事物与人的关系,为了表达这些关系他运用了最大胆的隐喻,但是一旦词从这种审美状态中超越出来,从相似性出发去指称更多的事物时,概念就产生了。在遗忘和记忆的游戏中,观念世界逐渐成形,并凌驾于人和事物之上。就像在一片片的叶子之外还存在着概念的"叶",然后再将这个抽象的"叶"作为具体叶的"原因"——观念体系的大厦终于以转义的方式被建构起来,其顶端就是"真理"。这就是柏拉图式的倒置,把转义作为本义去追求和信仰,却无视真理之路的修辞本性。尼采对柏拉图式的倒置进行第二次的颠倒,让人们看清作为转义修辞的真理乃是最大的谎言:

> 那么什么是真理?一群活动的隐喻、转喻和拟人法,也就是一大堆已经被诗意地和修辞地强化、转移和修饰的人类关系,它们在长时间使用后,对一个民族来说俨然已经成为固定的、信条化的和有约束力的。真理是我们已经忘掉其为幻想的幻想,是用旧了的耗尽了感觉力量的隐喻,是磨光了压花现在不再被当作硬币而只被当作金属的硬币。②

隐喻、换喻、拟人等转义修辞手法是真理产生的基础,这些转义经过审美过程的强论证得到普遍认同,固化为一群人的共同观念。当人们不断重新认识世界的时候,就习惯性地以这些观念为前提,对事物秩序进行"理性的"组织。毫无疑问,真理追求是人类文明的必要条件,但是也会成为人类自我毁灭的缘由,关键在于是否意识到人

---

① [法]孔狄亚克:《人类知识起源论》,洪洁求、洪丕柱译,商务印书馆1989年版,第114页。
② [德]F. W. 尼采:《哲学与真理:尼采1872—1876年笔记选》,田立年译,上海社会科学院出版社1993年版,第106页。

类真理的有限性。尼采从转义修辞角度对真理的倒置揭示了人类的自我欺骗和自我麻醉的能力,把幻象作为本质、把谎言作为真知的危险。必须还原转义修辞作为审美过程的重要意义,以艺术式的强力意志打破意识形态的幻影,不断重新建立人与世界的审美关系,在生成之流中释放生命冲动。因此,真理和谎言并不是对立面,其中也许只有一步之遥:真理是忘记了在撒谎的谎言。从转义修辞的角度,尼采指出真理只有作为艺术对待才会更有意义,因为艺术是自认为在撒谎的谎言,把谎言作为谎言对待而又乐在其中,这是最大的快乐。

三 回归审美冲动

从上面的分析可以看出,语言和真理的产生都是在审美冲动中进行的,是在一次或多次转义修辞中完成的。人们在诗性智慧中建立起与世界的联系,以移情的方式使事物获得人性的光辉,通过隐喻、换喻、提喻、反讽等转义手法人们又在语言中把这种审美化的感知表达出来,不仅是原始的"诗性民族",而且在人类文明的整个进程中都有着修辞化、审美化的认知倾向。不过人还有一种自我欺骗的倾向,即将人与世界在转义修辞中建立起来的审美关系作为本质固定下来,并试图超越这一关系而达到彼岸的真理。在这一过程中,认知内容逐渐从修辞中剥离出来,获得了自足性,话语的审美过程因此让位于认知过程,差异性被同一性代替,修辞和诗意被概念和理性代替。

但是真理绝不是起点,更不是转义游戏的终点,当真理在人们的头顶上编织一个理性天空的时候,人们在直觉中感知世界的审美能力也绝不会耗尽,抽象思维作为"二次转义"离不开审美冲动造成的无限生成的、不断更迭的转义之流,这就像帕斯卡尔曾经区分的几何学精神的人和直觉精神的人。① 前者是从理性原则出发来认识现实,后者则是从当下具体情境出发去感知世界。当转义中的审美色彩鲜明、意义闪烁跳动的时候,言说者是作为一个自然的诗人或修辞学家

---

① 参见[法]帕斯卡尔《思想录》,何兆武译,商务印书馆1985年版,第3—5页。

呈现自己；而当这些转义失去了审美的光芒，作为概念盘踞在其头脑中时，言说者此刻的主体性与其审美能力一起丧失，他便成为一个僵化的人，虽然并不是沉默的人。真理作为转义修辞的结果，其有效性必须受到时空的限制，就像福柯在《词与物》中所揭示的西方思想史的几次"认识型"的更替，转义修辞从来都不会在真理面前停止解构—建构的审美游戏，不断在话语形象中对真理发动质疑和攻击。伴随着时空情境的变化，总会有新的因素加入到话语体系中，这些因素促进了转义生成之流，转义修辞以强大的审美冲动不断地在话语中推陈出新。修辞似乎就这样始终处在一种悖论中：它建构真理，它解构真理；它在认知中被牺牲，又会在审美中崛起。情况往往是，由于一些因素的影响，在话语活动中一些原本毫无问题的概念忽然显露出其有限性，人们立刻看出其中曾经发生的偏离，实际上这只是谎言被揭穿了而已，转义修辞满怀激情地对概念进行加工改造。也许不用举"民主""人权"等最具意识形态的概念，一些日常生活中常用的概念也绝不是稳固不变的。比如，古代人对"树"的认识和植物分类学建立起来以后人们对"树"的认识，以及在细胞解剖学兴起之后人们对"树"的认识发生了多么巨大的变化呀！这一过程中似乎人们始终热衷于做的事就是用一些转义去废除另一些转义，话语活动的目标始终被定位于"创新"。在纷乱的感性世界中迷失是一种痛苦，但是在了无生气的理性世界中生存却是一种死亡，人们时刻需要通过转义修辞活动来冲破意识形态的阴影，并在此过程中使生命得以充实和绽放。因此，尼采对于隐喻等转义的理解是"基于修辞学和生理学，既关注语言也关注身体"[①]。

于是，人之于世界的关系就建基于一种"审美"认识论中。当对观照世界的审美路线被倒置为认知路线后，就可以通过修辞学的解构来揭露这种倒置，也可以用另一种倒置来为转义修辞恢复名誉。而这正

---

① Emden, Christian J., *Nietzsche on Language, Consciousness, and the Body*, Urbana: University of Illinois Press, 2005, p.62.

是尼采也是德曼对形而上学的修辞"解构之图",于是,修辞学的革命力量就在一种审美精神中被激发了。

这就是直觉的人或直觉精神在陈规旧套中点燃创新的火焰,在感性力量的带动下,"打碎框架,破坏秩序,用一种反常的方式重组它们,把最不相同的东西拉在一起和把最密切相关的东西分离开来"。在破碎声中,人们不是在一种突然无知的状态下哑口无言,就是在一些生动鲜活的新的转义中滔滔不绝,这似乎就是酒神的时代,艺术对生活的统治得以确立,一种新的文化开始形成,"到处都可以看到乔装打扮、非贫穷化、灿烂的隐喻直觉,它们全都只是为了致幻"①。但这不是对真理的召唤,而是对幻觉和谎言愉快地承认。② 转义修辞现在作为一种解构性的力量加入了审美与认知的较量,在对真理和权力的反叛中,修辞既是因又是果:作为因,它在直觉中创造变换无定的转义以复活所有枯萎了的幻象;作为果,它在快乐中展示自命为谎言的真理,这就是自愿撒谎的审美幻象,这种快乐也就是一种艺术快乐。

这样,修辞就在艺术中制造骗局,但是却又没有欺骗我们,因为它宣布自己就是在撒谎。这种尼采式的转义修辞观,不仅是对形而上学的反叛,也是对修辞学原初冲动的革新。因为古希腊智术师们虽然坚持一种修辞式的相对论,但他们是将转义认之为主观性的真,而不是认之为谎言;虽然他们也用修辞来反对修辞,但这不会被认为是用谎言来反对谎言,他们坚持表象与现实的统一。这二者之间看上去似乎只有一步之差,但却是认识论上难以跨越的鸿沟,而且在智术师那个时代他们只需要建构,他们所跨出的那一步已经是相当不易的了。尼采却跨越了关键性的一步,他将整个世界作为表象而解放出来,并将守护真理的任务交给了宣布自己在制造审美幻象的文学艺术。"当

---

① 参见 [德] F. W. 尼采《哲学与真理:尼采1872—1876年笔记选》,田立年译,上海社会科学院出版社1993年版,第114—115页。

② De Man, Paul, *Allegories of Reading*, New Haven: Yale University Press, 1979, p. 114.

文学以形象组合的自由来诱惑我们的时候,尽管这些组合较之苦心经营的概念建构更加飘渺朦胧,但这并未减少文学的欺骗性,因为它断言了自己的欺骗性质。"① 这正是一种修辞式的反思:文学在欺骗,文学宣布自己在欺骗。我们曾经确认人是在转义修辞中认识世界的,而解构性的修辞观却要求人将这种转义就看作转义,看作偏离或幻象,这是一种颠覆性的自我解构,在揭露谎言的同时也无法摆脱自己那修辞性欺骗的桎梏。这是一种痛苦,艺术家将不断地掉进他第一次所掉进的陷阱,但这也是一种快乐,"一种更伟大的快乐"②,因为艺术家在表象世界中如释重负,撒谎便成为一种快乐。于是,审美愉悦就典型地体现在文学艺术承认撒谎的颠覆性的能指游戏中。

转义修辞建构—解构的双向运作揭露了真理的虚构本质,人们对事物的主观性意见经过强论证而成为权力话语,在对世界的认识中,这些具有巨大约束力量的话语高高在上地发号施令。修辞学与认知的关系曾被人们长期漠视,这使它陷入与外界隔绝的纯粹对风格、技巧等方面的研究,现在将它重新与话语研究联系起来,就使它那种通过转义蔑视权威的精神得到了很好的发挥。话语中弥漫的是凝固下来的意见,曾经的论争似乎已经平息,意见在胜利后以无声的力量向走近它的思想渗透,意识形态在修辞的掩护下于话语中大行其道,它以真理之名维持着自己有限的生命——因为修辞的自我颠覆将使意识形态破碎、重组,并乐此不疲。所以在审美活动中,修辞不仅是语言层面的雕琢,它在建构—解构的转义游戏中与意识形态过从甚密。③

在放弃了对作为"原义"的真理的追求以后,一个相对稳定的本义在新的认识论中渐渐显露出来。艺术文本在与现实制造距离的过程

---

① De Man, Paul, *Allegories of Reading*, New Haven: Yale University Press, 1979, p.115.

② [德] F. W. 尼采:《哲学与真理:尼采1872—1876年笔记选》,田立年译,上海社会科学院出版社1993年版,第122页。

③ 参见谭善明《论转义修辞在话语活动中的审美认知作用》,《福建师范大学学报》(哲学社会科学版) 2007年第3期。

中超越了语言对事物的直接意指,被尼采视为自愿撒谎的艺术,在无根的漂流中不断重构着虚构的转义世界。能指和所指的一一对应,现在产生了第二层意义,即含蓄意指,这一过程是将第一层次的对应关系变为能指,修辞运作就发生在对第二层意义的修饰、替代、转换等转义过程中。巴特在含蓄意指中见到了修辞与意识形态的张力:含蓄意指的所指,具有普泛、综合及弥漫的特性,正包含着意识形态的蛛丝马迹,"意识形态就是含蓄意指的所指的形式,而修词(辞)学则是含指项的形式"①。由于修辞的自我颠覆,它不断制造新的可能性,使得这一对能指—所指的关系并不融洽。巴特又重提那个古老的隐喻:修辞格是衣服。话语修辞的过程"正如羞愧使面色变红,颜色以掩盖对象的方式暴露着其对对象的欲望:这就是服饰的辩证法本身(schéma 意味着衣服,figura 意味着外表)"②,修辞手段如衣服一样装扮着身体。不仅如此,巴特赋予这一隐喻更深刻的意义:修辞手段在遮掩对象的同时,也揭示了对象,并使文本在欲盖弥彰的话语断片中涌出了"悦":"两件衣裳的触接处(裤子和套衫),两条边线之间(胸部微开的衬衫,手套和衣袖),肌肤闪现的时断时续;就是这闪现本身,更确切地说:这忽隐忽现的展呈,令人目迷神离。"③

　　修辞可以通过巧妙的话语编织而赋予意识形态自然化和审美化的效果,在无意识中使自己的声音侵入人们毫无防备的观念之中,如此,修辞便成为意识形态的帮凶,试图消弭存在差异的不同意见,在通向认知化的道路上它大显身手。但是在文本的某一断裂处,修辞却暴露了意识形态的秘密,它在话语中进行着穿插、翻转、替换等转义游戏,使一个看似平息的话语改造工程分崩离析,审美愉悦就在意识形态的倾覆过程中显露出来。于是,修辞作为文本第二层次的能指,

---

　　① [法]罗兰·巴尔特:《符号学原理:结构主义学理论文选》,李幼蒸译,生活·读书·新知三联书店1988年版,第171页。

　　② [法]罗兰·巴尔特:《旧修辞学》,参见《罗兰·巴尔特文集:符号学历险》,李幼蒸译,中国人民大学出版社2008年版,第89—90页。"Figura"意为修辞格。

　　③ [法]罗兰·巴特:《文之悦》,屠友祥译,上海人民出版社2002年版,第18页。

不停地以能指替代能指，以"新物"更换"陈规旧套"，"种种替代，不论其范围与样式如何，皆属转义"。① 这种转义活动将重心放在"悦"（或"醉"）的产生上，而不是要形成稳固的意识形态，所以通过"逆常之见"（paradoxa）去砸碎"意见"（doxa），使话语修辞为审美活动的不断展开开辟了道路。②

这样，我们从另一个方面认识到了艺术自己承认是在撒谎。巴特将文本视为一个不断生成之物，转义修辞活动往复不已，文本由传统的可读的文本变为可写的文本：没有固定不变的本义，每一次的新的阅读都可能带来对惯常理解的破除，新的转义在话语修辞的运作中宣布了本义的虚构属性，自己却重蹈覆辙。但是文本总是期待着新的阅读，当修辞所造成的差异使意识形态解体，文本的审美价值才得以实现。因此，"艺术家本身的全部工作就是为了毁坏艺术"③，转义修辞以非辩证的方式拆散逐渐滑向同一性的纵聚合体——话语与意识形态的同谋，其审美意义由此得以彰显。

把转义修辞看成是话语生成的真相，搁置对本义的盲目崇拜后，一种审美的境域在文本中敞开，追求创新和愉悦的艺术之光照亮了文和人的世界。因此，转义修辞有着特殊的审美意义，它在话语更新的过程中体现出强大的生命冲动，消除认知的惰性或意识形态的阴影，使生命不断在"当下性"的瞬间得以绽放。

---

① 屠友祥：《转义：意识形态的运作手段》，参见［德］弗里德里希·尼采《古修辞学描述》（外一种），屠友祥译，上海人民出版社2001年版，第168页。

② 参见谭善明《转义修辞：一种现代性修辞观念的兴起及它的理论意义》，《文艺理论研究》2009年第5期。

③ ［法］罗兰·巴特：《文之悦》，屠友祥译，上海人民出版社2002年版，第66页。

附 论

两条道路的汇合：论柏拉图和尼采的哲学修辞

尼采开始批判西方形而上学的历史并重估一切价值的时候，他必须首先克服由柏拉图所开启的理性主义传统；而当尼采重新拿起修辞学的武器在美学的酒神盛宴中去消除意识形态的阴霾时，他以对"颠倒的世界"进行颠倒的方式将柏拉图的强大对手修辞学作为同盟。[①] 修辞学兴盛的两个时期是理性主义和形而上学传统形成之前及其衰落之后，柏拉图和尼采是分别站在两个不同转折点上的巨人——反对修辞学的柏拉图和赞颂修辞学的尼采，我们完全有理由想象这一对针锋相对的形象。

不过无论是反对还是赞颂，都表明修辞学对哲学而言意义重大，而当我们开始进入他们的文本去探寻这一意义究竟何在的时候，却会发现柏拉图和尼采都是如此重视修辞学，以至于表现出太多的相似性。在柏拉图的很多对话特别是在《斐德若篇》中，他都尝试对修辞学进行哲学的改造，以批判的方式将修辞学内化于哲学之中。而尼采所推崇的修辞学则是柏拉图改造之前的，特别是古希腊智术师们的修辞学。可以说，柏拉图看重的是修辞学的建构力量，尼采看重的则是修辞学的解构力量，摧毁和创造、生成和消逝在尼采看来恰恰是一体的。那么就哲学修辞而言，尼采在声称反对柏拉图的时候，又在何

---

① 尼采与修辞学的关系参见谭善明《论古典修辞学与尼采早期的修辞观》，《福建师范大学学报》（哲学社会科学版）2012年第2期；《以修辞破解修辞——尼采修辞观念探析》，《北京理工大学学报》（社会科学版）2011年第4期。

种意义上走近了柏拉图呢？

一　哲学修辞的上升之路：从言说对象来看

我们的问题不是为什么话语活动需要修辞，而是为什么柏拉图和尼采在新旧观念转换的重要节点上，都以某种方式将修辞学引入哲学，而且有意识地运用修辞进行言说。他们都有深刻的东西要表达，但却缺乏合适的听众和对话者。柏拉图笔下的苏格拉底在城邦中穿梭，去考察政治家、诗人和工匠们的智慧（《申辩》21e—22e），因而引起人们的忌恨；尼采笔下的扎拉图斯特拉初次下到城镇去传授超人，遭到市场上民众的嘲弄，最后只"捕获"了一具尸体。深刻的思想总是孤独的，而越是深刻的思想也越是有传播的冲动，就像太阳播撒它的充沛之光、水似黄金从满杯中自然地流溢而出①，苏格拉底则将这种冲动解释为"神的意愿"（《申辩》23b）。但是在浑浑噩噩的民众面前，深刻的思想必然无处扎根。

无论苏格拉底和扎拉图斯特拉，或柏拉图和尼采有多么深刻，他们都难以聚拢人心，他们有着共同的苦恼："世界围绕着新价值的发现者转：——无形地旋转。然而，民众和荣誉却围绕着演员们旋转：这便是世界的运作。"②在尼采看来，民众代表着思想的惰性，他们是旧价值的守护者，是真理和道德的奴仆，他们是新价值的敌人，"群畜倾向维持现状，它们心里没有丝毫的创造精神"③。所以尼采对代表"群畜道德"的基督教精神和迎合民众偏见的启蒙精神深恶痛绝，从弱者的利益出发去构建道德的谱系，以及在自由平等的口号声中让哲学俯就民众，都是在放大并固化旧价值。民众围绕着演员们转，但哲学不能围绕着民众转，否则真理之光在现象世界就会逐渐暗

---

① [德] 尼采：《扎拉图斯特拉如是说》，黄明嘉、娄林译，华东师范大学出版社2009年版，第31页。
② 同上书，第97页。
③ [德] 尼采：《权力意志——重估一切价值的尝试》，张念东、凌素心译，商务印书馆1991年版，第115页。

淡，这同样是柏拉图的忧虑。在柏拉图的对话中，哲学的最大敌人是智术师及其修辞学，苏格拉底在不同场合都指责高尔吉亚、普罗塔戈拉这些智术师们收取学费、兜售智慧。智术师在当时就像今天的明星，吸引着大批民众，《普罗塔戈拉》的开篇就生动地展现这一熙熙攘攘的场景：普罗塔戈拉在众人的围绕下光彩四射，所到之处人们被他那奥菲斯一样美妙的声音所吸引，如众星捧月一般围绕在其周围（《普罗塔戈拉》315b）。而智术师们所传授的修辞学在苏格拉底看来无非是哗众取宠的伎俩，在《高尔吉亚篇》中他将修辞学和美容、烹饪等技艺并置，指责修辞学不过是一种"奉承"，"向儿童、妇女、男人、奴隶、自由人发表演说"①。也正是在这个意义上，苏格拉底在对话中将诗等同于修辞，因其通过模仿而迎合民众："凡是在大众和无知者面前显得漂亮的东西，他就会模仿。"② 在这一点上，尼采和柏拉图产生了巨大的共鸣，他借扎拉图斯特拉之口斥责追求虚荣的"智慧者"："你们所有著名的智慧者啊，全都为民众及其迷信服务！——而不是为真理！正因为这样，你们才受人敬仰。"③ 原来经过千年的轮回，那些所谓"有"智慧的人仍然不是向上追求真理，而是向下追求荣誉，新价值的创造者不仅不被理解，还被视为异类，这是苏格拉底在雅典、扎拉图斯特拉在市场上的相似遭遇。

所以，当苏格拉底和扎拉图斯特拉带着深刻的思想进入城邦或民众当中，必须注意自己的言说方式，特别是当他们寻找能够同行的伴侣，更需要使自己的话语不被乌合之众的唾沫所淹没。在这种情况下他们不仅要关心自己将要说什么，还要关心如何言说。先来看苏格拉底的情况，他在为自己申辩时一再强调自己说的是"真话"，实际上他在法官面前运用了独特的修辞，而至于他为何要如此言说，可以参

---

① Plato, "Gorgias", in Cooper, J. M. and Hutchinson, D. S. (eds.), *Plato Complete Works*, Indianapolis: Hackett Publishing Company, 1997, p. 847.

② ［古希腊］柏拉图：《理想国》，王扬译注，华夏出版社 2012 年版，第 367 页。

③ ［德］尼采：《扎拉图斯特拉如是说》，黄明嘉、娄林译，华东师范大学出版社 2009 年版，第 181 页。

照他在《高尔吉亚》在的一段话:

> 对我的审判,就像一个医生被一个厨师指控而被小孩们审判,在这种情况下如果有人对他作出如下指责,他应当如何回应呢:我亲爱的孩子们,这个人给你们造成了种种伤害;他用切割、灼烧的方法迫害你们当中最小的,用饥饿和窒息的方法让你们陷入混乱;他让你们吃最苦的药,迫使你们又饥又渴,而我则让你们享用各式各样的肉类和甜食。在这一困境中,你认为那个医生该说什么呢?如果他只能说出这样的真话:孩子们,我所做的这一切都是为你们的健康着想,难道这些法官们不会大声地吵闹吗?他们该如何大喊大叫啊!①

面对这样的控告者和这样的法官,苏格拉底不可能毫无遮拦地说出真话,他必须得注意自己的修辞技巧,但我们显然又不会认为从一个如此关注德性的人口中说出的都是谎言。最合理的解释是,苏格拉底在修辞中言说着真理,或者从另一个角度说,他在修辞中隐藏了真理,这就是苏格拉底式的反讽修辞。② 施特劳斯指出,这场申辩是

---

① Plato, "Gorgias", in Cooper, J. M. and Hutchinson, D. S. (eds.), *Plato Complete Works*, Indianapolis: Hackett Publishing Company, 1997, p. 864.
② 克尔凯郭尔在讨论苏格拉底申辩中的反讽问题时也引用了《高尔吉亚篇》这段话。他认为申辩中的反讽格局体现在以下三个方面。第一,"《申辩篇》在整体格局上应被看作反讽,因为苏格拉底的弥天大罪是在雅典传播新的学说,而他的申辩是他一无所知,故不可能传播新的学说,在他的罪状和他的申辩之间存在着一种奇怪的、归根结底是反讽的关系。显而易见,反讽在于在控告和辩护之间毫无连接点"。第二,"他不顾法庭上可怕的争论,友好地和雅典人讨论无罪释放他的可能性,讨论对他来说当然是同样可笑的罚款迈雷托士的可能性"。第三,"更高一层的反讽,一个席卷苏格拉底自己的反讽:苏格拉底总是很片面地坚持理性认识,因此每个罪行都是错误,而每个惩罚必然是与之不同类、不对等的东西,为了论证、宣传这个观点,他投入了极大的论战的热情与力量。所有这一切对他进行了极为反讽的报复,即他自己在某种意义上成了像判处死刑这么一个荒唐可笑的争论的牺牲品"。参见[丹]索伦·奥碧·克尔凯郭尔《论反讽概念:以苏格拉底为主线》,汤晨溪译,中国社会科学出版社2005年版,第71—72页。

"苏格拉底与雅典城邦的对话"①，同样也是哲学与政治的对话。如果苏格拉底要讲真话，首先就要对付城邦中盛行的假话，这是有风险的，甚至对他的辩护极为不利。原因在于民众的观念是极为顽固的，当这些观念被人指责为虚假的时候，必然会报以猛烈的回击，而这些观念又恰恰是雅典民主政制的根基。

一方面要提防民众的无知和愚蠢，但另一方面苏格拉底又在城邦中四处与年轻人对话，寻找像格劳孔这样对哲学有爱欲的人。在《斐德若篇》中苏格拉底将此表述为"找到一个相契合的心灵，运用辩证术来在那心灵中种下文章的种子"②。在这种情况下，哲学就需要与修辞学合作，前者提供灵魂向上提升的力量，后者则使逻各斯保持着一种强大的吸引力，二者的协作为合适的灵魂开启了一扇通往真理之路的大门。修辞学的这种吸引力本来是发生在演说家、诗人与听众之间的，在《伊翁》中苏格拉底用"磁石链"做了形象的比喻，但是在《斐德若篇》中经过哲学的改造，修辞学的吸引力不再是从上往下指向民众，而是从下往上指向真理。但是苏格拉底不可能指望多数大众能听懂他的言辞，他对反讽修辞的运用反而招致更多的忌恨。这就像"洞穴喻"中那个从地面返回伙伴身边的人的遭遇一样，危险不仅仅在于哲人自身，更重要的是知识若被大众误解并使用将是巨大的灾难，今人看来尤为清晰。阿尔法拉比在谈到柏拉图的修辞风格时也曾指出："柏拉图采用了象征、谜语、晦涩和笨拙之类的成法，好让知识不会落入那些不配享有，反而会使知识变形的人手中，或者不会落入那些不识货或不会恰当运用的人手中。"③

在茫茫人海中寻找合适的同路人，尼采的扎拉图斯特拉也有这样

---

① [美]列奥·施特劳斯：《柏拉图式政治哲学研究》，张缨等译，华夏出版社2012年版，第54页。

② [古希腊]柏拉图：《斐德若篇》，参见《柏拉图文艺对话集》，朱光潜译，人民文学出版社1963年版，第172页。

③ [古阿拉伯]阿尔法拉比：《柏拉图的哲学》，程志敏译，华东师范大学出版社2010年版，第56页。

的渴望。当初扎拉图斯特拉带着灰烬上山,韬光养晦过了十年,然后精神饱满地走向山下。他在山中遇到的圣者说他变成了孩子,一个觉醒者将要唤醒沉睡的众人,圣者认为这是不可能之事,但他执意前往。扎拉图斯特拉第一次对大众演讲时还是注重言说方式的,他要让自己的修辞尽量适应民众的理解能力。这些人不可能懂得永恒轮回,也不可能真正懂得超人,所以他在一开始并没有解释什么是超人,而是利用人们已经接受的观念来暗示超人。民众目前也只能在物种的意义上理解超人,甚至把超人当成是对现有人类的救赎。毫无疑问他的修辞最终是失败了,民众只是闹着要求见见超人。经过一系列挫折,他终于明白自己不应该对民众说话,而要对伴侣说话,"不应成为乌合之众的牧人和牧羊狗",相反他所要做的是"把许多羊从牧群中诱开",一个新价值的创造者必然是民众仇恨的对象,扎拉图斯特拉要"与创造者、收获者和欢庆者为伍"①。

新价值的创造和旧价值的摧毁是一体的,尼采的哲学修辞策略首先是揭示真理、道德等旧价值的修辞本性:

> 那么什么是真理?一群活动的隐喻、转喻和拟人法,也就是一大堆已经被诗意地和修辞地强化、转移和修饰的人类关系,它们在长时间使用后,对一个民族来说俨然已经成为固定的、信条化的和有约束力的。真理是我们已经忘掉其为幻想的幻想,是用旧了的耗尽了感觉力量的隐喻,是磨光了压花现在不再被当作硬币而只被当作金属的硬币。②

隐喻、换喻、拟人等转义修辞手法是真理产生的基础,这些转义经过审美过程的强论证得到普遍认同,固化为一群人的共同观念。当

---

① [德]尼采:《扎拉图斯特拉如是说》,黄明嘉、娄林译,华东师范大学出版社2009年版,第50—51页。
② [德]F. W. 尼采:《哲学与真理:尼采1872—1876年笔记选》,田立年译,上海社会科学院出版社1993年版,第106页。

人们不断重新认识世界的时候，就习惯性地以这些观念为前提，对事物秩序进行"理性的"组织。真理、道德本来只是特定时刻人对世界的某种审美感知，经由转义修辞之路不断地在观念中被接受和强化，最后成为固化的意识形态。在《道德的谱系》《善恶的彼岸》《人性的，太人性的》等著作中，尼采对人们观念中普遍存在的价值进行了还原和抨击，而这些恰恰是乌合之众头脑中最丰富的营养。

在哲学如何对待修辞学的问题上，把柏拉图和尼采放在一起比较是饶有意味的。柏拉图及其笔下的苏格拉底旗帜鲜明地反对智术师们哗众取宠、谋取名利的修辞术，认为修辞学在城邦中造成了知识的奴化和矮化，相反哲学要带领人们走一条上升之路，通过灵魂提升走向真正的幸福。但是另一方面，只要哲学试图作用于城邦或想有益于城邦，就不仅仅要关注"善好"的目的，还要关心如何通过"美好"的方式产生实际影响，这就需要与修辞学合作，通过特殊的言说方式、在转义表达中吸引更多合适的灵魂并引导他们自动转向，从而走上一条真理之路。最强大的敌人从另外一种意义上说是最好的朋友，与修辞学的对立确立了哲学的范围和目标，取彼之所长以补我之所短，这也就有了《斐德若篇》中对修辞学的哲学改造，并建立了修辞学与哲学的关联。"一个人尽管知道了真理，若是没有修辞术，还是不能按照艺术去说服"①，同时，"若是一个人不知真理，只在人们的意见上捕风捉影，他所做出来的文章就显得可笑，而且不成艺术了"②。于是，柏拉图创建了一种独特的哲学修辞，将诗、戏剧、演说等诸多元素融入哲学对话，从而实现了"美"与"真"的统一。宣扬超人哲学的扎拉图斯特拉也有着对民众的蔑视甚至是对整个人类的蔑视，在尼采哲学思想中也随处可见对群畜道德的批判。似乎对哲学而言，大众仍然是最危险的敌人，即便尼采指责柏拉图主义恰恰是

---

① ［古希腊］柏拉图：《斐德若篇》，参见《柏拉图文艺对话集》，朱光潜译，人民文学出版社1963年版，第143页。

② 同上书，第146页。

和基督教群畜道德同流合污的,这并不意味着柏拉图本人及其哲学是源自民众的利益并为民众唱赞歌的。不过,在对待智术师及其修辞学的问题上,尼采与柏拉图的态度有所差别,他是把智术师们的观点当作形而上学的对立面、把修辞学视为辩证法的对立面而对其赞赏有加。在此,尼采其实关注的不是智术师和民众的关系,而是智术师及其修辞学观念中的相对主义和感觉主义,他曾毫不犹豫地宣称"人是事物的固定不变的尺度"①。这句来自普罗塔戈拉的话对尼采而言意味着一种"透视主义":人类以拟人化的方式了解世界并在观念中构建和占有世界,所有的真理和道德无非只是这一修辞过程的产物。可以说,柏拉图是将修辞学的话语运作和说服两个方面分离,取前者而为哲学所用以引导灵魂的自动转向;尼采则是将修辞学的工具论和认识论相区分,取后者而为哲学所用以推倒形而上学的理性大厦并释放强大的生命意志。无论如何,修辞学都成了哲学的甜蜜伴侣。

二 哲学修辞的下降之路:从言说内容来看

对追求智慧的人来说,有一条从下往上的路,还有一条从上往下的路。生活在尘世的哲人抬头仰望星空,同时也希望更多的人能走上通往幸福的道路,诚然这条路是艰难的,他必须用美好的言辞把少数人从多数人中分离出来,激起他们对智慧的强烈爱欲。而同时哲人还在走一条从上往下的路。罗森指出,扎拉图斯特拉的行动是由从太阳那里所积累的能量激发,这就像苏格拉底的善的理念一样,都是"自然的再生性力量"②。虽然扎拉图斯特拉的太阳就是自然本身,而苏格拉底的太阳则"超越存在",但二者都与某种至高的真理相关。无论是扎拉图斯特拉从最接近太阳的山巅下到城镇,还是苏格拉底试图将光引入城邦,哲人都必须首先亲自洞察高处的秘密,而后带着充盈

---

① [德] F. W. 尼采:《哲学与真理:尼采 1872—1876 年笔记选》,田立年译,上海社会科学院出版社 1993 年版,第 120 页。

② Rosen, Stanley, *The Mask of Enlightenment: Nietzsche's Zarathustra*, New Haven: Yale University Press, 2004, p. 25.

的创造力将自由和解放的讯息带到山下或洞中。虽然屈尊以后的哲人会面临各种困难，尤其是乌合之众的误解和嘲笑，但他们在高处获得了更多的维度，在昏暗的尘世中依然能发现闪光的事物。正如尼采在评价自己的《扎拉图斯特拉》时所说的："这部书发出的声音将响彻千年，因此它不仅是书中的至尊，真正散发高山空气的书，——人的全部事实都处在它之下，离它无限遥远——而且也是最深刻的书，它来自真理核心财富的深处，是取之不尽用之不竭的温泉，下去的每个吊桶无不满载金银珠宝而归。"① 至高的真理像太阳一样赠予世界以光明，并在照亮世界的过程中实现自己的价值，尼采那来自高处的言辞就是在这种赠予中不断充盈自身。

这样一种观点在柏拉图那里则是另外一种表达。那个接受了光的照耀的洞穴人最后返回伙伴身边，试图解救他们，这一行动也必然是在充盈的真理推动之下进行的。而柏拉图则以他的失败揭示了，如果以外力强制的方式去让大多数人转向光是不可取的，最好的办法是采取特定的方法使他们的灵魂自动转向，这正是他笔下的苏格拉底在不同场合讨论"灵魂自动"的意义所在。这一过程对于哲人来说是"自我认识"，这是一个艰难而漫长的灵魂自我提升的过程，而对于哲人作用于他人来说，必须借助于修辞甚至"高贵的谎言"来吸引灵魂从黑暗朝向光明。从表面上看，在柏拉图那里，哲人似乎更多的是在为他人的幸福着想，而其实哲人的灵魂提升并不是静坐玄思，而是在行动中实现的。苏格拉底是在与政治家、诗人和工匠的交谈中同时省察了他人之知和自我之知，他认为自己是按照神的意愿，四处寻求和追问每一个智慧的公民和外邦人（《申辩》23b）。也就是说对他人的关注是与哲学行动和自我提升内在统一的，这是苏格拉底的哲学使命，这一点还可以参照《斐德若篇》253b 处所说的爱欲关系中的共同提升。"按照神的意愿"这一表述，就像苏格拉底的"精灵"一

---

① ［德］弗里德里希·尼采：《看哪这人：尼采自述》，张念东、凌素心译，中央编译出版社 2000 年版，第 3 页。

样，无论是权宜之计还是一种反讽修辞，都是远处的呼唤在苏格拉底身上的回音，从哲学的角度来说这一声音就是来自至高的真理。苏格拉底和韬光养晦的扎拉图斯特拉一样，都从高处而来，又在重返光明的路上满载而归。

前文已经指出，哲人与民众之间形成了对立，他们分别代表着爱欲道路上的两个极端，而哲人下降到大地上之后又不得不开口言说，在这种困境中他们必须运用修辞，这是他们照亮"下面的世界"的方式，也是他们倒空"满溢之杯"的方式。苏格拉底不立文字，以对话的方式探讨美德与智慧的问题（在《斐德若篇》的"图提—塔穆斯"神话中他还对文字的缺陷进行了批评）；扎拉图斯特拉也不去写任何文字，相较之写作，"他要亲自地，就是说以交谈对话的形式来传播他的知识"①。但是，哲人像智术师一样为了讨民众的欢心而有意卖弄修辞吗？或者如阿尔法拉比所言，哲人为了保护那些凡人不配知晓的知识而动用修辞？如果我们把哲人行动路线的轨迹看成是从上而下，我们就会发现柏拉图和尼采的修辞动机更为复杂。

当修辞学介入哲学，意味着柏拉图的对话不能被抽象为某种观念或"主义"，而应当看作一场场充满张力的话语行动。从这一点出发，传统的"理式论"那种尼采所谓的形而上学的"毒瘤"就暴露出巨大缺陷，我们就要重新审视理式在柏拉图的话语行动中居于什么样的位置，发挥着什么样的作用，同时又向我们隐藏了什么——一种从"上"而来的讯息中不足为"下"所道者。我们首先从《理想国》中的三个著名比喻来窥探这一问题。

在太阳喻中，苏格拉底通过善的理式和太阳的类比指出，善的理式给理性认识的对象以真理和实在，就像太阳是万物生长的起源，善的理式也是可被思维之物的根源。我们因光而见到万事万物，知道光源自于太阳；同样我们因真理和事物的本质而能够认识事物，也要意

---

① ［德］A. 彼珀：《动物与超人之间的绳索：〈查拉图斯特拉如是说〉第一卷义疏》，李洁译，华夏出版社2006年版，第32页。

识到还有最高的善的理式。他在接下来的线段喻和洞穴喻中都向人们明示：有一条通向光的世界的自我提升的道路，虽然它艰难而又漫长。这一前景是激动人心的，柏拉图用这样一种积极的转义修辞试图吸引更多合适的灵魂，走上追求智慧的光辉道路。《会饮》中"爱的阶梯"也同样以"美本身"为目标，开启一条从身体到礼法到言辞再到理式的上升之途。

但是我们会发现有一个重要的问题：柏拉图其实是点到为止的，那就是人能不能获得终极的智慧，他并不是不谈——比如苏格拉底的"无知之知"就揭示了哲人的限度，而是希望通过确立善好的目的来激起人们美好的行动，制造一种从上而下的吸引力来确保灵魂提升的持久性。因此，柏拉图的修辞一方面要形象地（如《斐德若篇》中的天外景象）或抽象地（如《斐多》中的论证）展示理式的美妙，另一方面又要突出灵魂转向的行动及意义来掩盖"致命的真理"，即人不可能获取真理和达到完满。如果后者不被积极的修辞掩盖或限制，那么灵魂提升的修辞将被虚无主义的无底深渊所吞噬。就这三个比喻中的"太阳"而言，一方面长期地注视太阳将会使人丧失视觉能力，另一方面通过短暂的一瞥也只能见到太阳的影像——一个光的聚合体。按照这一类比，善的理式也不能作为理性认识的对象，它同样会使人失去理性能力，毋宁说它标识着人类认识的限度。这就是说，在可见世界中太阳不是让人看的，在可知世界中善的理式也不是让人认识的，最高的存在是神性的领域（参见《理想国》508a，509c）。西方学界对此已有讨论，如罗森指出，通过凝视善，我们既得不到实践知识，也得不到理论知识，如果将善与太阳类比，就会发现直视它可能会导致目盲。[①] 这岂不就是意味着对"善的理式"的认识任务没有任何哲人能够完成？苏格拉底所说的这条艰难的道路实际上是一条永无止境的认识之路，

[①] Rosen, Stanley, *Plato's Republic: A Study*, New Haven: Yale University Press, 2005, p. 268.

再伟大的哲人都要在自知其无知中不停前行，在这一过程中他有可能以高越的理性能力获得了一定的真理，但是他将永远不知善好本身。由此再延伸开来，设想一下无论是哲人自己还是哲人所引导之人走向太阳或善的理式意味着什么？就是不可避免的人的毁灭。正如人要在走向死亡的过程中完成自己的一生，哲人也是在朝向神性或人性的死亡中展现自己的使命，这就是哲人的限度。如果这一点不在言辞中加以掩饰，没有什么人能在追求智慧的道路上坚定地走下去。

同时，柏拉图的哲学修辞还掩盖了另一个问题：由于最高的理式只是人类认识的限度，只有神才知道真正的真理，而人只能在追求真理的道路上不断地从意见走向意见，不断地超越却又不断地陷入阴影，哲人也不过如此。在《理想国》中，通过"善的理式"，苏格拉底首先判定了哲人王统治的无效，因为哲人不可能超越人的限度而认识善的理式，这样其实是从自己所知道的片面真理出发来"清洗"并重新规划城邦的蓝图（《理想国》501a）。哲人即使艰难地认识到了部分真理，由于不知真正的善好，他如果用这种真理来重塑城邦，只不过是重建了一个新的洞穴。哲人无法将洞穴中的人全带到阳光下，也不能将阳光带到洞穴中，洞穴中只会有其他的光比如火光；同样哲人也只能引导极少数的灵魂热爱真理，但无法将真理带给城邦。洞穴或城邦里的绝大多数人只能活在影像中，由此可见"模仿"是多么重要了，这也是为什么苏格拉底在对话中在探讨哲学的同时对诗和修辞如此重视。在《斐德若篇》中，苏格拉底曾指出一般的灵魂由于在天上所见真理不多，或者在地上受到身体的束缚，难以回忆起美的理式，"只有极少数人借昏暗的工具，费极大的麻烦，才能从仿影中见出原来真相"①。像哲学家这样的极少数人，苏格拉底在对话中多次提示，所能见到的也不过是真理的"形似"。有学者指出，由于只

---

① ［古希腊］柏拉图：《斐德若篇》，参见《柏拉图文艺对话集》，朱光潜译，人民文学出版社1963年版，第126页。

有知道了善才能认识存在物，真理之光因此就不会照耀存在物。① 这一方面导致人只能在意见中上升；另一方面因为人不可能知道善的理式，实际上所获知识的真理性大小无从检验，这就导致追求智慧的道路同时也是产生意见的道路，也就从根本上消解了"灵魂提升"的意义：也许只是在时间上的前后超越而已，并没有空间上或本质上的提高。

苏格拉底的"精灵"只会在阻止他的时候出现，而苏格拉底本人也从来都是推翻意见，却不会给出任何知识。也许苏格拉底和柏拉图就拥有那种从天上而来并且在地上觉醒了的灵魂，但他们并不自诩知晓任何真理，而只是明了真理作为人类知识限度的意义以及人类求知的意义。在追求智慧的道路上提升灵魂才能使人不断超越人性中低劣的欲望，柏拉图在哲学修辞中展示了人类这一行动的重要价值以及最终将得到的奖赏，用充满光辉的前景掩盖了价值和目的的虚无，真理世界的非人性决定了人只能生活在现实的光影交错中，这一点是不可轻易示人的。

"高贵的谎言"是理想城邦构建的一个基础，同样也是柏拉图哲学大厦的一部分。尼采曾指出，所有深邃的精神都需要一个面具，他的哲学和柏拉图一样都充满了修辞，都是戴着面具的言说。按照罗森的看法，尼采使用的是"双重修辞"（double rhetoric）②，他用关于创造的修辞掩盖了创造和摧毁的力浪游戏所导致的最终虚无。他们都是从上而下的哲人，他们在"高处"都洞察到世界本质上的虚无或混乱，所以柏拉图的哲学修辞用一种"高贵的谎言"激起人的爱欲，向人们许诺一个真善美的终极永恒秩序，以此掩盖人性的限度，并使人在灵魂提升的行动中克服虚无。而尼采的谎言则是"无辜的谎言"："在谎言中有一种无辜，谎言是对某事有良好信仰的标志。"③

---

① Benardete, Seth, *Socrate's Second Sailing: On Plato's Republic*, Chicago: The University of Chicago Press, 1989, p. 162.

② Rosen, Stanley, *The Mask of Enlightenment: Nietzsche's Zarathustra*, New Haven: Yale University Press, 2004, Preface xvii.

③ ［德］弗里德里希·尼采：《超善恶：未来哲学序曲》，张念东、凌素心译，中央编译出版社 2005 年版，第 86 页。

这里的无辜指生成的无辜,世界充满生成的游戏:创造又摧毁,摧毁又创造,尼采的双重修辞就是要用"创造"的话语去掩盖生成游戏所导致的虚无主义。尼采的修辞首先是要摧毁历史上一切类型的虚无主义,创造者必先摧毁,那么他创造了什么呢?或者说,尼采能教诲人、启蒙人吗?扎拉图斯特拉说,我要教你们以超人,但《扎拉图斯特拉如是说》这本书又是"写给每一个人而又不是任何人的",这意味着什么?尼采一方面大谈世界的虚无,另一方面又召唤人去创造新价值,充满激情地揭示创造与毁灭是一回事,等于任何创造都没有价值。所以尼采的意图是要告诉人们他沉思到根本虚无,鼓吹创造性的人生等于在骗人。他认定世界的混沌,如果这是真的,创造就必定是谎言。之所以用"无辜的谎言",正是因为尼采彻底的虚无主义使他自己在谎言中成为必被摧毁的一员。罗森指出,尼采进退两难的困境就在于,他摧毁的唯一希望是在现在的废墟上将出现一个新生的婴儿,这个婴儿也是新的价值表的创造者。尼采并没有真正创造什么,而只是开启了一次创造,也就是那个"无辜的生成",一切仍只是生成的游戏,在这种意义上,《扎拉图斯特拉》"既是一本革命的手册,又是作者承认革命必定总是失败的供认状"①。所以关于创造的"无辜的谎言"只是尼采的一个面具,面具之后隐藏的就是混沌的世界深渊。

尼采指出,在生成的游戏中权力意志从未真正实现创新,只不过是促成了相同者的永恒轮回,他认为"世界,即使不是上帝,也应当能够具有神性的创造力,无限的造化功……所有这一切或许都是一种奇特异常的思维方式和愿望方式造成的"②,世界缺乏创造新事物的能力,它不过是相同者的永恒轮回。很明显这一永恒轮回的教义将导致巨大的虚无,扎拉图斯特拉对此也是心知肚明的,他非常悲哀地指

---

① Rosen, Stanley, *The Mask of Enlightenment: Nietzsche's Zarathustra*, New Haven: Yale University Press, 2004, Preface xviii.
② [德]尼采:《权力意志》,张念东、凌素心译,海南国际新闻出版中心1996年版,第37页。

出"你所厌倦的人,亦即小人,他们永远轮回"①。永恒轮回在宇宙论的大尺度上消解了世界和人类历史的意义,所以尼采一方面要用关于创造的修辞对此加以掩盖,另一方面从存在论的小尺度上强调生成的意义,通过对差异性和多样性的无限肯定来使"每一次"生成保持新鲜感,就像他对孩子的肯定。"孩子无辜、健忘,是一个新的开始、一种游戏、一个自转的轮子、一种初始运动、一种神圣的肯定。是啊,为了创造的游戏,我的弟兄们,需要一种神圣的肯定:现在,精神需要他的肯定意志,失去世界的也会重获他的世界。"② 所以,在永恒轮回的游戏中,每一个偶然性、每一个瞬间对过去和将来都有决断作用,它就像赤子一样对生命做出第一次神圣的肯定。《扎拉图斯特拉》中描绘了一个在时刻之门前跳开的侏儒,这个时刻之门便是我们这里所说的"瞬间"或"暂时",它连接着永恒。"它有两副面貌。两条道路在此交汇:尚无人走到路的尽头。这条长路向后:通向永恒。那条长路通往——那是另一种永恒。这两条路彼此相反;它们恰好在此碰头:——大门的通道边上,恰好是它们交汇的地方。大门通道的名字刻于上方:'暂时'。"③ 万物相生相接,一切生成皆要从这个时刻之门进入永恒轮回,这一刻曾经存在也必将回返。从宇宙论的角度来理解,这一刻意味着创新的不可能性,它只是回归的旧形式,但是权力意志学说要求我们穿越时刻之门,从宇宙论时间进入历史时间而忘却永恒轮回学说,于是我们像赤子一般开始"初始的运动"。海德格尔对这一历史性的"瞬间"做了详尽的阐释:"将来生成的东西恰恰就是一个要决断的实事,因为这个圆环并没有终止于无限之境的某个地方,而倒是在作为冲突中心的瞬间中有百折不挠的联合;轮回之物——如果它要轮回的话——取决于瞬间,取决于那种力量,后者要克服在瞬间中对抵触者不满的东西。永恒轮回学说中最沉

---

① [德]尼采:《扎拉图斯特拉如是说》,黄明嘉、娄林译,华东师范大学出版社2009年版,第361页。

② 同上书,第57—58页。

③ 同上书,第265—266页。

重和最本真的东西就是：永恒在瞬间中存在，瞬间不是稍纵即逝的现在，不是对一个旁观者来说仅仅倏忽而过的一刹那，而是将来与过去的碰撞。"①

如果不能进入时刻之门，永恒轮回学说将是致命的，它必使人堕入虚无的深渊。在侏儒跳开之后，扎拉图斯特拉遇到一个牧童："那是一个年轻的牧人，蜷缩颤抖、哽咽，脸庞扭曲，口里垂着一条黑色大蛇……咬下蛇头！咬呀！我如此呼喊，我的恐惧、仇恨、恶心、怜悯，一切善与恶，都随着这一声呼喊而迸出。"② 这牧童便代表了永恒轮回的教义，蛇在尼采的思想中代表着永恒轮回，咬掉蛇头意味着穿过时刻之门，也就是忘却永恒轮回的学说，从而步入生成之流。这也表明，永恒轮回的教义必须在修辞面具后面伪装起来，这和超人的承诺一样都是"尼采式的高尚谎言"："不停地祈求创造新价值只不过是修辞手法，从而隐藏了在我们已转化成'又美又新'的某种幌子下我们仍是我们自己的事实。"③

三 柏拉图和尼采的哲学修辞路径

赫拉克利特曾说："向上的路和朝下的路是同一条。"（残篇60）如果把道路看成是圆形的，那么对立面就不是相反的，道路的起点就是终点。也许我们可以超越眼前的道路而从更大的尺度上去理解柏拉图和尼采，他们的"相遇"不仅仅是偶然，也不是理论的游戏，而是对于道路本身的追问使他们的言说具有了相似性。比如，单就文本的修辞结构来看，《理想国》和《扎拉图斯特拉》都或隐或显地包含着下降和上升的结构。《理想国》中的下降和上升问题不仅存在于洞穴喻和末尾的俄尔神话中，有学者指出，除了三次明显的下降和上升

---

① ［德］马丁·海德格尔：《尼采》，孙周兴译，商务印书馆2002年版，第304页。
② ［德］尼采：《扎拉图斯特拉如是说》，黄明嘉、娄林译，华东师范大学出版社2009年版，第267页。
③ ［法］吉尔·德勒兹：《尼采与哲学》，周颖、刘玉宇译，社会科学文献出版社2001年版，第208—209页。

之外,"全书由上下关系体现出来的整体结构则更为复杂"①,并对这一结构作了详细的图示。扎拉图斯特拉也多次下降和上升,所不同的是《理想国》的开篇苏格拉底"下到"佩雷欧斯港,而扎拉图斯特拉则一开始是离开家乡"上到"山间。此外他还擅长在上和下之间"舞蹈",超越了上下两极的对立性,并能处处发现"圆周运动":"太阳日复一日的东升西落",以及"鹰的盘旋与蛇的蜷曲"。②

当然从静态的角度看,上和下本身是有区别的,在柏拉图和尼采的哲学话语中,下是芸芸众生聚集之地,上则是灵魂或精神得以充盈之所;同时下指向的是哲人投身其中的城邦共同生活,上则是指向追求生命充实的个体生活。我们可以发现二者的共同之处都是强调个体生活要融入共同生活才能体现哲学生活的意义,而不是以出世的方式去获取单纯的个人幸福,所以就有了对道路的探寻。无论是向上的路还是向下的路,在柏拉图和尼采那里都有着"政治哲学"的关注,对于某个人类群体共同幸福的哲学思考。如前所述,他们要面对这样的芸芸众生必须要戴上修辞的面具,选择合适的言说方式,因为这不是哲人的个人玄思,也不是高人之间的神交。

简单地说,柏拉图的哲学修辞采取的是一条从下往上的引导之路和从上往下的说服之路。前者需要借助修辞学的吸引力,激发合适灵魂的爱欲追求,使之走上爱与美的阶梯,不断超越世俗的欲望而向往真善美本身;后者则是通过对理式世界的图像化展示,在"灵感"和"回忆"等言辞表述中用前世或来世的情景说服爱智者,使他们相信灵魂终将获得完满和幸福。我们可以说,从下往上的道路是一条灵魂回归之路,是人性朝向神性之路;而从上往下的道路也是一条回归之路,灵魂在理式世界获得足够的营养之后将重返身体。在人如何生活的意义上,这两条道路明显是一致的:上升是为了下降、下降是

---

① 张文涛:《哲学之诗——柏拉图〈王制〉卷十义疏》,华东师范大学出版社 2012 年版,第 62 页。
② [德] A. 彼珀:《动物与超人之间的绳索:〈查拉图斯特拉如是说〉第一卷义疏》,李洁译,华夏出版社 2006 年版,第 103 页。

为了上升。柏拉图不会希望爱智者超凡绝尘，而是要像"牛虻喻"中的苏格拉底那样既是一个"异邦者"，又内在于城邦，清醒后的哲人要重新下到城邦去引导更多的灵魂实现自动转向。在《理想国》最后的故事中，俄尔这个凡人的灵魂有幸到天界去观看灵魂转世的盛况，并将天上的讯息带回人间，他的上升是为了下降，他的下降是为了更多的上升。但是灵魂在上升之后往往会忘记下降的意义，除了像俄尔这样靠运气记住以外，他所遇到的奥德修斯的灵魂则是靠持续的哲学沉思战胜了遗忘，从而在下降之后依然清醒。无论是在关于上升还是下降道路的修辞言说中，柏拉图都向人们显明了希望，但同时也没有回避困难，可以说，道路的艰辛和目标的美好相结合，共同造就了哲学生活的充实，这是柏拉图哲学修辞的重要内涵，也是其魅力所在。

而尼采的哲学修辞开拓的是一条从上往下的摧毁之路和一条从下往上的创造之路。尼采从永恒轮回的角度将一切旧价值看成生成的游戏，所有的真理和道德无非是丧失了审美色泽的转义修辞，生成的游戏就像永恒的活火在燃烧，在毁灭中欣喜若狂，并期待着下一次的开始。而在另一条上升的道路上，尼采把世界的运转看成是解释的游戏，是权力意志从生命本身出发对世界的"重新解释和重新正名"："为了创造的游戏，我的弟兄们，需要一种神圣的肯定：现在，精神需要他的肯定意志，失去世界的也会重获他的世界。"① 这就是通过修辞对生命一次又一次的赋形和肯定，以此种方式拥有世界和创造世界。创造必然包含着摧毁，但如果没有对世界终极意义的洞察，任何创造都有可能产生观念的壁垒。所创造之物不是目的，权力意志在创造过程中力的释放和对生命本身的充盈才是意义所在，这就像孩子在海边堆积沙堆又毁坏沙堆，像艺术家以静观的态度凌驾于艺术品之上却又能同时置身其中，不断投入生成的游戏开始新的生活，使生

---

① ［德］尼采：《扎拉图斯特拉如是说》，黄明嘉、娄林译，华东师范大学出版社2009年版，第57—58页。

命本身的意义得以绽放。在这一意义上,从上往下的摧毁之路和从下往上的创造之路是同一条道路,并不是要"回返"什么,而是在走路的过程中凸显生命的意义。这是永恒轮回的圆环对每一个时刻的净化。

下降的道路带来真理的秘密,防止人们对于目的本身的迷信;上升的道路释放人的爱欲冲动或权力意志,使生命在生成之流中不断更新,这防止人们对于尘世生活的迷恋。尼采对柏拉图的批判更多的是针对固化的柏拉图"主义"和基督教观念,而他对柏拉图本人并非如此厌恶。他曾写道:"柏拉图的哲学令人想起30岁的中年,这时候往往是一股寒流和一股暖流交替奔腾,以至于产生出雾气和轻柔的小云彩,在良好的情况下,有日光照耀,还会产生迷的彩虹图像。"[①] 30岁是扎拉图斯特拉上升到山中的年龄,也是耶稣基督完成使命的年龄,尼采眼中30岁的柏拉图创造了诗与哲学的戏剧,其中充满着幻景,也隐藏了真实。尼采本人不也正是如此吗?我们发现,最终在幽远的真理和深沉的生存面前,尼采的道路和柏拉图的道路发生了重合:在道路上升的时候,柏拉图用"提升"的修辞使灵魂超越一级级固有的障碍,尼采则用"生成"的修辞消解一次次观念的固化;而在道路下降的时候,柏拉图掩藏真理的阴暗面而用其光明的一面照亮城邦生活,尼采则同样在永恒轮回的无底深渊上建构了人类强力意志的辉煌图景。上升的道路和下降的道路是同一条,尼采的道路和柏拉图的道路也是同一条。

---

① [德]弗里德里希·尼采:《人性的,太人性的:一本献给自由精灵的书》,杨恒达译,中国人民大学出版社2005年版,第402页。

参考文献

一 中文部分

［德］A.彼珀：《动物与超人之间的绳索：〈查拉图斯特拉如是说〉第一卷义疏》，李洁译，华夏出版社2006年版。

［古阿拉伯］阿尔法拉比：《柏拉图的哲学》，程志敏译，华东师范大学出版社2010年版。

［美］爱德华·夏帕：《普罗塔戈拉与逻各斯——希腊哲学与修辞研究》，卓新贤译，吉林出版集团有限责任公司2014年版。

昂智慧：《文本与世界——保尔·德曼文学批评理论研究》，上海人民出版社2009年版。

［美］奥弗洛赫蒂等编：《尼采与古典传统》，田文平译，华东师范大学出版社2007年版。

［法］保罗·利科：《活的隐喻》，汪堂家译，上海译文出版社2004年版。

［美］保罗·德曼：《解构之图》，李自修等译，中国社会科学出版社1998年版。

［苏］巴赫金：《巴赫金全集》，钱中文译，河北教育出版社1998年版。

［德］贝·布莱希特：《布莱希特论戏剧》，丁扬忠等译，中国戏剧出版社1990年版。

［意］贝内代托·克罗齐：《美学或艺术和语言哲学》，黄文捷译，中国社会科学出版社1992年版。

［意］贝尼季托·克罗齐：《作为表现的科学和一般语言学的美学的历史》，王天清译，中国社会科学出版社1984年版。

［古希腊］柏拉图：《柏拉图全集》，王晓朝译，人民出版社2003年版。

［古希腊］柏拉图：《柏拉图文艺对话集》，朱光潜译，人民文学出版社1963年版。

［古希腊］柏拉图：《理想国》，郭斌和、张竹明译，商务印书馆1986年版。

［古希腊］柏拉图：《理想国》，王扬译注，华夏出版社2012年版。

［古希腊］柏拉图：《伊翁》，王双洪译疏，华东师范大学出版社2008年版。

［古希腊］柏拉图等：《柏拉图的〈会饮〉》，刘小枫等译，华夏出版社2003年版。

［丹］勃兰兑斯：《十九世纪文学主流》（第二分册），刘半九译，人民文学出版社1981年版。

［美］布鲁姆：《人应该如何生活——柏拉图〈王制〉释义》，刘晨光译，华夏出版社2009年版。

陈鼓应：《老子注译及评介》，中华书局2009年版。

陈鼓应：《庄子今注今译》，中华书局2009年版。

陈开华：《苏格拉底反讽的政治含义》，《深圳大学学报》（人文社会科学版）2007年第2期。

陈望道：《修辞学发凡》，上海教育出版社1979年版。

［法］茨维坦·托多罗夫：《象征理论》，王国卿译，商务印书馆2004年版。

［法］茨维坦·托多罗夫选编：《俄苏形式主义文论选》，蔡鸿滨译，中国社会科学出版社1989年版。

［美］戴维斯：《哲学之诗——亚里士多德〈诗学〉解诂》，陈明珠译，华夏出版社2012年版。

［意］但丁：《新生》，钱鸿嘉译，上海译文出版社1993年版。

［古希腊］第欧根尼·拉尔修：《名哲言行录》，徐开来、溥林译，广

西师范大学出版社 2010 年版。

［德］ E. 策勒尔：《古希腊哲学史纲》，翁绍军译，山东人民出版社 1992 年版。

［德］ F. W. 尼采：《哲学与真理：尼采 1872—1876 年笔记选》，田立年译，上海社会科学院出版社 1993 年版。

方珊：《形式主义文论》，山东教育出版社 1999 年版。

丰林：《语言革命与当代西方本文理论》，《天津社会科学》1998 年第 4 期。

［瑞士］ 费尔迪南·德·索绪尔：《关于成立修辞学教研室的报告》，张学曾译，《修辞学习》1992 年第 3 期。

［瑞士］ 费尔迪南·德·索绪尔：《普通语言学教程》，高名凯译，商务印书馆 1980 年版。

［美］ 弗里德里克·詹姆逊：《语言的牢笼：马克思主义与形式》，钱佼汝译，百花洲文艺出版社 1997 年版。

［德］ 弗里德里希·尼采：《超善恶：未来哲学序曲》，张念东、凌素心译，中央编译出版社 2005 年版。

［德］ 弗里德里希·尼采：《看哪这人：尼采自述》，张念东、凌素心译，中央编译出版社 2000 年版。

［德］ 弗里德里希·尼采：《尼采遗稿选》，虞龙发译，上海译文出版社 2005 年版。

［德］ 弗里德里希·尼采：《人性的，太人性的：一本献给自由精灵的书》，杨恒达译，中国人民大学出版社 2005 年版。

［德］ 弗里德里希·尼采：《古修辞学描述》（外一种），屠友祥译，上海人民出版社 2001 年版。

［加］ 高辛勇：《修辞学与文学阅读》，北京大学出版社 1997 年版。

［美］ 戈登等：《戏剧诗人柏拉图》，张文涛选编，刘麒麟、黄莎等译，华东师范大学出版社 2007 年版。

［英］ 葛怀恩：《古罗马的教育——从西塞罗到昆体良》，黄汉林译，华夏出版社 2015 年版。

［美］哈罗德·布鲁姆：《误读图示》，朱立元、陈克明译，天津人民出版社 2008 年版。

［美］哈罗德·布鲁姆：《西方正典：伟大作家和不朽作品》，江宁康译，译林出版社 2005 年版。

［美］哈罗德·布鲁姆：《影响的焦虑》，徐文博译，生活·读书·新知三联书店 1989 年版。

［美］海登·怀特：《后现代历史叙事学》，陈永国、张万娟译，中国社会科学出版社 2003 年版。

［美］海登·怀特：《话语的转义——文化批评文集》，董立河译，大象出版社、北京出版社 2011 年版。

［美］海登·怀特：《元史学：19 世纪欧洲的历史想象》，陈新译，译林出版社 2013 年版。

［德］汉斯-格奥尔格·加达默尔：《真理与方法》，洪汉鼎译，上海译文出版社 2004 年版。

［古希腊］荷马：《伊利亚特》，陈中梅译，译林出版社 2000 年版。

［德］黑格尔：《美学》，朱光潜译，商务印书馆 1979 年版。

［德］黑格尔：《哲学科学全书纲要》（1827 年版），薛华译，北京大学出版社 2010 年版。

［德］黑格尔：《哲学史讲演录》（第 2 卷），贺麟、王太庆译，商务印书馆 1960 年版。

华东修辞学会编：《修辞学研究》，语文出版社 1987 年版。

［美］华莱士·马丁：《当代叙事学》，伍晓明译，北京大学出版社 2005 年版。

［德］I. 康德：《判断力批判》，宗白华译，商务印书馆 1964 年版。

［美］J. 希利斯·米勒：《文学死了吗》，秦立彦译，广西师范大学出版社 2007 年版。

［美］J. 希利斯·米勒：《小说与重复——七部英国小说》，王宏图译，天津人民出版社 2008 年版。

［法］吉尔伯特·罗梅耶-德尔贝：《论智者》，李成季译，人民出版

社 2013 年版。

［法］吉尔·德勒兹：《德勒兹论福柯》，杨凯麟译，江苏教育出版社 2006 年版。

［法］吉尔·德勒兹：《尼采与哲学》，周颖、刘玉宇译，社会科学文献出版社 2001 年版。

［美］加佛：《品格的技艺——亚里士多德的〈修辞术〉》，马勇译，华夏出版社 2014 年版。

［德］卡尔·洛维特：《从黑格尔到尼采》，李秋零译，生活·读书·新知三联书店 2006 年版。

［德］卡尔·雅斯贝尔斯：《尼采其人其说》，鲁路译，社会科学文献出版社 2001 年版。

［意］克罗齐：《美学原理 美学纲要》，朱光潜等译，外国文学出版社 1983 年版。

［美］肯尼斯·博克等：《当代西方修辞学：演讲与话语批评》，常昌富、顾宝桐译，中国社会科学出版社 1998 年版。

［法］孔狄亚克：《人类知识起源论》，洪洁求、洪丕柱译，商务印书馆 1989 年版。

［美］理查德·罗蒂：《后哲学文化》，黄勇编译，上海译文出版社 2009 年版。

［美］列奥·施特劳斯：《柏拉图式政治哲学研究》，张缨等译，华夏出版社 2012 年版。

刘小枫、倪为国选编：《尼采在西方——解读尼采》，上海三联书店 2002 年版。

刘小枫选编：《尼采与古典传统续编》，田文平译，华东师范大学出版社 2008 年版。

刘小枫主编：《人类困境中的审美精神——哲人、诗人论美文选》，东方出版中心 1994 年版。

刘亚猛：《追求象征的力量：关于西方修辞思想的思考》，生活·读书·新知三联书店 2004 年版。

[法] 罗兰·巴尔特：《符号帝国》，孙乃修译，商务印书馆 1994 年版。

[法] 罗兰·巴尔特：《符号学原理：结构主义文学理论文选》，李幼蒸译，生活·读书·新知三联书店 1988 年版。

[法] 罗兰·巴尔特：《罗兰·巴尔特文集：符号学历险》，李幼蒸译，中国人民大学出版社 2008 年版。

[法] 罗兰·巴尔特：《罗兰·巴尔特文集：小说的准备》，李幼蒸等译，中国人民大学出版社 2010 年版。

[法] 罗兰·巴特：《S/Z》，屠友祥译，上海人民出版社 2000 年版。

[法] 罗兰·巴特：《流行体系：符号学与服饰符码》，敖军译，上海人民出版社 2000 年版。

[法] 罗兰·巴特：《罗兰·巴特自述》，怀宇译，百花文艺出版社 2002 年版。

[法] 罗兰·巴特：《批评与真实》，温晋仪译，上海人民出版社 1999 年版。

[法] 罗兰·巴特：《神话修辞术：批评与真实》，屠友祥、温晋仪译，上海人民出版 2009 年版。

[法] 罗兰·巴特：《文之悦》，屠友祥译，上海人民出版社 2002 年版。

[法] 罗兰·巴特：《显义与晦义——批评文集之三》，怀宇译，百花文艺出版社 2005 年版。

[美] 罗森：《诗与哲学之争》，张辉译，华夏出版社 2004 年版。

[英] 洛克：《人类理解论》，关文运译，商务印书馆 1959 年版。

[美] M. H. 艾布拉姆斯：《镜与灯》，郦稚牛、张照进、童庆生译，北京大学出版社 2004 年版。

[德] 马丁·海德格尔：《尼采》，孙周兴译，商务印书馆 2002 年版。

[德] 马文·克拉达、格尔德·登博夫斯基编：《福柯的迷宫》，朱毅译，商务印书馆 2005 年版。

[德] 曼弗雷德·弗兰克：《德国早期浪漫主义美学导论》，聂军等

译，吉林人民出版社 2006 年版。
[法] 米歇尔·福柯：《不正常的人》，钱翰译，上海人民出版社 2003 年版。
[法] 米歇尔·福柯：《词与物——人文科学考古学》，莫伟民译，上海三联书店 2001 年版。
[法] 米歇尔·福柯：《古典时代疯狂史》，林志明译，生活·读书·新知三联书店 2005 年版。
[法] 米歇尔·福柯：《福柯集》，杜小真编选，上海远东出版社 2003 年版。
[法] 米歇尔·福柯：《规训与惩罚》，刘北成、杨远婴译，生活·读书·新知三联书店 1999 年版。
[法] 米歇尔·福柯：《权力的眼睛：福柯访谈录》，严锋译，上海人民出版社 1997 年版。
[法] 米歇尔·福柯：《性经验史（增订版）》，佘碧平译，上海人民出版社 2002 年版。
[法] 米歇尔·福柯：《知识考古学》，谢强、马月译，生活·读书·新知三联书店 1998 年版。
[法] 米歇尔·福柯：《主体解释学》，佘碧平译，上海人民出版社 2005 年版。
苗力田主编：《古希腊哲学》，中国人民大学出版社 1989 年版。
缪灵珠：《缪灵珠美学译文集》，中国人民大学出版社 1998 年版。
莫伟民：《莫伟民讲福柯》，北京大学出版社 2005 年版。
南帆：《文学的维度》，上海三联书店 1998 年版。
[德] 尼采：《悲剧的诞生》，周国平译，北岳文艺出版社 2004 年版。
[德] 尼采：《希腊悲剧时代的哲学》，周国平译，商务印书馆 1994 年版。
[德] 尼采：《超善恶：未来哲学序曲》，张念东、凌素心译，中央编译出版社 2005 年版。
[德] 尼采：《朝霞》，田立年译，华东师范大学出版社 2007 年版。

［德］尼采：《快乐的科学》，黄明嘉译，华东师范大学出版社2007年版。

［德］尼采：《偶像的黄昏》，卫茂平译，华东师范大学出版社2007年版。

［德］尼采：《权力意志》，孙周兴译，商务印书馆2007年版。

［德］尼采：《权力意志——重估一切价值的尝试》，张念东、凌素心译，商务印书馆1991年版。

［德］尼采：《扎拉图斯特拉如是说》，黄明嘉、娄林译，华东师范大学出版社2009年版。

［法］帕斯卡尔：《思想录》，何兆武译，商务印书馆1985年版。

［美］潘戈：《政制与美德——柏拉图〈法义〉疏解》，朱颖、周尚君译，华夏出版社2011年版。

［法］热拉尔·热奈特：《叙事话语 新叙事话语》，王文融译，中国社会科学出版社1990年版。

申丹：《"故事与话语"解构之"解构"》，《外国文学评论》2002年第2期。

申丹：《修辞学还是叙事学？经典还是后经典？——评西摩·查特曼的叙事修辞学》，《外国文学》2002年第2期。

申丹：《叙述学与小说文体学研究》，北京大学出版社2004年版。

［德］施勒格尔：《浪漫派风格——施勒格尔批评文集》，李伯杰译，华夏出版社2005年版。

［美］斯坦利·罗森：《启蒙的面具：尼采的〈查拉图斯特拉如是说〉》，吴松江、陈卫斌译，辽宁教育出版社2003年版。

［苏］什克洛夫斯基等：《俄国形式主义文论选》，方珊等译，生活·读书·新知三联书店1989年版。

［丹］索伦·奥碧·克尔凯郭尔：《论反讽概念：以苏格拉底为主线》，汤晨溪译，中国社会科学出版社2005年版。

谭好哲：《文艺与意识形态》，山东大学出版社1997年版。

谭善明：《论叙事修辞对叙事语法的超越》，《外国文学》2009年第

2 期。

谭善明：《论转义修辞在话语活动中的审美认知作用》，《福建师范大学学报》（哲学社会科学版）2007 年第 3 期。

谭善明：《转义修辞：一种现代性修辞观念的兴起及它的理论意义》，《文艺理论研究》2009 年第 5 期。

谭善明等：《审美与意识形态的变奏》，中国社会科学出版社 2013 年版。

谭学纯、唐跃、朱玲：《接受修辞学》（增订本），安徽大学出版社 2000 年版。

谭学纯、朱玲：《广义修辞学》，安徽教育出版社 2001 年版。

［英］特雷·伊格尔顿：《二十世纪西方文学理论》，伍晓明译，陕西师范大学出版社 1987 年版。

［英］特伦斯·霍克斯：《结构主义和符号学》，瞿铁鹏译，上海译文出版社 1997 年版。

［法］托多罗夫：《巴赫金、对话理论及其他》，蒋子华、张萍译，百花文艺出版社 2001 年版。

［德］瓦尔特·本雅明：《德国悲剧的起源》，陈永国译，文化艺术出版社 2001 年版。

汪民安：《谁是罗兰·巴特》，江苏人民出版社 2005 年版。

汪民安、陈永国编：《尼采的幽灵：西方后现代语境中的尼采》，社会科学文献出版社 2001 年版。

汪堂家：《汪堂家讲德里达》，北京大学出版社 2008 年版。

汪子嵩等：《希腊哲学史》，人民出版社 1993 年版。

王焕生：《古罗马文艺批评史纲》，译林出版社 1998 年版。

王希杰：《修辞学通论》，南京大学出版社 1996 年版。

王力：《王力文集》（第二卷），山东教育出版社 1985 年版。

王泰来等编译：《叙事美学》，重庆出版社 1987 年版。

王一川：《修辞论美学》，东北师范大学出版社 1997 年版。

［英］威廉·燕卜荪：《朦胧的七种类型》，周邦宪等译，中国美术学

院出版社 1996 年版。

［美］韦恩·布斯：《小说修辞学》，付礼军译，广西人民出版社 1987 年版。

［苏］维·什克洛夫斯基：《散文理论》，刘宗次译，百花洲文艺出版社 1994 年版。

［意］维柯：《新科学》，朱光潜译，人民文学出版社 1986 年版。

［意］乌戈·齐柳利：《柏拉图最精巧的敌人——普罗塔哥拉与相对主义的挑战》，文学平译，中国人民大学出版社 2012 年版。

伍蠡甫、胡经之主编：《西方文艺理论名著选编》，北京大学出版社 1985—1987 年版。

［美］希利斯·米勒：《重申解构主义》，郭英剑等译，中国社会科学出版社 1998 年版。

［古罗马］西塞罗：《论演说家》，王焕生译，中国政法大学出版社 2003 年版。

［德］席勒：《美育书简》，徐恒醇译，中国文联出版公司 1984 年版。

徐贲：《小说叙述学研究概观》，《文艺研究》1988 年第 4 期。

［法］雅克·德里达：《多重立场》，佘碧平译，生活·读书·新知三联书店 2004 年版。

［法］雅克·德里达：《解构与思想的未来》，夏可君编校，吉林人民出版社 2006 年版。

［法］雅克·德里达：《论精神——海德格尔与问题》，朱刚译，上海译文出版社 2008 年版。

［法］雅克·德里达：《论文字学》，汪堂家译，上海译文出版社 1999 年版。

［法］雅克·德里达：《声音与现象》，杜小真译，商务印书馆 2002 年版。

［法］雅克·德里达：《书写与差异》，张宁译，生活·读书·新知三联书店 2001 年版。

［法］雅克·德里达：《一种疯狂守护着思想：德里达访谈录》，何佩

群译，上海人民出版社 1997 年版。

［古希腊］亚里士多德：《诗学》，陈中梅译，商务印书馆 1996 年版。

［古希腊］亚里士多德：《物理学》，张竹明译，商务印书馆 1982 年版。

［古希腊］亚里士多德：《形而上学》，吴寿彭译，商务印书馆 1959 年版。

［古希腊］亚里士多德：《亚里士多德全集》，苗力田主编，中国人民大学出版社 1990—1997 年版。

［古希腊］亚里士多德：《修辞学》，罗念生译，生活·读书·新知三联书店 1991 年版。

叶秀山：《叶秀山文集·哲学卷》，重庆出版社 2000 年版。

［德］于尔根·哈贝马斯：《后形而上学思想》，曹卫东、付德根译，译林出版社 2001 年版。

［德］于尔根·哈贝马斯：《现代性的哲学话语》，曹卫东等译，译林出版社 2004 年版。

［美］约翰·波拉克斯：《古典希腊的智术师修辞》，胥瑾译，吉林出版集团有限责任公司 2014 年版。

［美］詹姆斯·费伦：《作为修辞的叙事：技巧、读者、伦理、意识形态》，陈永国译，北京大学出版社 2002 年版。

张黎编选：《布莱希特研究》，中国社会科学出版社 1984 年版。

张文涛：《哲学之诗——柏拉图〈王制〉卷十义疏》，华东师范大学出版社 2012 年版。

张文涛选编：《神话诗人柏拉图》，董赟、胥瑾等译，华夏出版社 2010 年版。

张寅德编选：《叙述学研究》，中国社会科学出版社 1989 年版。

赵宪章主编：《西方形式美学：关于形式的美学研究》，上海人民出版社 1996 年版。

赵毅衡编选：《符号学文学论文集》，百花文艺出版社 2004 年版。

赵毅衡选编：《"新批评"文集》，百花文艺出版社 2001 年版。

周国平：《尼采与形而上学》，新世界出版社 2008 年版。

周宪：《审美现代性批判》，商务印书馆 2005 年版。

朱光潜：《西方美学史》，人民文学出版社 1979 年版。

二 外文部分

Aristotle, *Poetics*; Longinus: *On the Sublime*; Demetrius: *On the Style*, Cambridge: Harvard University Press, 1995.

Augustine, *De Doctrina Christiana*, Green, R. P. H. (ed. & trans.), Oxford: Clarendon Press, 1995.

Barthes, Roland, *The Rustle of Language*, Howard, R. (trans.), Berkeley: University of California Press, 1989.

Benardete, Seth, *Socrate's Second Sailing: On Plato's Republic*, Chicago: The University of Chicago Press, 1989.

Bingham, Charles, "The Goals of Language, the Language of Goals: Nietzsche's Concern with Rhetoric and Its Educational Implications", *Educational Theory*, Vol. 48, No. 2, 1998.

Bloom, Allan D., *The Political Philosophy of Isocrates*, PHD Thesis of the University of Chicago, 1955.

Burke, Kenneth, *A Grammar of Motives*, Berkeley: University of California Press, 1969.

Burkhardt, Armin and Nerlich, Brigitte (eds.), *Tropical Truth (s): The Epistemology of Metaphor and Other Tropes*, Berlin: Walter de Gruyter, 2010.

Calefato, Patrizia, "On Myths and Fashion: Barthes and Cultural Studies", *Sign Systems Studies*, Vol. 36, No. 1, 2008.

Clark, Maudemarie, *Nietzsche on Truth and Philosophy*, New York: Cambridge Unverstity Press, 1990.

Cicero, *Rhetorica ad Herennium*, Caplan, H. (trans.), Cambridge: Harvard University Press, 1954.

Constâncio, J. and Mayer Branco, M. J. (eds.), *As the Spider Spins: Essays on Nietzsche's Critique and Use of Language*, Berlin: Walter de Gruyter, 2012.

Constâncio, J. and Mayer Branco, M. J. (eds.), *Nietzsche on Instinct and Language*, Berlin: Walter de Gruyter, 2011.

Crawford, Claudia, *The Beginnings of Nietzsche's Theory of Language*, Berlin: Walter de Gruyter, 1988.

Culler, J., *The Pursuit of Signs: Semiotics, Literature, Deconstruction*, New York: Cornell University Press, 1981.

De Man, Paul, *Aesthetic Ideology*, Minneapolis: University of Minnesota Press, 1996.

De Man, Paul, *Allegories of Reading*, New Haven: Yale University Press, 1979.

De Man, Paul, *Blindness and Insight: Essays in the Rhetoric of Contemporary Criticism*, Minneapolis: University of Minnesota Press, 1983.

Derrida, Jacques, "White Mythology: Metaphor in the Text of Philosophy", Moore, F. C. T. (trans.), *New Literary History*, Vol. 6, No. 1, Autumn 1974.

Donovan, B.R., *Protagorean Epistemology and Dialectic*, in 41st Meeting of Conference on College Composition and Communication, Chicago, 22-24 March 1990.

Dubois, J., *A General Rhetoric*, Burrell, P. and Slotkin, E. (trans.), Baltimore: The Johns Hopkins University Press, 1981.

Ehninger, Douglas, *Contemporary Rhetoric: A Reader's Coursebook*, Glenview, IL: Scott Foresman, 1972.

Ehring, Douglas, *Tropes: Properties, Objects, and Mental Causation*, Oxford: Oxford University Press, 2011.

Emden, Christian J., *Nietzsche on Language, Consciousness, and the Body*, Urbana: University of Illinois Press, 2005.

Foucault, Michel, *The Archaeology of Knowledge and the Discourse on Language*, Smith, A. M. S. (trans.), London: Tavistock Publications Ltd., 1972.

Frank, Manfred, *The Philosophical Foundations of Early German Romanticism*, Millán Zaibert, Elizabeth (trans.), New York: State University of New York Press, 2004.

Genette, G., *Figures of Literary Discourse*, New York: Columbia University Press, 1982.

Grimaldi, William M. A., *Studies in the Philosophy of Aristotle's Rhetoric*, Wiesbaden: Franz Steiner Verlag GmbH, 1972.

Griswold, Charles L., *Self-Knowledge in Plato's Phaedrus*, New Haven: Yale University Press, 1986.

Gross, A. G. and Walzer, A. E. (eds.), *Rereading Aristotle's Rhetoric*, Carbondale: Southern Illinois University Press, 2000.

Herrick, J. A., *The History and Theory of Rhetoric: An Introduction*, Boston: Allyn & Bacon, 2005.

Honig, Edwin, *Dark Conceit: The Making of Allegory*, New York: Oxford University Press, 1966.

Isocrates, *Isocrates: Volume II*, Norlin, G. (trans.), London: William Heinamann Ltd., 1929.

Kates, Joshua, *Essential History: Jacques Derrida and the Development of Deconstruction*, Evanston: Northwestern University Press, 2005.

Kennedy, G. A., *A New History of Classical Rhetoric*, Princeton: Princeton University Press, 1994.

Kennedy, G. A., *Classical Rhetoric & Its Christian and Secular Tradition from Ancient to Modern Times*, Chapel Hill: The University of North Carolina Press, 1980.

Kerferd, G. B., *The Sophistic Movement*, Cambridge: Cambridge University Press, 1981.

McComiskey, Bruce. , *Gorgias and the New Sophistic Rhetoric*, Carbondale: Southern Illinois University Press, 2002.

McCoy, Marina, *Plato on the Rhetoric of Philosophers and Sophists*, New York: Cambridge University Press, 2008.

Murphy, J. J. (ed.), *Three Medieval Rhetorical Arts*, Berkeley: University of California Press, 1971.

Naas, Michael, *Taking on the Tradition: Jacques Derrida and the Legacies of Deconstruction*, Stanford: Stanford University Press, 2003.

Newman, Sara, *Aristotle and Metaphor: His Theory and Its Practice*, PHD Thesis of the University of Minnesota, 1998.

Nicholson, Graeme, *Plato's Phaedrus: The Philosophy of Love*, West Lafayette: Purdue University Press, 1999.

Notomi, Noburu, "A Protagonist of the Sophistic Movement? Protagoras in Historiography", in Ophuijsen, J. M. etc.(eds.), *Protagoras of Adbdera: The Man, His Measure*, Leiden: Koninklijke Brill NV, 2013.

Plato, *Gorgias*, Gonzalez Lodge (ed.), Boston: Ginn & Company, 1891.

Plato, *Plato Complete Works*, Cooper, J. M. and Hutchinson, D. S. (eds.), Indianapolis: Hackett Publishing Company, 1997.

Poulakos, J., "Rhetoric and Civic Education: From the Sophists to Isocrates", in Poulakos, T. and Depew, D. (eds.), *Isocrates and Civic Education*, Austin: University of Texas Press, 2004.

Quintilian, M. F., *Institutio Oratoria*, Butler, H. E.(trans.), Cambridge: Harvard University Press, 1920.

Ricoeur, P.,"Between Rhetoric and Poetics", in Rorty, A. O.(ed.), *Essays on Aristotle's Rhetoric*, California: University of California Press, 1996.

Richards, I. A., *The Philosophy of Rhetoric*, New York: Oxford University Press, 1965.

Rhichardson, B., "Denarration in Fiction: Erasing the Story in Beckett and Others", *Narrative*, Vol. 9, No. 2, May 2001.

Rosen, Stanley, *The Mask of Enlightenment: Nietzsche's Zarathustra*, New Haven: Yale University Press, 2004.

Rosen, Stanley, *Plato's Republic: A Study*, New Haven: Yale University Press, 2005.

Rowe, C. J., *Plato: Phaedrus*, Wiltshire: Aris & Phillips, 1986.

Stauffer, Devin, *The Unity of Plato's Gorgias: Rhetoric, Justice, and the Philosophic Life*, New York: Cambridge University Press, 2006.

Timmerman, D. M. and Schippa, Edward, *Classical Greek Rhetorical Theory and the Disciplining of Discourse*, New York: Cambridge University Press, 2010.

Trifonas, P. P., *Barthes and the Empire of Signs*, Cambidge: Icon Books Ltd., 2001.

Wittgenstein, L., *Philosophical Investigations*, Oxford: B. Blackwell, 1986.

Warner, Martin, *Rhetoric, Paideia and the Phaedrus*, http://www.bu.edu/wcp/Papers/Lite/LiteWarn.htm.

Werner, Daniel, "Rhetoric and Philosophy in Plato's 'Phaedrus'", *Greece & Rome*, Vol. 57, No. 1, April 2010.

后　记

从北方来到南方，暂时逃离了雾霾的侵扰，对于净土的渴望不只是精神上的，也是身体上的。人生如果真的是不断地轮回呢，我是否每一次都能顺利地开启时刻之门？本课题的产生源于自己的生命体验，实实在在的体验——对于起点的执着促成了生成之流的无限生机，对于本义的向往迷失在转义的眩晕中。有趣的是，当时博士学位论文确定以转义修辞为题，觉得自己是在跟着尼采反对柏拉图，在重新思考这个论题并对尼采和柏拉图进行深入了解之后，却发现从柏拉图到尼采似乎只是开启了一个新的轮回，他们对立的界限消失，终于在同一条道路上会合。轮回的不是某个人、某个物，而是"大道"，深邃的精神在大道上展开。如此说来，对转义的歌颂不正是为了开启那条生命大道吗？

我一直感慨自己这样一个不善言谈的人却走上了修辞学研究的道路，从2000年到福建师范大学跟随谭学纯先生学习修辞学至今已有17个年头，这条路也许还要继续走下去。当这个课题完成之后我终于恍然大悟，原来是修辞学独特的哲学魅力吸引着我，一个不善言谈的人恰好可以成为一个避世玄思的人，以此种方式期盼审美境界的开启和生命本身的充实。

感谢我的博士导师胡有清先生当初对这个课题的悉心指导，并在书稿出版之际拨冗作序，再次聆听先生的教诲感激不尽。感谢谭好哲先生、赵宪章先生一直以来在学术上的鼓励和支持。感谢张厚刚博士、殷学明博士、杨光海博士、邓宏艺博士诸君在本课题写作过程中给予的精神帮助，东昌湖浩荡，情谊长存！感谢我的研究生赵俊芳在

"反讽"问题上的合作。感谢淮阴师范学院文学院、人事处、社科处的支持。感谢中国社会科学出版社任明先生的辛勤工作，使本书得以顺利出版，再次合作，不胜荣幸！

谭善明
于淮师·文华苑
2017年7月